U0917733

中国社会科学院创新工程学术出版资助项目

日本近代思想研究丛书

崔世广 主编

日本明治中期的平民主义思想研究

陈 斯 著

中国社会科学出版社

图书在版编目(CIP)数据

日本明治中期的平民主义思想研究/陈斯著.—北京：中国社会科学出版社，2017.2
ISBN 978-7-5161-9800-1

Ⅰ.①日… Ⅱ.①陈… Ⅲ.①政治思想史—研究—日本—近代 Ⅳ.①D093.134

中国版本图书馆 CIP 数据核字(2017)第 018646 号

出 版 人 赵剑英
责任编辑 王 茵
特约编辑 王 衡
责任校对 胡新芳
责任印制 王 超

出 版 中国社会科学出版社
社 址 北京鼓楼西大街甲 158 号
邮 编 100720
网 址 http://www.csspw.cn
发 行 部 010-84083685
门 市 部 010-84029450
经 销 新华书店及其他书店

印 刷 北京君升印刷有限公司
装 订 廊坊市广阳区广增装订厂
版 次 2017 年 2 月第 1 版
印 次 2017 年 2 月第 1 次印刷

开 本 710×1000 1/16
印 张 16.5
插 页 2
字 数 228 千字
定 价 60.00 元

凡购买中国社会科学出版社图书,如有质量问题请与本社营销中心联系调换
电话:010-84083683

总　序

近代日本像彗星一样登上历史舞台，又像彗星一样消失了，其发展过程颇有戏剧性。明治维新以后，日本提出“文明开化”、“殖产兴业”和“富国强兵”三大口号，走上了快速近代化的道路，一跃跻身于世界五大强国行列，其发展速度令人惊异。然而，近代日本的发展却一直伴随着对外侵略和扩张，特别是在 20 世纪 30 年代之后发动了全面侵略中国的战争和第二次世界大战，走上了与世界为敌的道路，最终导致覆灭。近代日本的发展充满着“明”与“暗”、成功与挫折的深刻矛盾，直到今天仍然需要我们对其走过的道路进行深入思考和研究。

对近代日本及其所走过道路的研究，可以从政治史、经济史、对外关系史等视角来展开，但是，从思想史的视角进行考察无疑也是重要的和必要的。这是因为，历史归根结底是人们所创造的，人们在创造历史时首先要对历史环境做出反应和认识，然后才能付诸实践和行动，而人们对其所处环境做出反应和认识的结晶便是“思想”。

近代的日本变化剧烈、动荡连绵，产生于这一时代的思想自然也会深深地打上时代的烙印。面对接连不断出现的各种矛盾和课题，日本近代思想家们基于不同的立场和思想背景，吸收利用古今内外的思想资源，提出解决问题的方案，设计日本的社会蓝图，描绘日本的发展前景，于是出现了形形色色的“思想”。这些思想如实地反映了近代日本的各种矛盾和课题，并以不同的方式参与了近代日本的建设，对近代日本的历史进程产生了不同程度的影响。因此，系统深入地开展对日本近代思想的研究，从思想史的角度解答日本为什么迅速实现了近代化，又为什么走向了法西斯主义深渊等重大理论问题，对我们加深对日本近代历史的理解，深刻把握日本近代化的模式及其教训，都具有重要的理论意义和现实意义。

然而，思想虽然反映并作用于现实，却并不等同于现实。同样，日本近代思想一方面深深植根于日本近代历史之中，与其发展密切相关，但其始终又与日本近代历史保持着一定距离，具有自己的相对独立性。作为东方的后发型近代化国家，近代日本所面对的课题既有属于日本特有的课题，也有属于东亚国家共同的课题，还有属于世界资本主义发展中的一般性课题。日本近代思想家们对这些课题的回应和解答，不仅使日本近代思想呈现了丰富性和多样性，还使其具有了一些自己特有的发展线索、脉络和逻辑。

关于日本近代思想发展演变的主要线索、脉络和逻辑，我们尝试着将其归纳为三大课题、两个周期和一条主线。首先，日本近代思想自始至终是围绕着三大课题来展开的。这三大课题是：第一，如何处理传统文化与近代文化、日本思想与西方思想的关系；第二，如何处理个人与社会、个人与国家的关系；第三，如何处理日本与亚洲、日本与世界的关系。可以说，以上三大课题贯穿日本近代思想的始终，而对这些课题的不同理解、不同思考便形成了不同的思想或思想流派。其次，日本近代思想的发展经历了前后两个周期性的变化。第一个周期是从明治维新开始，到明治时代结束为止；第二个周期是从大正时代开始，到日本战败投降为止。这两个周期的共同特征，则是前期以欧化主义、近代主义、世界主义为基本倾向，后期以国粹主义、传统主义、日本主义为基本倾向。最后，日本近代思想发展中还存在着一条主线，那就是民族主义和国家主义。这条主线虽然时明时暗、时强时弱，但一直从根本上规定着日本近代思想发展的基调。

我们策划本套丛书的宗旨在于，通过对日本近代思想的系统性、整体性、学术性研究，一方面充分展现日本近代思想的丰富性和多样性，另一方面透过各种错综复杂的思想现象，发掘日本近代思想的内在逻辑和规律性，揭示日本近代思想与日本近代历史之间的内在关联，以有助于理解和把握日本近代历史的特性。

基于以上目的，本套丛书不以个体精英知识分子的思想、民众思想，或知识、思想和信仰等广义的思想为中心，而以日本近代不同时代背景下产生的思想潮流为中心展开研究。我们认为，这种以社会思潮为中心的研究，有利于深刻认识日本近代思想的时代精神、日本近代思想与社会的紧张关系、日本近代思想的社会作用与力量，因而也有利于深刻认识日本近代思想的特质。与此相关联，在研究方法上，我们提倡将日本近代思想放到当时的历史背景中去把握，将思想家放到社会思潮当中去把握，先分析思想与时代背景及各种思想来源的联系，进而探讨思想的发展变化以及其内容结构特征，然后搞清思想对当时政治社会及思想文化的影响，以此达到对研究对象的整体把握。

本套丛书基本循着日本近代主要思想潮流演变的轨迹来筹划，包括近代启蒙思想研究、自由民权思想研究、明治中期平民主义思想研究、明治中期国粹主义思想研究、天皇制国家主义思想研究、明治社会主义思想研究、大正民主主义思想研究、大正及昭和前期马克思主义思想研究、法西斯主义思想研究，再加上近代日本的对外认识研究，共计划出版十卷。通过这样的研究，可以基本涵盖日本近代思想的主要潮流，大体展示日本近代思想的全貌。

本套丛书的作者，均为中国社会科学院日本研究所的研究人员和从日本研究所毕业的博士、博士后，都受过日本思想史研究的系统训练，熟悉本学科研究前沿，能熟练运用思想史的研究方法，相信各卷作者都会在自己的研究领域做出应有的学术贡献。作为国内首套体系性研究日本近代思想的创新性尝试，希望本套丛书的出版能对我国日本思想史研究学科的发展，对我国读者了解日本近代思想乃至日本近代历史有所助益。

本套丛书从筹划、申请资助到出版，一直得到中国社会科学院日本研究所李薇所长的大力支持、指导和帮助，在此表示衷心的感谢。另外，对中国社会科学院创新工程提供出版资助，对中国社会科学出版社的大力支持及责任编辑王茵博士的辛勤劳作表示诚挚谢意。

编　者

2015 年 9 月

目　　录

绪　论

一　问题的提出

对于非西方文明的国家而言，应当如何走上属于自己的近代化[①]道路，一直是一个众说纷纭、历久弥新的问题。历史上，当西方世界逐步通过“自然成长性”的方式完成了近代化，以强硬的手段叩开东方世界的大门时，整个亚洲都难以避免地被卷入了这场西方占据全面优势的近代化风暴之中，并开始了自身漫长且具有“目的意识性”的近代化进程。[②] 但众所周知，这一过程并非以一种平和且顺利的方式进行，而是在两种不同性质文明的冲突与摩擦中，伴随着战争及掠夺的残酷方式实现的。作为东方世界的一员，日本在面对强势扩张的西方文明时，曾数度改变方针，不断调整着回应近代化与西方化的态度，从而有意识地摸索着属于自身的近代化之路。亨廷顿在《文明的冲突与世界秩序的重建》一书中，曾引用汤因比的观点指出，非西方社会在面对近代化与西方化时，通常会采取的手段包括：全面拒绝近代化和西方化的“拒绝主义”；全面接受这两者的“凯末

① “近代化”英文为modernization，通常译为现代化。本书采用日本学研究中常用的近代化一词。

② “自然成长性”与“目的意识性”为丸山真男在《福泽谕吉与日本近代化》一书中引用的列宁的用语。参见［日］丸山真男《福泽谕吉与日本近代化》，区建英译，学林出版社1992年版，第17页。

尔主义（亦称基马尔主义）”；以及接受近代化而拒绝西方化、保留自身文化主体性的“改良主义”。[①] 纵观日本从江户时代到明治维新前后所采取的政策，这三种主义都曾在一定时期占据过主流地位。

19世纪中叶，伴随着美国的坚船利炮与紧随而来的西方列强，“拒绝主义”在充满危机的现实面前土崩瓦解。“尊王攘夷”迅速转变成为“尊王讨幕”，明治维新由此肇始。丸山真男曾借用日本启蒙主义代表人物福泽谕吉的观点，认为19世纪以来，西方世界带来的压力既不同于15、16世纪时的西班牙与葡萄牙，也不能简单等同于英国东印度公司所代表的“西力东渐”的延长。这种压力，是已经经历了“工业化”或正在经历“工业化”实践的西方列强带来的历史上不曾出现过的压力。“这种压力具有不能单纯用狭义的军事侵略来解释的性质，它包含着渗透政治、经济、文化、教育等社会全部领域的巨大力量。”[②]

在开国后日益加剧的民族危机与国内危机的大背景下，日本通过明治维新推翻了幕府的封建统治，建立了以维持民族独立、全面建设近代国家为目标的明治新政府。此时，日本在面对近代化与西方化时，出现了“改良主义”与“凯末尔主义”并存的局面。在经历了启蒙运动以及自由民权运动的明治20年代前后，为了寻求国家的进一步发展，日本社会上出现了各种不同的思潮。以德富苏峰为主要代表人物、民友社为主要宣传阵地的“平民主义”就是其中具有较为广泛影响的一种思想。平民主义从诞生伊始，就凭借其站在一般民众的立场上，期待日本成为和平主义、平等主义、生产主义的商业国家的主张，在舆论方面产生了巨大的影响。而其将占据高位的掌权者归为“天保的老人”[③]，将日本未来的希望都寄托于“明治的

① 塞缪尔·亨廷顿：《文明的冲突与世界秩序的重建（修订版）》，周琪、刘绯、张立平、王圆译，新华出版社2010年版，第51—52页。

② 丸山真男：《福泽谕吉与日本近代化》，区建英译，学林出版社1992年版，第3页。

③ 天保年间：1830—1844年。

青年”身上的世代论主张，则在青年中赢得了广泛的支持。此外，平民主义还直接将矛头对准了以“鹿鸣馆外交”为象征的贵族的欧化主义，驳斥那种表面学习西方物质生活的做法，倡导要从普通民众的立场出发，由下及上地推行平民的文明化（开化）。[①] 这些主张使平民主义迅速成为明治20年代日本社会中最受瞩目的思潮之一。民友社发行的平民主义杂志《国民之友》于1887年（明治20年）2月创刊，第1号的销量即达到7500册，到第24号时，销量已经突破13000册。[②] 这在当时的出版界，可谓是一个不小的奇迹。由于《国民之友》杂志广受欢迎，其出版周期也一再缩短。到1889年（明治22年）1月时，《国民之友》已经成为每月出版3期的旬刊杂志，这从另一个方面证明了平民主义在当时的影响力之广、号召力之大。以平民主义为指导思想的民友社，也逐渐成为一个具有一定影响力的思想、言论集团。

但在日本天皇绝对主义体制逐渐确立、世界局势仍处在列强争霸的情况下，平民主义的主要倡导者德富苏峰背弃了以和平主义、平等主义、生产主义为核心主张的平民主义，转而鼓吹日本膨胀论，并在甲午战争之后彻底转向，与明治政府的国家政策合流。由于意见不合，民友社的有力同人相继出走。在此期间，曾经风靡一时的平民主义逐渐淡出了舆论与公众的视野。1898年（明治31年）8月，发行至第372号的《国民之友》停刊，这也宣告了身为思想、言论集团的民友社的解体。[③]

平民主义作为一股社会思潮，占据舆论主流的时间仅有明治20年代至30年代这短短的数载时光。但这段时间，却恰逢日本建立近代民族国家过程中的重要转折期。民友社作为以平民主义为核心理念的思想、言论集团，

---

① 德富苏峰本人将其称为“平民的急进主义”。

② 『國民之友第4集』、民友社、1889年（明22）、2—3頁。原载于『民友氏の述懐』、『國民之友第25号』、1888年（明21）7月6日。

③ 虽然此后民友社仍然存在，但其意义已不能和之前相提并论。

在社会生活的各个方面都对当时的日本民众产生了较大的影响。由于平民主义的倡导者们不同于启蒙运动与自由民权运动的领导者，大多是没有任何官方背景的青年，这使得他们尤为重视青年的作用，并将青年视为未来的希望。丸山真男曾指出："这是日本的'世代论'首次出现。"①

囿于具体的历史情境，研究中既无法、也不能够要求某种历史思潮具有超越其特定历史条件的认识。诚然，平民主义作为当时日本青年知识分子探索社会发展之路的主张，难免带有这样或那样的缺点与不足，如缺乏严谨而具有逻辑性的理论结构、仅仅是一种与政府协调的改良主义，并出于对天下大势的盲目趋从而带上了摇摆不定的性格特征等。国际与国内形势的严峻，挤占了平民主义继续发展的生存空间；再加上其性格上难以克服的天然缺陷，最终造成了平民主义理想的破灭。但在当时的历史条件下，平民主义从普通民众的视角出发，倡导和平发展的主张，却是值得肯定的。

平民主义究竟是一种怎样的思想，其本质如何？其产生和衰落的原因、背景是什么，又在何种程度上对当时的日本社会、日本民众的思想产生了影响？在日本近代化的过程中，平民主义留下了怎样的精神遗产值得加以继承，又在哪些方面存在着问题，值得加以反思和注意？本书将力争从学理上对明治中期的平民主义进行客观的研究，结合当时的历史情境与社会环境，对平民主义的全貌加以考察，并尽力揭示出上述问题的答案。努力做到"对历史事件和文献的评价应该放在历史演进的过程中进行，既不能'时空错位'式地用现代人的标准去衡量古代人的所作所为，也不应该刻意削弱历史的客观性，进行'预定论'式的解释和定位"②。

---

① 丸山真男：《福泽谕吉与日本近代化》，区建英译，学林出版社 1992 年版，第 10 页。

② 丛日云主编：《西方政治思想史》第二卷，天津人民出版社 2005 年版，第 252 页。

二　先行研究概述

（一）中国学者的相关研究

在笔者所能搜集到的中文资料中，尚未发现有专门针对明治中期的平民主义进行研究的专著出版。关于明治中期平民主义的研究主要散见于日本历史、日本近现代思想史研究的相关著作、论著以及论文当中。

在关于日本历史的著作方面，可以举出叶渭渠主编的《日本文明》（第九章第一节，中国社会科学出版社 2004 年版）。在本书中，作者虽未明确提出平民主义的概念，却提及了当时的平民主义代表人物德富苏峰的主张。作者认为当时德富苏峰的主张主要是对欧化主义的反对以及对国粹主义的推波助澜。而在吴廷璆主编的《日本史》（第二卷第一篇第五章第六节，南开大学出版社 2006 年版）中，则指出平民主义反映了中小资产阶级的要求，属于资产阶级自由主义的思想范畴。在冯玮所著的《日本通史》（第十章第六节，上海社会科学院出版社 2009 年版）中，作者认为平民主义是主张全面欧化的一种思想。

关于日本近现代思想史的论著方面，向卿在《日本近代民族主义》（第四章第四节，社会科学文献出版社 2007 年版）一书中指出，德富苏峰的平民主义源自对欧化主义的批判，同时也包含有对自由民权运动的反思。平民主义以“平民”为本位的初始意义是积极的，但其中也潜藏着民族主义的性格。而这也正是造成此后德富苏峰放弃“平民主义”立场，最终完成其思想“转向”的原因。而在陈秀武著的《近代日本国家意识的形成》（第五章第三节，商务印书馆 2008 年版）中，作者则认为德富苏峰所提倡的，是“平民的欧化主义”，是一种在反对贵族化的、表面的欧化主义的同时，又主张排除保守的国粹主义的社会思想。

在论文方面，有邹晓翔著的《简论德富苏峰的“平民主义”》（《现代日本经济》1991 年第 5 期）以及陈秀武所著的《近代日本的“平民主义”思想与儒学——以德富苏峰为中心》（《东北师大学报》（哲学社会科学版）2007 年第 4 期）。在前者中，作者主要对德富苏峰青年时期思想形成的历程、平民主义的基本思想以及社会影响进行了考察，认为德富苏峰的平民主义是与贵族主义、士族主义以及“封建臣民”观念相对立的。虽然德富苏峰的主张并不符合当时的日本国情，但其通过平民主义所主张的自下而上的近代化设想，却具有一定积极意义。而在后一篇文章中，作者从德富苏峰的平民主义中关于政治、经济、教育、道德等方面的主张出发，探寻其思想体系中受到儒学影响的痕迹。作者认为，虽然德富苏峰主张从内部谋求欧化，并极力做到“脱儒”，但儒家思想仍在其构筑平民主义的思想体系时起到了很大的作用。此外，在张国义著的《论鹿鸣馆时代日本国家主义思潮的兴起》（《华东师范大学学报》（哲学社会科学版）1999 年第 4 期）中，作者认为平民主义是一种反对贵族化的欧化主义的思潮，是小资产阶级自觉深化欧化主义的主张。

关于其他涉及明治中期平民主义的研究，则主要见于对日本近现代思想史进行研究的博士论文中。在邢雪艳著的《日本明治时期民权与国权的冲突及其归宿》（中国社会科学院研究生院，2009 年）中，作者认为，与更加关注政治生活的自由民权运动相比，平民主义具有更加关注广大人民的生产与生活、安宁与幸福的倾向。李含在《近代日本和平思想的发展轨迹》（中国社会科学院研究生院，2010 年）一文中，认为平民主义出现在明治维新之后的“第二维新期”，并且以具有官民协调色彩的相对主义思考方式作为指导思想。而何力群在《中江兆民的政治活动与政治思想研究》（吉林大学，2011 年）中则认为，德富苏峰的平民主义是欧化的产物，类似英国清教徒革命中农村中小地主阶级的主张。

从上述中国学者对明治中期平民主义的研究现状可以看出，关于这一问题的研究成果不仅在数量方面十分有限，而且从深度上来讲，基本上也仅限于对这一思潮的介绍与评价，目前尚未发现从整体上对这一思潮产生的历史背景、理论基础、社会实践与影响等方面进行全面研究的论著。从广度上来讲，我国学者的研究基本上也仅限于对德富苏峰本人所倡导的“平民主义”的研究，即对于“德富苏峰的平民主义”的研究，而并没有将其放入平民主义结社民友社这一团体的框架之内，对平民主义的整体概念进行系统化的研究。对于平民主义由平民大众的立场出发，反对贵族化与表面化的欧化主义的主张，我国学者基本上都做出了肯定的评价，但对其性质与历史定位，不同的学者却有着不同的认识和看法。这一方面是因为平民主义本身具有既反对贵族化的欧化主义，又反对相对保守的国粹主义的双重性格；另一方面，则是由于其代表人物德富苏峰的“转向”，使平民主义的研究变得更加错综复杂，从而加大了对其进行准确定位的难度。

（二）日本学者的相关研究

与中国学者相比，日本学者对于平民主义与其结社民友社的研究成果要相对丰富许多。

首先，关于早期的平民主义研究，可以举出在平民主义结社民友社成立、杂志《国民之友》创刊的第二年末兼八百吉①出版的《国民之友及日本人》（集成社，1888 年，即明治 21 年）一书，本书针对《国民之友》第 1 号至第 30 号中的刊登的部分文章进行了评论。作为与研究对象几乎同时出版的评论集，本书对于研究当时平民主义言论产生的社会影响具有一定的价值与意义。在战前，川边真藏所著的《报道的先驱者羯南与苏峰》（三省堂，1943 年）将德富苏峰作为新闻人，对《国民之友》杂志以及《国民新闻》报进行了考察。而在战后的 50 年代，家永三郎于 1953 年出版

① 即官崎湖处子。

了《日本近代思想史研究》（东京大学出版会，1980年11月，1953年初版发行）一书，并在书中指出，在明治10年代至20年代，德富苏峰的平民主义思想是福泽谕吉启蒙思想的继承者，并且开启了日本早期社会主义的源流。

其次，在20世纪七八十年代，日本学界整理出版了一大批与平民主义和民友社研究相关的原著丛书、资料集与文集。其中主要包括：隅谷三喜男编的《日本的名著40·德富苏峰·山路爱山》（中央公论社，1971年8月），该书将标志着平民主义诞生的《将来之日本》一文由明治时期的片假名文体改为较易读懂的平假名文体。德富苏峰著，神岛二郎编辑解说的《近代日本思想大系8·德富苏峰集》（筑摩书店，1978年6月），该书收录了《新日本之青年》等德富苏峰有关平民主义的原著，并收录了相关的研究论文。花立三郎等编的《同志社大江义塾德富苏峰资料集》则通过对大江义塾时期文献的搜集整理，考察了德富苏峰在平民主义形成期的思想历程。而能够称为集大成的丛书，当属1983年至1986年间出版的《民友社思想文学丛书》（三一书房）。这套丛书中包括和田守等编的《德富苏峰·民友社关系资料集》（第1卷），冈利郎编的《山路爱山集1》、《山路爱山集2》（第2、3卷），西田毅编的《竹越三叉集》（第4卷），山田博光等编的《民友社文学集1》、《民友社文学集2》（第5、6卷），以及德富苏峰纪念塩崎财团编的《德富苏峰纪念馆所藏民友社关系资料集》（别卷）七部作品。此外，还可以举出1984年出版的《明治文学全集》（筑摩书房）中收录的平民主义代表人物的文集，其中包括植手通编的《德富苏峰集》（第34卷），大久保利谦编的《山路爱山集》（第35卷），柳田泉编的《民友社文学集》（第36卷）等几部著作。这些著作的出版，使研究者可以更为便利地查阅明治时期出版的大量相关历史资料，对于平民主义的研究有着极为重要的价值与意义。在日本学者对平民主义进行研究的过程中，几乎都曾使用过这些文献。可以说，这些材料的出版，对日本学界的平民主义研究起到了很大的推进作用。此外，还有一本必须要提及的文献，就是德富苏峰的自传《人间的记录 22 德富苏峰：苏峰自传》（日本图书中心，1997 年 6 月）。这本著作自出版以来就不断再版，是考察德富苏峰的经历与智识来源的重要依据，也是平民主义研究中不可或缺的一本参考文献。

再次，关于日本学者对于平民主义与民友社进行研究的专著方面，可以举出平林一等著的《民友社文学的研究》（三一书房，1985 年 5 月），本书以前述的《民友社思想文学丛书》中与文学相关的内容为出发点，对民友社出版的文学作品进行了考察。而西田毅等著的《民友社及其时代 思想・文学・记者集团的轨迹》（Minerva 书房，2003 年 12 月）一书中，则将平民主义作为民友社集团的思想原理，对平民主义的政治论、平民主义史观以及平民主义者们在各方面的实践进行了论述，同时对民友社的文学主张进行了较为全面的考察。特别值得指出的是，该书作者着重强调了民友社作为第二个“明六社”，在人民大众的启蒙方面所发挥的巨大作用。在关于德富苏峰的论著中，作为对其青年时代思想历程的考察，也有部分论著对平民主义进行了研究。在和田守著的《近代日本与德富苏峰》（御茶水书房，1990 年 2 月）中，作者在第 1 部中论述了平民主义的形成与展开；在第 2 部中则论述了民友社的建立与《国民之友》、《国民新闻》的创刊与发展等内容。米原谦著的《德富苏峰：日本民族主义的轨迹》（中央公论新刊社，2003 年 8 月）一书的前半部分，对德富苏峰的成长过程与其作为平民主义倡导者时期的经历进行了研究。而高坂盛彦著的《一位明治自由主义者的记录——孤傲的战斗者——竹越与三郎传》（中公新书，2002 年 8 月），则对平民主义的另一位倡导者竹越三叉的生平进行了考察。

此外，关于平民主义的研究还散见于一些日本近现代史以及近现代思想史的著作中。在远山茂树编的《日本近代史・1》（岩波书店，1983 年 5 月）中，作者认为德富苏峰的平民主义描绘了“平民的欧化主义”的美好前景，并且将平民主义的政治论总结为：以抽象的政论来治理天下的士族已不再是政治社会的主人公，而农工商等“中间阶层”，即平民，正逐渐以实际的政论成为政治社会的主人公。在山下重一著的《斯宾塞与日本近代》（御茶水书房，1983 年 12 月）中，作者考察了斯宾塞的思想对德富苏峰的平民主义理论带来的影响。而在富田仁的《鹿鸣馆：拟西洋化的世界》（白水社，1988 年 7 月）一书中，作者认为由于修改不平等条约的失败，引发了对此前盛行的欧化主义的反思与对抗，正因为如此，德富苏峰才会创办《国民之友》杂志。在译著近代思想史研究会编，李民等译的《近代日本思想史 》第二卷（第五章第二节，商务印书馆 1992 年版）中，作者指出平民主义是反映日本资产阶级发展的资产阶级民主主义的主张，同时从一般人民的立场出发，反对贵族化的欧化主义与政治上的士族性，要求在内心贯彻欧化主义，并以此谋求日本的近代化。而《国民之友》杂志也是日本社会主义的思想源泉之一。虽然德富苏峰的思想在其后发生了转向，但是应当对其在平民主义时期的主张予以积极的评价。而在大塚健洋编的《近代日本政治思想史入门——通过原著学习 19 种思想》（Minerva 书房，1999 年 5 月）、米原谦的《日本政治思想》（Minerva 书房，2007 年 3 月）、西田毅的《概说日本政治思想史》（Minerva 书房，2009 年 1 月）等著作中，都对明治中期的平民主义有所提及。

关于日本学者对平民主义进行研究的论文主要有：田畑忍《德富苏峰初期的政治思想——明治 20 年前后的论著，特别在〈将来之日本〉中所见的平民主义・和平主义》（基督教社会问题研究，1969 年 3 月），本文对德富苏峰初期的政治思想进行了分析，认为其中虽然包含有民族主义的因素，但其出发点是以平民主义与和平主义为中心的。西田毅在《从〈平民主义〉到〈自由帝国主义〉——竹越三叉的政治思想》（收入日本政治学会编《近代日本的国家像》，岩波书店，1983 年 9 月）一文中认为，平民主义是在自由民权运动退潮，天皇制国家的意识形态逐渐形成的时期出现的，其与自由民权运动存在直接的承接关系，并且具有自由进步的思想意义。

今西一在《平民主义的在村潮流——饭室岸藏与川上青年研智会》（历史评论，1983 年 10 月）中，对德富苏峰在青年时期所倡导的平民主义做出了肯定的评价，称其为“积极前进的论理”。作者认为，德富苏峰的平民主义之所以拥有广泛的群众基础，其原因之一是由于平民主义具有重视乡村的倾向。考虑到 19 世纪八九十年代日本的国情，比起能够在城市取得成功的青年，更多的青年只能留在自己的家乡而无缘城市生活。平民主义中的“田舍绅士”论，无疑对广大的农村青年产生了极大的影响，这一点是不容忽视的。西谷敬的《日本近代化的气质界限：启蒙主义的挫折》（人类形成与文化：奈良女子大学文学部教育文化信息学讲座年报 2，1997 年）是一篇以英文写成的论文，作者认为德富苏峰希望通过平民主义的主张将西方市民社会的道德引入日本国内，因而具有启蒙的性格。但由于他所寄予厚望的青年、平民与中间阶层背离了他的期望，从而造成了德富苏峰启蒙主义的破产，这也促使他走上了转向的道路。米原谦在《初期苏峰与〈平民主义〉的挫折》（立命馆法学 2000 年 6 号）一文中主要对青年德富苏峰的“中间阶层”论进行了论述。作者指出，虽然“中间阶层”并未如德富苏峰所期待的那样成为社会政治活动的主力，民党[①]最终与藩阀妥协，使德富苏峰自《将来之日本》后的构想遭到了挫折，但德富苏峰本人却将这解释为“世界的大势”，并以此为契机，开始了思想上的转向。和田守在《德富苏峰与平民主义》（圣学院大学综合研究所纪要 No. 49，2011 年 1 月）中，以德富苏峰本人在《大正的青年与帝国的前途》中提出的“我由个人的平民主义成为国家的平民主义”为依据，认为德富苏峰由“个人的平民主义”转向为“国家的平民主义”，不仅是他个人从自由主义转向权

① 民党：起源于推进自由民权运动的自由党、立宪改进党等民权派各党的总称。主要用于国会开设至甲午战争开始之前这段时间。与其相对的“吏党”则是指国会开设之后，与政府相接近的政党。这一称呼本来是继承了自由民权运动的民党一方对其的蔑称。政府、言论界以及当事人则称之为“温和派”。

力主义的过程，其中更包含了近代日本历史中国家与个人、权力与自由、战争与和平，以及欧美列强与亚洲各民族的关系等问题。作者在文中对平民主义的形成与发展等问题进行了考察。

在上述论文之外，还有一些日本学者的研究以解题等形式被收录在出版的文集之中，如植手通有为《明治文学全集 34 · 德富苏峰集》（筑摩书房，1984 年 2 月）撰写的解题，就对德富苏峰具有代表性的几部著作进行了分析，展示了其思想发展的特点。而柳田泉撰写的《明治文学与民友社》一文则被收录在《明治文学全集 36 · 民友社文学集》（筑摩书房，1984 年 2 月）中，作者在文中指出，德富苏峰创办民友社的目的在于传播社会改良的主张与自由主义、平民主义。其最终目标则是实现日本的进步，使日本成为世界上的文明国家，也就是实现日本的世界化。

通过总结上述日本学者的研究成果，可以发现其对于明治中期平民主义的研究与中国学者存在一定的共性，但也具有其自身的特点。首先，在共性方面，可以看出中日学者都将研究平民主义的焦点集中在了其代表人物德富苏峰的身上。德富苏峰作为平民主义的倡导者和最具影响力的代表人物，对这一思想发挥了决定性的作用。在研究当中，应当如何将某个特定人物的思想与某种思想本身加以区别和联系，应当说是至关重要也极为困难的一点。除此之外，中日学者对于平民主义的历史定位也都出现了多元化的倾向，不同的学者从不同的观点与视角出发，做出了不同的判断与结论。其次，日本学者在对平民主义进行研究的过程中，也具有一些中国学者所较为少见的特点。其中具有代表性的一点就是，日本学者较为注重平民主义文学的研究，例如今西一在《平民主义的在村潮流——饭室岸藏与川上青年研智会》一文中曾提到，有学者指出，民友社的左派成员既是政治小说的继任者，也是 20 世纪初日本文坛社会小说的先驱者，并且与大正时期的民主主义潮流具有承接关系。这一点对于研究平民主义的影响具有较为重要的启示意义。此外，日本学者对于“民友社”的研究也为平民主义研究提供了相对开阔的视野，因而具有一定的启示作用。

作为日本学者研究平民主义的新动向，笔者想提及于 2010 年 3 月 1 日在琦玉县上尾市圣学院大学本部召开的 2009 年度第 4 回“全球化”研讨会上，[①] 大东文化大学法学部教授和田守先生做了题为《德富苏峰与平民主义》的演讲。在会上，和田教授对德富苏峰的生平进行了介绍，之后对平民主义的形成过程与思想构造进行了论述，指出平民主义对于近代日本国民性格的塑造起到了重要的作用，并在演讲结束之后回答了与会者的提问。和田教授于 2010 年及 2011 年也都曾发表过关于平民主义研究的文章及论文。[②] 研讨会的召开和近年内论文的发表，都说明时至今日，平民主义研究仍然在日本学者的视野当中占据一定的地位。

另外，作为研究的重要辅助手段，笔者还想提及的是日本国立国会图书馆开设的电子数据库服务。[③] 2002 年，日本国立国会图书馆开设了免费的近代电子图书馆服务，全世界的读者都能够通过网络浏览及免费下载其所藏部分明治、大正、昭和前期发行图书的数字图像。这一数据库的开通，使身处海外的研究者也能够直接查询明治至昭和前期的出版物，这在以往是极为困难的。因而此数据库对于海外的日本学研究者，特别是对于从事日本近现代史研究的学者而言，具有极为重要的价值与意义。此后，日本国立国会图书馆网络数据库的范围不断扩大，又开设了包括图书、杂志、古典文献、博士论文、官报、宪政资料等文献在内的国立国会图书馆电子数据库。2016 年 5 月，国立国会图书馆近代电子图书馆与国立国会图书馆电子数据库正式合并，并继续提供所有文献的免费下载服务。

---

① 会议纪要：豊川慎『徳富蘇峰と平民主義』，共同研究報告：グローバリゼーション研究、聖学院大学総合研究所 Newsletter、Vol. 20（No. 1）、2010 年 6 月。

② 和田守『日本人の精神（4）徳富蘇峰——明治国家と平民主義』、季論 21（7）、2010。和田守『平民主義と教育勅語』、大東文化大学紀要、社会科学（49）、2011。网络上未能查找到完整论文，仅引用题目。

③ http://dl. ndl. go. jp/，2016 年 2 月。

此外，作为日本的论文检索数据库，笔者想提及的是JAIRO[①]以及CiNii。[②]这两个数据库提供了超过百万篇的日本学术机构的论文、研究纪要、研究报告书、博士论文等学术著作的检索与部分免费下载服务，这也为海外的日本学研究者提供了较以往更为便利的条件。

三　本书的研究意义与相关概念的界定

（一）本书的研究意义

首先，就目前我国学界的情况来看，对明治中期平民主义的研究还比较匮乏。不仅研究成果的数量较少，而且研究的深度与广度也都有所欠缺。这使我们对明治中期这一日本近代民族性格形成关键时期的思想研究，成为日本近代思想史研究中较为薄弱的一环。在本书中，我们对平民主义诞生、发展、衰退的整个过程进行了比较系统的考察，通过这一研究，不仅可以加深对平民主义思潮本身的认识，还可以使我们从更广阔的视角梳理日本近代思想史的发展脉络，把握日本近代思想的特质。另外，通过对于平民主义的历史意义与影响的研究，也有助于我们更加全面、深入地理解近代日本国民性格形成的基础。

其次，通过分析中日两国学者的观点可以发现，关于平民主义的本质究竟是什么，不同学者的意见可谓莫衷一是。明治中期产生的各种思潮，其最终目的都是为了谋求国家的进一步发展。在当时的历史背景下，欧美国家的强大使人们认为，国家要发展必须实现近代化，而西方化又被视为近代化的代名词，近代化几乎等同于西方化（欧化）。平民主义思想主张由平民的立场和视角出发，自下而上地在思想道德层面全面贯彻西方化（开

---

① Japanese Institutional Repositories Online 简称为JAIRO（http://jairo.nii.ac.jp/，2016年2月）。

② CiNii学术信息导航（http://ci.nii.ac.jp/ja，2016年2月）。

化），这在某种程度上带有“凯末尔主义”的色彩，但两者之间依然存在着较大差异，不能简单地等同视之。本书通过大量研究，对于平民主义的本质进行了较为全面的概括，而且与以往多数学者将平民主义作为德富苏峰个人的思想加以考察不同，本书将平民主义置于民友社的集体思想框架之中加以探讨，从而丰富了平民主义思想研究的内容，增加了研究的广度和深度。

再次，明治时期是日本社会由传统向近代转变的重要时期，因而明治中期所产生的各种思潮都围绕着一个重要的主题，那就是在近代化的过程中，应当如何处理本国文化与外来文化之间的关系。平民主义对同时代的欧化主义的批判以及与国粹主义的论争，在很大程度上都是围绕这个问题展开的。平民主义的主张，是通过将世界上的先进潮流引入日本，从而使日本成为世界化的日本，也就是实现世界化的内化。而国粹主义的主张，则是希望使日本的文化在世界范围内加以扩展，从而在外化的意义上实现日本的世界化。这两种主张的实质都是希望尽早使日本融入先进国家的行列，令日本成为真正意义上的世界国家。世界化的内化与外化，是每一个面临着非“自然成长性”近代化进程的国家都必须加以解决的问题。日本作为首个实现了近代化的亚洲国家，其成功的经验有值得借鉴之处，但其失败的教训也应引起充分的注意。对于平民主义的研究，无疑将有助于我们进一步加深这方面的认识。

（二）研究对象相关概念的界定

1. 作为特定历史时期概念的“平民主义”

本书的研究对象，特指明治20年代至30年代初，在日本社会成为一股思潮的平民主义。1886年（明治19年）10月，德富苏峰于经济杂志社出版了其平民主义的代表作《将来之日本》。次年（明治20年）2月，民友社成立，并开始发行《国民之友》杂志，正式成为宣传平民主义的阵地。

1898 年（明治 31 年）8 月，《国民之友》杂志停刊。虽然此后民友社作为出版社依然存在，并且仍由德富苏峰领导，但民友社全盛期间的有力同人已相继离去，其指导思想也已不再是当初的平民主义。尽管德富苏峰曾在明治末年与大正时期群众运动活跃的背景下重提“平民主义”一词，但此时所谓的“平民主义”已经沦为德富苏峰为迎合日本膨胀论而利用的工具，早已失去了其原本的意义，因而不包括在本书的考察范围之内。

学界一般将《国民之友》发行期间（1887 年至 1898 年，即明治 20 年至明治 31 年）的民友社定位为民友社的第一期，本书的研究也主要集中于平民主义由兴起到退潮的这个时期。因此，作为本书研究对象的平民主义，是属于明治中期这段特定历史时期的概念。

目前在中文当中使用的“平民主义”一词，多指以下两种思想：一是李大钊曾提倡的民主主义（democracy）的中译，[①] 另一种则是民粹主义（populism）的中译。为与本书的研究对象加以区分，特别在此加以说明。

2. 平民与国民

根据三省堂出版的《大辞林》的解释，平民（commoner）一词有三种解释：一是指没有官位的普通人民，庶民；二是指 1869 年（明治 2 年）设定华族（贵族）与士族之后，将原有农、工、商身份的人通称为平民；三是指古罗马除贵族、奴隶之外的一般市民。从平民主义兴起的时间节点与主要内涵来看，可以认为其中平民的含义同时包含了第一种与第二种解释。

同样根据《大辞林》，国民（nation/people）一词被解释为构成国家的成员，或具有某国国籍的人。鹿野政直曾在《构想近代国家的思想家们》一书中指出，为了建立近代国家，与世界为伍，关心国事、具备主观能动性的人民是必不可少的。启蒙运动的目的之一，就是通过教育，塑造出不

① 参见李大钊《平民主义》，载《百科小丛书·第 15 种》，商务印书馆 1923 年版（署名：李守常）（http://marxists.anu.edu.au/chinese/lidazhao/marxist.org-chinese-lee-192301.htm，2016 年 2 月）。

同于以往“百姓”、“庶民”等传统社会人民的具有近代性格的“国民”。“国民”概念是在明治维新前后，在西方思想逐渐涌入的历史背景下，经过一段发展过程之后才逐渐形成的。在黑本[①]编写的《和英语林集成》中，1867年出版的第一版和1871年出版的第二版中都还没有收录“国民”的相关词组。直至1885年出版的第三版中，才出现了“the people of the nation（国家的人民）”这一表示“国民”的词组。[②] 在平民主义活跃的明治20年代前后，“国民”已经成为被广泛接受和认同的概念。德富苏峰将平民主义杂志命名为《国民之友》（*The Nation's Friend*），[③] 是由于他一直喜爱阅读的美国杂志 *The Nation*。[④] 他曾在自传中提到：“说起为何命名为《国民之友》，是因为予自少壮以来就爱读美国的《国民》（*The Nation*）杂志，Nation这个词已被刻入脑海之中，才会如此命名。”[⑤]

3. 平民主义的英译

由于平民主义是诞生于日本的一种理论，不同于通常情况下由西方引入的概念，因此有必要对其英译进行探讨。在笔者的考察范围内，目前在日本学界尚未对平民主义对应的英译达成共识。有的学者使用解释性的“principle of the common people（普通人民的原则）”，有的学者使用“commoner principle（平民原则）”或“commoner's Europeanism（平民的

① 黑本（Hepburn）：即詹姆斯·柯蒂斯·赫本（James Curtis Hepburn），1815—1911年。为美国派到日本的传教士，创立了使用拉丁字母书写日语的罗马字拼音。这一用法沿用至今，被称作黑本式（或赫本式）罗马字。

② 鹿野政直『近代国家を構想した思想家たち』、岩波ジュニア新書、2006年6月、43頁。

③ 英文杂志名称参见出版于1887年（明治20年）2月的《国民之友》创刊号封面。

④ *The Nation*：创刊于1865年6月，是美国最早连续出版的周刊杂志。主要内容包括政治与文化等。参见Wikipedia *The Nation* Magazine 词条。由于nation一词有国家、国民、民族等多个译词，因此关于此杂志的中文译名尚无统一标准。

⑤ 德富蘇峰『人間の記録22　德富蘇峰：蘇峰自伝』、日本図書センター、1997年6月、166頁。

欧化主义）”等词组来表示平民主义。作为单独表示平民主义的词语，则有“commoner-ism”和“democratism”两种。而笔者在《民友社关系资料集》中收录的《赴欧英文手册》中，[①] 找到了《将来之日本》各章节对应的英文翻译。《将来之日本》第八至第十回的题目为“平民主义之运动”，其对应的英文翻译为“Movements of democratic principles”。[②] 由于本手册印刷于1896年（明治29年），且出处为民友社相关的内部资料，应当是参照了德富苏峰本人的意见，因此笔者将遵从此篇文章中的英译，采用“democratic principles（民主的原则）”这一词组作为平民主义对应的英文翻译。

四　研究方法与内容结构

（一）研究方法

本书将在坚持唯物史观的基础之上，力争对日本明治中期的平民主义进行客观、全方位的系统考察。在研究过程中，本书将主要采用思想史的研究方法。

首先，本书将采用历史形成论的方法。每一种具有一定影响力的社会思潮，都是在特定的历史情境与社会环境中产生的。平民主义作为明治中期在日本社会中产生影响的一股思潮，是在明治20年代前后这段历史时期出现的。通过运用历史形成论的方法，本书将对平民主义形成的历史背景、诞生的主观与客观原因、兴起的契机、理论来源等问题进行研究。同时，本书还将平民主义置于历史社会发展与变动的大背景之下，以求对其从产生到衰退的发展全过程加以全面的考察。

其次，本书将采用形态结构论的方法。每种思潮都有其具体的理论框

① 德富苏峰曾于1896年（明治29年）5月，出发赴欧洲考察巡游。

② 和田守、有山輝雄『民友社思想文学叢書第1巻　德富蘇峰・民友社関係資料集』、三一書房、1986年12月、95頁。

架与思想主张，这些内容构成了其特定的形态特征。平民主义以其平等主义、和平主义的主张，赢得了当时日本民众、特别是广大青年的支持，并产生了一定的社会与历史影响。通过运用历史形态论的方法，本书将对平民主义的理论框架、思想主张、实践活动、基本特征、意义与影响等问题加以考察，从而在整体上对平民主义的形态特征与历史影响加以把握。

此外，本书还注重历史人物思想与社会思潮研究的有机结合，一方面找到代表人物的立足点与研究的切入点，对人物及其思想做出正确的评价；另一方面将个体与群体研究相结合，将平民主义置于民友社这一团体框架之中，辩证地把握代表人物的个人思想与平民主义思想本身的异同之处。

（二）内容结构

本书的主要内容由绪论、正文、终章三部分构成。

绪论部分包括研究问题的提出，中日学者的研究现状，本书的研究意义与相关概念的界定，使用的研究方法与论文章节构成等内容。

根据平民主义由兴起到退潮的历史过程，本书的正文由四章构成。

第一章，平民主义的形成。本章对平民主义形成的历史与社会背景、平民主义兴起的主观与客观原因、直接契机、平民主义的提出者与主要倡导者德富苏峰在其形成过程中的经历进行考察，论述平民主义的主要理论来源，并通过对标志平民主义形成的重要著作的解读，对早期平民主义的理论框架进行勾勒。

第二章，平民主义的发展。本章对平民主义结社民友社的成立、发展历程进行论述，对民友社有力同人的观点进行考察，并主要立足于《国民之友》杂志、《国民新闻》报、《家庭杂志》以及民友社同人的著作，对平民主义内容上的扩充与发展进行探讨。

第三章，平民主义的理论与实践。本章对平民主义的发展观、国家观、历史观与文学观以及贴近民众生活的各方面主张进行考察，从而对平民主义的理论特征加以更加完整地掌握，同时对平民主义的实践活动进行探讨。本章还对民友社与启蒙运动时期的明六社之间的异同、平民主义与同时代的国粹主义之间的论争和共性加以分析，以求更加全面地把握平民主义的性格特征。

第四章，平民主义的衰退。本章对平民主义衰退的历史社会背景、直接契机、理论缺陷等原因进行分析，并对其衰退后的流向进行考察，揭示出平民主义与明治时代的社会主义思潮之间存在的联系。在国际局势不断变化，日本国内天皇制绝对主义逐渐成形的历史背景下，平民主义逐渐失去了生存与发展的基础。此外，甲午中日战争带来的影响，以及平民主义理论所固有的缺陷，都注定了其不可避免地走向衰落。在各方面原因的共同作用之下，愈发举步维艰的平民主义最终退出了明治思想史的舞台。

终章作为全书的总结，对平民主义的本质、平民主义对日本社会、日本国民产生的影响及其历史意义进行了考察。主要阐述平民主义在明治思想史中的地位、对近代西方思想在日本的传播以及对近代日本国民性格形成等方面的影响，并提出几点思考。

第一章

平民主义的形成

1868 年明治维新之后，日本建立起了以天皇为中心的中央集权国家。明治政府通过版籍奉还、废藩置县、地税改革等措施，使日本走上了近代集权国家的道路。明治政府还提出了以全面建设近代国家为目标的“富国强兵、殖产兴业、文明开化”三大口号，在这三大口号的指引下，日本不断引入西方的文化与制度，积极追赶西方先进国家。随着各方面建设的不断进展，日本已经开始在形式上具备文明国家的外形。但在表面上沸沸扬扬的文明开化活动的背后，日本国民的意识却很难快速转变，封建等级意识依然根深蒂固。如何塑造出具有独立精神、能够进行科学理性思考的现代市民社会的国民，是此时日本的启蒙思想家们亟待解决的一个问题。1874 年（明治 7 年），随着板垣退助等人提出《设立民选议院建议书》，自由民权运动由此兴起并波及日本全国。此外，自明治政府建立，修改自德川幕府末年以来与西方列强签订的不平等条约，一直是其外交上的要务。1879 年（明治 12 年）井上馨就任外务卿之后，提出如果想要修改不平等条约，就必须使西方各国承认日本与其一样，同为文明国家。贵族化的“鹿鸣馆外交”就此展开。平民主义的提出者德富苏峰[①]就成长于传统向近代过渡、旧日本向着新日本转型的时期。平民主义绝不是德富苏峰一时兴

① 德富苏峰：1863（文久 3 年）—1957 年（昭和 32 年），本名德富猪一郎，号“苏峰”。本书中除引用文献外，统一使用德富苏峰这一称呼。

起，随意构筑起的一套理论。其产生有着深刻的历史背景与广泛的社会基础，所以才能够一经推出就立刻风靡当时的日本社会，并成为明治中期一股不可小觑的社会思潮。

本章将对平民主义形成的历史与社会背景、平民主义兴起的主观与客观原因、直接契机、平民主义的提出者与主要倡导者德富苏峰在其形成过程中的经历进行考察，论述平民主义的主要理论来源，并通过对标志平民主义形成的重要著作的解读，对早期平民主义的理论框架进行勾勒。

第一节　平民主义诞生的历史背景与德富苏峰其人

一　平民主义诞生的历史背景

一种能够成为社会思潮的思想的诞生，必定有着其具体的历史情境与深厚的社会背景，以及兴起的契机等。在启蒙思想开启了日本由封建通往近代的大门、自由民权运动促进了民众权利意识觉醒之后的明治 20 年代，一方面，日本社会政治主体构成力量的下移使得农、工、商等平民阶层要求更多的平等权利；另一方面，日本民众对西方先进知识的渴求仍然十分强烈。同时，政府主导的贵族化的欧化主义风潮也招致了日本广大民众的极大反感。平民主义就是在这样的历史背景之下诞生与兴起的。

（一）平民主义诞生的历史情境与社会背景

首先，农、工、商等平民阶层具有强烈的要求自由平等、伸张幸福权利的主观愿望。

幕末以来，日本政治的主体开始急速地向着下层的方向扩展。由于对外的危机，使得外样大名得以参与幕府的政治决策，而旨在建立明治新政府的尊王攘夷运动，又为出身草莽的志士们提供了建功立业的机会。“王政复古”提出了言路洞开的口号，奖励人们不分“贵贱”，无所忌惮地“献言”，这就使更加广泛范围内的日本民众参与到政治中来，从而逐渐改变了长期以来由特权阶层把持政治的局面。在由幕末进入明治时期的政治概念转换过程中，“自由”、“权利”、“幸福”等源于西方近代资本主义学说的概念，成为了中下层民众的强烈诉求。在启蒙运动中，启蒙主义思想家们积极倡导基于自然法概念提出的自然权利（Natural right），即“天赋人权”学说。西周、加藤弘之、津田真道等都曾以不同的方式对自由的权利以及人人平等的主张进行过论述，而福泽谕吉的名言“天不生人上之人，也不生人下之人”，也正是这一概念的具体体现。同时，启蒙主义思想家们还以“天赋人权”为理论依据，对封建的等级制度进行了批判，并提出了民主国家学说，进而引入了“主权在民”的社会契约观点。①

自加藤弘之的《真政大意》（1870 年，明治 3 年）出版之后，“幸福”一词便开始流行起来。② 那么幸福（happiness）这一源于西方启蒙运动的概念指的是什么呢？“现世的人的幸福观念处于启蒙运动思想的核心位置，并且这代表了自文艺复兴的人文主义开始的道德和政治思想世俗化的巅峰。‘只存在一种义务，就是要幸福’，狄德罗写道，‘因为我自然的、不可压制的和不可转让的倾向是获得幸福，所以这是我真正义务的唯一来源和所有好的立法的唯一基础。’”③ 这种对于幸福的追求不仅是西方功利主义思想的主要论点，并且成为了启蒙主义运动中“道德和政治思想世俗化的巅峰”。而在日本的启蒙运动中，幸福的概念也在广大民众、特别是不具有特权的普通民众，即平民伸张权利的过程中起到了重要的作用。在 1876 年

① 参见崔新京《日本明治启蒙思想》，辽宁大学出版社 1995 年版，第 131—133 页。

② 米原謙『日本政治思想』、ミネルヴァ書房、2007 年 3 月、68 頁。

③ 安东尼·阿巴拉斯特：《西方自由主义的兴衰》，曹海军等译，吉林人民出版社 2004 年版，第 244 页。

（明治9年）1月25日《邮便报知新闻》的社论中曾经提到，自由是“伸张人民固有的权利，达成幸福”，政府的目的在于“达成人民的幸福”，因此政府的法律不应与人民的自由相对立。压制自由（即各人的幸福）会导致国家的颠覆，因此应当优先“各人的幸福”而非“社会的幸福”。[①] 这种对于个人权利与幸福的诉求，顺应了广大平民阶层的主张，也由此成为平民主义诞生所不可或缺的条件之一。

其次，在当时的日本社会，继续传播来自西方的知识与思想的客观要求仍然广泛存在。

明治维新之后，为了反对复古政策，许多学习过洋学的知识分子都大力提倡开化政策，学习西方先进的知识文化与思想。这些知识分子多在青年时期经历了日本在美国胁迫下被迫开国的历史事件，他们有感于西方的强大而开始学习西方思想，并在维新后站在时代的最前沿，成为启蒙思想家。在1873年（明治6年）福泽谕吉、西周、加藤弘之等人成立了启蒙学术团体明六社，致力于启蒙思想的传播。在启蒙思想家们的不懈努力之下，许多西方知名的思想著作被翻译成日文出版。如卢梭的《社会契约论》、孟德斯鸠的《论法的精神》等经典著作，19世纪英国实证主义及功利主义思想家约翰·斯图亚特·穆勒的《经济学原理》、《论自由》、《功利主义》等著作，以及赫伯特·斯宾塞的《社会学原理》、《社会平权论》等大量著作，都出版了日文译本，并产生了巨大的社会影响。一时间，实证主义、功利主义、“社会契约论”、“天赋人权”等西方思想在日本国内广为传播。与此同时，启蒙思想家们也借用西方理论的概念，来构筑自己的学说。如福泽谕吉“就参照威兰德的《伦理学原理》、巴克尔的《英国文明史》、基佐的《欧洲文明史》、穆勒的《议会政治论》和《自由论》[②]，将西方资产阶级思想成功运用于对日本社会和日本文明的分析，撰写了著名的《文明

① 米原謙『日本政治思想』、ミネルヴァ書房、2007年3月、69頁。

② 即上文中的《论自由》，此处为引用，因此保留原文中的说法。

论概略》”[①]。西周的“人世三宝”说（健康、知识、富有），也是在吸收西方思想之后提出的。

由于启蒙思想家们多半带有官方背景，因此他们的学说更多的是一种“从上而下”式的、高高在上的启蒙。启蒙思想家们一方面倡导人人平等的“天赋人权”，另一方面却又对广大普通民众持有一种轻视的态度。虽然启蒙运动具有显而易见的局限性与不彻底性，但启蒙思想却在传播的过程中逐渐扩大其影响。越来越多接受了启蒙思想的普通民众开始不满于仅在上层传播西方先进思想文化的现状，他们一方面在政治上要求更多的权利，这后来演化为轰轰烈烈的自由民权运动；另一方面则在精神上要求更加自觉地普及西方政治、经济、文化等各方面的知识。平民主义广泛传播西方思想，主张由下而上地贯彻西方精神道德的主张，也恰恰符合了广大普通民众的要求。

（二）平民主义诞生与兴起的契机

从主观方面而言，平民主义的诞生与德富苏峰自少年时代起就立下的通过言论之路求得出世的志向有着很深厚的联系。德富苏峰曾在自传中提起“大江义塾[②]越发兴盛。有人上京进入各个学校，有人返乡，还有人在家乡开设了大江义塾分校，而且大江义塾的名气也逐渐传到县外，入学者很多，访问者也为数不少。如果这样下去，予也许会作为一名乡村学究终此一生也未可知”[③]。这段话中讲述的似乎是大江义塾愈发兴盛的情况，但实际上在德富苏峰的心中，是绝不甘心成为乡村学究终此一生的。他与同时代的许多青年一样，都怀有强烈的出世意愿。而他一直以来心中所期望

① 崔新京：《日本明治启蒙思想》，辽宁大学出版社 1995 年版，第 17 页。

② 有关德富苏峰经营大江义塾的具体情况，将在本节第二部分进行详述。

③ 德富蘇峰『人間の記録 22　德富蘇峰：蘇峰自伝』、日本図書センター、1997 年 6 月、155 頁。

的成名方式，就是通过著书立说，使自己的言论广为人知。因此他才会一边如饥似渴地吸收西方的思想，一边笔耕不辍地构筑自己的学说，并期待有朝一日能够通过言论之路扬名立万。此外，还有一个对德富苏峰的思想产生较大影响的事件，有必要在此处提及。那就是 1885 年（明治 18 年）12 月，日本废止了太政官制度，开始实施内阁制度。首任内阁总理大臣是出身于长州藩下级武士家庭的伊藤博文（第一次伊藤内阁）。此前担任政府最高领导者的太政大臣三条实美出身于藤原北家，有着公卿世家的显赫出身。内阁总理大臣一职不再如同以往的太政大臣，只能由公卿就任。在政府首脑不再要求出身这一点上，可以说是明治维新近二十年以来取得的一大成就。而出身贫寒的下级武士代替出身公卿世家的显赫贵族成为内阁总理大臣一事，在德富苏峰的心中无疑有着更加深刻的意义。他曾在自传中提到："十八年（明治 18 年）末成立了首任内阁，曾为一介匹夫的伊藤公成为总理大臣。"① 一介"匹夫"能够代替贵族成为政府领导人，成为德富苏峰心中"贵族社会"向着"平民社会"过渡的一大标志。可以说，这一事件从另一个方面加强了他构筑平民主义的意愿。

而平民主义能够一经问世就立刻产生广泛影响的客观原因，则是由于当时日本已经建立起了一套较为完整的新闻杂志的发行与出版体系。明治维新以来，政治价值判断的标准已经变得愈发多元，长期以来处于被统治地位的普通大众渐渐有了属于自己的话语权。新闻杂志成为越来越多的人表达自己所思所想的最佳舞台。1870 年（明治 3 年），日本最早的日报创刊。从 1872 年（明治 5 年）开始，日本的报业正式走上了轨道。德富苏峰爱读的《东京日日新闻》、《邮便报知新闻》、《日新真事志》等都创刊于这一年。从此之后，这些属于新时代的媒体便迅速地发展了起来。从 1874 年（明治 7 年）开始，报纸上开始出现了社论。《读卖新闻》和《朝日新闻》

① 德富蘇峰『人間の記録 22 德富蘇峰：蘇峰自伝』、日本図書センター、1997 年 6 月、168 頁。

分别创刊于 1874 年和 1879 年（明治 12 年），这之后，报纸开始将新闻报道作为了自己的重心。而在杂志方面，政治类有著名的《明六杂志》，经济类则有田口卯吉的《东京经济杂志》。其他还有以自然科学为主要内容的《东洋学艺杂志》以及以女性为主要阅读对象的《女学杂志》等。[①] 在新闻出版业蒸蒸日上的社会背景下，顺应广大民众呼声的思想能够迅速传播开来，无疑是顺理成章的事情。而在当时，无冠无位的普通青年想要一朝成名（如德富苏峰曾在自传中提到，西南战争期间福地樱痴的活跃给他带来了很大的影响），最便捷的方式也是通过传播业。德富苏峰想要通过言论树立文名的想法来源于兴旺繁荣的出版业，出版业又为他的言论传播提供了绝佳的路径。这两者结合起来，就使得平民主义的诞生与传播变得水到渠成。

平民主义兴起的直接契机，源于对贵族化的欧化主义的反对。

19 世纪 80 年代前半期，是自由民权运动最为兴盛的时期。但此后，随着政府的压制与怀柔政策，以及民权派内部的对立，自由民权运动迅速走向了衰落。也有理论指出，自由民权的理论依据是基于社会契约理论的天赋人权说，但在当时，由于天赋人权说已经让位于以社会进化论为代表的新学说，因而自由民权运动才会走向衰落。随着自由民权运动的退潮，自明治政府建立以来就一直致力于修改不平等条约的问题，又开始上升为一个亟须解决的政治课题，并被提上了议事日程。而当时的外务卿（内阁制度成立之后的外务大臣）井上馨[②]则提出了极端的欧化主义政策作为解决问题的方案。

当时，修改不平等条约问题的焦点在于治外法权的撤销。外国之所以会强烈反对撤销在日本的治外法权，其中一个重要原因是许多在日本居住多年的外国人都曾目睹过日本前近代时期的种种残酷刑罚，这使得他们认

---

① 参见冯玮《日本通史》，上海社会科学院出版社 2009 年版，第 405 页。

② 井上馨：1836（天保 6 年）—1915 年（大正 4 年），1879—1887 年历任外务卿与外务大臣。

为日本是一个野蛮、落后的国家。此外，当时日本的国际地位极其低下。井上馨本人曾数次前往欧洲考察，目睹日本人被当作未开化的原始人种乃至奇珍异兽的场面，这让他心中产生了很强的危机感。事实上，欧美等国家对日本的初期研究，基本属于文化人类学或民族学的范畴。在当时，这是针对未开化民族的研究方法。在这种背景下，井上馨认为，要想使欧美人承认日本人是同他们一样的文明人，日本是与欧美同样的文明国家，并具有同样的文化水平，就必须完全使用欧美式的社交手段来接待外国使节。出于这种想法，从 1880 年（明治 13 年）到 1883 年（明治 16 年）7 月，以接待外交使节、从事完全西方式的社交活动为目的的鹿鸣馆建成了。鹿鸣一词取自《诗经·小雅·鹿鸣之什》中代表来客的鹿鸣之声。鹿鸣馆一楼是餐厅、谈话室、书房等，二楼则是举办舞会的大厅，并设有酒吧和台球案等。1883 年 11 月，在井上馨生日的当天，招待 1200 名宾客参加了鹿鸣馆的落成舞会。此后，鹿鸣馆不仅用来接待外国宾客，在天皇生日等国内庆典时也会召开晚会或舞会，高官的夫人还会在此期间从事募捐等慈善活动。一切活动都努力在表面上模仿西方的样式。但这种华丽的、贵族式的欧化主义风潮却引起了普通民众的强烈反感，对其的反对之声也逐渐升高。1887 年（明治 20 年）9 月，随着井上馨辞任外务大臣，鹿鸣馆时代也宣告结束。“鹿鸣馆时代跳舞会这种带着华丽伴奏的欧化主义风潮，以及从衣食住直到音乐、美术、文学的改良运动，完全是由上流的为政者阶层十足的趣味激发起来的，而且虽说是欧化主义，但对欧美民主主义的根本理念——自由民权的要求，当时政府的政策却是彻底的镇压。从这里也能明显看出，这个政策所追求的目标，只是模仿近代欧美文化的外表，把它机械地照搬过来，而各种改良运动也大都只是避免同旧有的传统进行真正的交锋，轻而易举地实现欧化而已。”①

① 近代思想史研究会：《近代日本思想史》第二卷，李民、贾纯、华夏、伊文成、孙文康译，商务印书馆 1992 年版，第 6 页。

这种由政府主导的欧化政策，主要受到了两方面的反对。其一是以政教社为代表的国粹主义集团，政教社从无原则的欧化政策会破坏日本的传统价值与国民的自信心为出发点，对欧化主义风潮进行了批判。其二是德富苏峰以平民主义为旗帜，强烈反对政府仅仅流于形式的表面的贵族化的欧化主义的主张。平民主义对贵族式欧化主义进行批判的言论，以及主张广大普通民众需要从精神上而非单纯从物质上贯彻西方文明的理念，在当时都获得了广泛的支持，这也成为平民主义得以迅速兴起的直接契机。

二　德富苏峰的成长经历与思想形成过程

探究平民主义的形成，必须将其提出者德富苏峰的成长经历与思想形成过程作为研究的切入点。关于如何对德富苏峰青年时期的思想形成过程的阶段进行划分，学界有着数种不同的意见。本书以德富苏峰的自传《苏峰自传》中的自述作为基础，主要参照日本学者和田守的观点，将其划分为三个阶段：① 首先，以 1863 年（文久 3 年）德富苏峰出生，至 1875 年（明治 8 年）德富苏峰 13 岁第二次进入熊本洋学校为止，作为其成长的第一阶段。在这期间，德富苏峰打下了汉学与儒学的知识基础。其次，以 1875 年至 1880 年（明治 13 年）为第二阶段。这期间，德富苏峰经历了熊本洋学校与同志社英学校的学习，一方面大量学习了西方的近代知识与启蒙思想，另一方面也接触到了基督教思想。在这五六年的时间里，德富苏峰由一名少年成长为一名具备一定近代知识的青年，并将立志成为新闻记者，向社会宣传自我主张作为今后的理想与奋斗目标。再次，将 1880 年德富苏峰由于未能成为记者而返回家乡，到 1886 年其举家来到东京为止，作为其思想形成的第三个阶段。这段时间可以被称为德富苏峰平民主义思想

---

① 和田守『近代日本と徳富蘇峰』、御茶の水書房、1990 年 2 月、7—8 頁。

形成的关键时期。德富苏峰在参与自由民权运动的同时，还开办了大江义塾。在政治活动与教育活动的实践中，德富苏峰进一步吸收着民权思想与近代西方的知识，并以平民主义作为自己青年时代学习实践的思想总结，将其送至世人的面前并由此一举成名。

（一）幼少时期的经历（1863—1875 年）

德富苏峰本名德富猪一郎，于 1863 年（文久 3 年）出生于肥后藩（现熊本县）。德富家自第五代家主以后，就开始担任下级地方长官“总庄屋”。肥后藩的行政方式，是由熊本向郡派出武士担任郡代，而乡一级的行政长官，则多由乡士担任。总庄屋就是介于由武士担任的郡代与相当于村长的庄屋之间，负责管理乡一级各种事物的职位。[①] 德富苏峰在自传中也曾经这样描述自家的情况：“总之，吾家虽配有双刀，但并非领取俸禄的士族，门第为一领一匹，[②] ……所有的是自力开垦的田地，或自力种植的山林，完全是自力更生。”[③] 可以说，这种并非士族的乡间名士的家世门第在德富苏峰身上打下了深深的烙印。在考察他日后的思想主张时，这一点不容忽视。

德富苏峰的父亲德富一敬是德富家的第八代家主，也是“维新十杰”之一横井小楠的高足。德富苏峰曾在自传中提到：“至于吾父，最初就是横井小楠的门下，恐怕也是小楠最为亲信的一人。”[④] 德富一敬作为横井实学党的有力成员，在明治初年参与了肥后藩的藩政改革。德富苏峰的母亲久

---

① 米原謙『徳富蘇峰：日本ナショナリズムの軌跡』、中央公論新刊社、2003 年 8 月、4 頁。

② 一领一匹：一领盔甲一匹战马。江户时代，肥后国（熊本县）细川藩乡士的别称。乡士虽可以配刀，但却并非武士。

③ 徳富蘇峰『人間の記録 22　徳富蘇峰：蘇峰自伝』、日本図書センター、1997 年 6 月、17 頁。

④ 同上书，第 18 页。

子出身于同为总庄屋的矢岛家。久子的哥哥矢岛直方与德富一敬同为横井小楠的弟子，久子的妹妹津世子是横井小楠的夫人。而久子的姐姐顺子，则是横井小楠弟子竹崎律次郎的夫人。这样的亲戚关系，使德富家与横井小楠之间产生了更加深厚的关系。1870 年（明治 3 年），随着德富苏峰的父亲前往熊本任职，德富一家于同年由水俣迁居至大江村。此时，横井小楠弟子之一的元田永孚正在大江村附近经营学塾，德富苏峰曾短暂地在元田的门下学习过。此后，由于元田永孚进京担任天皇的侍读，元田塾只得关闭。德富苏峰又前往竹崎律次郎开设的学塾，短暂地学习过一段时间。虽然 1869 年（明治 2 年）横井小楠被暗杀身亡时，苏峰年仅 7 岁，但这样的家庭氛围与教育基础，仍使他在日后思想形成的过程中，受到了横井小楠思想的诸多影响。

德富苏峰于 1871 年（明治 4 年）进入兼坂谆次郎开办的汉学私塾求学，由此打下了汉学与儒学的基础。苏峰曾在自传中提到："予的读书能力，也渐次增长。《四书》、《五经》自不必说，也读《左传》、《史记》、《历史纲鉴》、《国史略》、《日本外史》、《八家文》等，连《通鉴纲目》等，都从亲戚横井家借来阅读。"① 1872 年（明治 5 年），德富苏峰进入了熊本洋学校，却因为年纪太小而退学。之后，德富苏峰继续在实学党开办的汉学私塾学习。

德富苏峰幼少时期所处的年代，正值幕末与维新初期日本社会发生剧烈变革的时期。乡间名士的出身，以及自家与横井小楠之间的关系，使德富苏峰从小就接受了良好的教育。但与此同时，由于德富苏峰并非士族出身，因此他虽然家境优越，却也能感到世上的不平之事。福泽谕吉曾在自己的著作中提到过，他虽身为较一般人民高贵的士族，却依然经常由于更高门第的士族而感到屈辱与不平。推己及人，想必他人承受的委屈更是一

① 德富蘇峰『人間の記録22　德富蘇峰：蘇峰自伝』、日本図書センター、1997年6月、51頁。

言难尽。在这样的历史背景下，下层士族与富商、富农阶层正是最强烈希望得到上升通道、表达诉求、提高自身地位的人群。也正是这部分人群，成为历史上明治维新以及启蒙运动与自由民权运动的主力。出身豪农的德富苏峰也属于这一人群。因此在审视日后德富苏峰的主张时，必须充分考虑到这一点。

（二）少年时期的求学过程（1875—1880 年）

1875 年（明治 8 年），德富苏峰再次进入熊本洋学校求学。洋学校原本的目的，是为了将实学党集团的子弟教育成为具有西方知识的政治家，并为此请到了美国人 L. L. 曾斯（Leroy Lansing Janes）作为洋学校的教师。但曾斯却认为，想要做到国家富强，必须首先使人民的智力与道德得到提高，因此他更加注重启蒙教育。正是在洋学校求学期间，德富苏峰接触到了西方的新知识，受到了启蒙思想的教育。同时，他通过阅读《旧约圣经》与《新约圣经》，对基督教也产生了兴趣。

1876 年（明治 9 年）1 月，德富苏峰在横井时雄、金森通伦、浮田和民等人的影响下，加入了“花冈山盟约”（也称“熊本盟约”）[①]。事件的起因，是由于学校内部在关于基督教的问题上产生了分歧。由于此时距离德富苏峰再次进入洋学校仅有短短的几个月时间，而且当时他只不过是一名不满 14 岁的少年，因此很难想象他对于基督教的教义有着很深刻的理解，或是对其宗教主张有着深层次的认同。德富苏峰曾在自传中描述：“关于花冈山的盟约，予并非从一开始就加入，而且予的年龄不过十三四岁，和当时比予年长六七岁的干部之间，年龄上也有所隔阂，说起来，予不过是作为一名小兵参加进去的。但世间常把予的名字作为主要的一人，这倒是令人庆幸的困扰，其实真正的干部是高年级的数名前辈，其他人都不过

① 熊本盟约与札幌盟约、横滨盟约一起，被称为日本明治时期新教派的三个源流之一。成立于 1876 年 1 月，由 35 名洋学校的学生在熊本城外花冈山召开集会后成立。

是附和雷同而已。予当时对基督教并无甚研究，只不过比起已经发霉的《大学》和《论语》等讲义，觉得这些内容更加有趣些罢了。也就是说，只是为了从实学党中挣脱出来破茧成蝶，才会加入其中。并无更多的意义。"① 这段内容也印证了德富苏峰当时之所以会参加花冈山盟约，更多的是出于一种少年人追求新事物，期望能有所改变的心理，而非彻底发自内心的对于基督教教义本身的理解与认同。

在当时的洋学校内，除了曾斯教授西方知识之外，横井小楠的弟子也担任着儒学课程的讲义。但洋学校的大部分学生都觉得曾斯所教授的内容更为有趣，德富苏峰也不例外。这是由于比起传统的汉学知识，西方的知识与当时文明开化的主流思想更为贴切。而在新旧两种思维模式产生冲突的时候，新思维往往更能吸引年轻人的注意。另外，对于当时参与盟约的青年而言，与其说是为了贯彻基督教的宗教主张，不如说他们是将启蒙民智的文明开化与西方宗教的形式联系在了一起，将二者等同视之。他们认为，为了打破以往的旧思想，树立西方式的新思维，西方的宗教自然是必不可少的。可以看出，参加盟约的青年们是带着一种立志要启发蒙昧之中的人民的使命感，并且怀有报国之志才会定下这样的盟约。也正是在这一时期，在接触到洋学与基督教信仰之后，年轻的德富苏峰开始有意识地与汉学及儒学划清界限。在这之后不久，熊本洋学校因为"花冈山盟约"事件而关闭。这是由于"这些学生的信念以及行动，挑战了虽然采取开明立场却依然维护儒教道德世界的横井实学党，背叛了他们想要培养政治继承人的期待"②。

在熊本洋学校关闭之后，曾经订立花冈山盟约的学生们大部分在曾斯

① 徳富蘇峰『人間の記録22　徳富蘇峰：蘇峰自伝』、日本図書センター、1997年6月、59頁。

② 和田守、竹山護夫、栄沢幸二『近代日本の思想（2）徳富蘇峰・大杉栄・尾崎行雄』、有斐閣、1979年3月、16頁。

的斡旋下，前往了京都的同志社英学校。但 1876 年 8 月，德富苏峰却前往东京，进入了东京英语学校。当时他有数名堂兄弟都在福泽谕吉的门下，按理来讲，德富苏峰应该也会进入庆应义塾。德富苏峰却说“但不论理由如何，予自从在熊本时起，就不喜欢福泽之流”。这是由于当时福泽谕吉主张应当排斥基督教。虽然对基督教的理解尚谈不上深刻，但在熊本洋学校接触到基督教的经历，还是令德富苏峰产生了不想进入福泽门下的想法。

值得一提的是，德富苏峰在自传中谈起过，他从在熊本洋学校时期开始，就产生了希望成为新闻记者的想法。当时他就喜爱阅读《熊本新闻》、《白川新闻》以及《东京日日新闻》等报纸。来到东京之后，他也对报纸杂志等刊物很感兴趣。此外，德富苏峰还提到另一件事情，那就是他某次在横滨市的照相馆购买了一张集合了当时名人头像的照片，并反复观看，心中希望有朝一日自己也能加入他们的行列。[①] 可以说，对于当时年仅十三四岁的德富苏峰而言，已经产生了希望自己能够出人头地的想法。而希望成为新闻人，通过报纸杂志影响他人的想法，也已经产生了萌芽。

但仅仅两个月之后的 1876 年 10 月末，德富苏峰就从东京英语学校退学，转入京都的同志社英学校。其原因是已在同志社学习的旧识们对同志社创始人新岛襄的大力推崇，令德富苏峰对其也产生了敬仰之情，才会决定投其门下。同年 12 月，德富苏峰与熊本洋学校时代的旧识金森通伦等人一起，接受了新岛襄的洗礼，并加入了京都第二工会（教会）。新岛襄早年曾通过偷渡前往美国，并在美国取得学位。新岛襄作为明治时期知名的宗教家、教育家，给德富苏峰带来了很大的影响。在同志社英学校的三年半时间里，[②] 德富苏峰接受了近代市民社会理论、经济学以及政治学等西方知识的系统教育。与此同时，西南战争期间战地记者福地樱痴的活跃，以及

① 德富蘇峰『人間の記録22　德富蘇峰：蘇峰自伝』、日本図書センター、1997年6月、66—67頁。

② 1876 年 10 月—1880 年 5 月。

福地以布衣之身亲自向天皇汇报战况的事实，给德富苏峰留下了很深的印象，使他坚定了希望自己成为一名记者的志向。

1880 年（明治 13 年）4 月，同志社英学校内因为班级合并的问题产生了矛盾，虽然这一事件通过新岛襄的自责得以平息，但同年 5 月，德富苏峰还是在即将毕业的前一个月退学前往东京。德富苏峰前往东京，本想拜见福地樱痴，但却未能成功。不久之后，德富苏峰脱离了京都第二工会。在辗转大约半年后，1880 年 11 月，未能如愿成为一名新闻记者的德富苏峰返回了位于熊本的家中。

从上述这些经历可以看出，德富苏峰的求学过程并非一帆风顺。但在从一名少年成长为一名青年的过程中，德富苏峰在接受西方知识与思想的同时，立下了成为新闻记者的志向。虽然德富苏峰本人曾经谈到，他“并不喜欢福泽之流”，但根据其在同志社在学期间的阅读书单，却可以得知他还是熟读了福泽谕吉的启蒙思想代表书籍。[①] 正如和田守指出的那样：“如此，青年德富苏峰的抱负与明治初年的启蒙思想是相通的。福泽谕吉在人民的精神独立与进步中寻求文明的本质，倡导‘一身独立一国独立’。德富苏峰耽读于《劝学篇》并为福泽所倾倒，期待通过言论活动向人民之间普及文明精神。”[②] 而在同志社英学校学习的过程中，德富苏峰受到了新岛襄尤为重视青年人教育的影响。虽然他由同志社英学校退学，但对新岛襄本人却依然充满了崇敬之情。德富苏峰会在返乡之后创办大江义塾，并且在日后由谈青年人的教育出发，逐渐发展并完善平民主义的相关内容，在很大程度上就是由于这个原因。而新岛襄主张要从内在而非外形学习西方的观点，也成为德富苏峰日后提倡从思想及道德层面贯彻西方的精神文明，反对鹿鸣馆那种仅从外形上肤浅学习西方物质生活的思想来源之一。

---

① 花立三郎『徳富蘇峰と大江義塾』、ぺりかん社、1982 年 10 月、19 頁。

② 和田守、竹山護夫、栄沢幸二『近代日本の思想（2）徳富蘇峰・大杉栄・尾崎行雄』、有斐閣、1979 年 3 月、17 頁。

（三）参与自由民权运动与大江义塾的经营（1880—1886 年）

1880 年年底，德富苏峰回到了家乡熊本。这段时间，自由民权运动迎来了最为兴盛的时期，并成为席卷日本全国的运动。在这种情况下，德富苏峰逐渐对倡导天赋人权与主权在民的自由党派系的相爱社的主张产生了共鸣。而且比起保守的实学党，相爱社主张尽早开设国会的想法，也对接受了西方思想的青年德富苏峰产生了较大的吸引力。于是在 1881 年（明治 14 年）8 月，德富苏峰正式加入了相爱社。并且前往县内各地，积极宣传自由民权运动。此时的德富苏峰还担任了相爱社机关报纸《东肥新报》以及启蒙杂志《开化之向导》的编辑与撰稿人，发表与国家主义相对立的自由民权派的主张，实践着自己作为一名新闻人的理想。当时德富苏峰表达人民对自由与权力的诉求，谴责政府专制政治的态度十分坚决。在论颁布《开设国会之敕谕》的演说（1881 年 10 月）中，[①] 关于内政方面，德富苏峰指责由于财政危机与滥发纸币等造成的物价异常升高，“使人民坠落地狱”；在外交方面，则谴责由于藩阀政府的失政造成了不平等条约迟迟无法修改，以致国权受到威胁。并呼吁为了挣脱这种“未曾有过的危机”，必须要“废除寡头政治，实行立宪政治”，要求立刻开设国会。[②] 但德富苏峰在自传中也提到，虽然他当时被世间一般的自由民权论所感染，却并非完全赞同民权论者的主张。“当时的民权自由论，其名目虽为民权，实质却为国权。即明治六年征韩论的余波，仍支配着当时的人心，民权论者的半数以上，都主张应当出征朝鲜。也就是说民权论者中，多数是一种变形的帝国主义者，或武力主义者。予虽为民权论者，却坚决反对武力主义者。当时予认为武力乃民权之敌，战争的原因在于武人跋扈，

---

① 于 1881 年（明治 14 年）颁布。

② 和田守、竹山護夫、栄沢幸二『近代日本の思想（2）德富蘇峰・大杉栄・尾崎行雄』、有斐閣、1979 年 3 月、18 頁。

而坚决反对战争。"[1] 由此可以看出，德富苏峰在主张人民主权的方面，与自由民权运动是相符合的。但对于民权论者中的国权因素，即主张武力扩张的部分，则持反对态度。平民主义中反对武力主义，主张和平主义的内容，与此时德富苏峰的想法是一脉相承的。

根据自传的记载，当时的德富苏峰给自己定下了如下"学习的目的"："第一史学，第二文章学，第三经济学，规定如下：禁止一切无用的读书；如果是为培养性情，偶尔可读诗歌；为达观时事，应时常阅读报章。"[2] 除此之外，德富苏峰还经常阅读美国的《国民》杂志，田口卯吉的《东京经济杂志》、中江兆民的《政理丛谈》、矢野文雄的《经国美谈》等。由这些阅读内容可以看出，此时的德富苏峰在阅读时，已经带有了强烈的目的意识。他学习历史，注意文章的写作手法，同时对经济与政治问题相当关注。除了参与自由民权运动等政治活动的热情，也是出于他希望成为新闻记者、树立文名的强烈愿望，而另一方面，则是为了开设大江义塾所必需的准备与条件。

从 1882 年（明治 15 年）3 月至 1886 年（明治 19 年）9 月的四年半期间，德富苏峰与父亲德富一敬一同在大江村的自家内开设了大江义塾，教授英语、历史、政治学、经济学等内容，致力于青年人的启蒙与教育。德富苏峰在大江义塾开校的祝词中曾提到"之前的学校，简直犹如牢狱，教师就如同牧羊人放羊那般对待学生。这培养不出'独立的风气'，只能塑造出卑屈的人民。大江义塾的目的，是为了恢复千百年来被成年人们蹂躏的'我等少年的社会的版图，我等少年国不羁独立自主自由的世界'"[3]。从

---

① 徳富蘇峰『人間の記録 22　徳富蘇峰：蘇峰自伝』、日本図書センター、1997 年 6 月、120 頁。

② 同上书，第 116 页。

③ 米原謙『徳富蘇峰：日本ナショナリズムの軌跡』、中央公論新刊社、2003 年 8 月、38 頁。

这样的表达方式中可以看出，被德富苏峰比作“牢狱”的学校，在某种程度上象征了他此前辗转求学期间的遭遇。那种不自由的压抑感，令他产生了很强的反抗精神。不管是熊本洋学校还是同志社英学校，在教导西方近代的自由平等精神与启蒙思想的同时，却又都采取了一种压制学生的态度。这正是德富苏峰所谓的“成年人”的“蹂躏”。而当他自己获得话语权的时候，自然会对这种“蹂躏”做出反击。在年轻的德富苏峰心中，青年才是未来社会的主宰。根据花立三郎的考证，大江义塾开设期间，前来求学的学生超过了二百五十名。而且当时大江义塾的学生对德富苏峰并不称“老师”，而直接称其为“猪一郎”。[①] 这一方面固然是由于德富苏峰与所教授的学生们年龄相仿，另一方面，也证明了德富苏峰在以实际行动实践其意欲平等、塑造独立人格的教学主张。

大江义塾对于德富苏峰而言，不仅是开办了一个教育机构，同时也是对自己所理想的自由民权运动的一种实践。通过经营大江义塾，德富苏峰在实践着“以泰西自由主义为基础的自由主义教育”的同时，努力培养着具有独立自主精神以及爱国心的青年。这一点，可以从《大江义塾沿革一斑》中看出：“总之，此校舍秉持一个主义，创造出特立独行不会困惑之人士。其主义为何？曰，则是泰西自由主义。”[②] 这种教育理念不仅体现在形式上，而且还通过日常的实践，将这种精神贯彻到学生的实际行动之中。使学生们在树立自立精神的同时，将这种独立自主的精神落实到自己的行动上。学生们也没有辜负德富苏峰的期望，他们不仅召开“吾义塾之国会”，并且在会上讨论义塾的规章制度与学生的心得，还定期发行《大江义塾杂志》。在杂志中刊登的学生来稿中，有学生提出了“大江义塾的主权并

---

① 米原謙『德富蘇峰：日本ナショナリズムの軌跡』、中央公論新刊社、2003 年 8 月、39 頁。日文原文为“猪一郎さん”。

② 花立三郎、杉井六郎、和田守『同志社大江義塾德富蘇峰資料集』、三一書房、1978 年 10 月、321 頁。

不在于校长，而在于学生”[①] 这种充分体现了自主精神与主权意识的主张。在自主决定义塾内的一系列活动的同时，学生们还每月改选干事。这也体现了大江义塾对于学生主体性的尊重，以及提倡自由自主的精神。在自由民权运动的大潮之中，德富苏峰并没有如同那些积极投身政治运动中的人一样，仅在言语上大声疾呼。而是以开办学校的方式，实践着自己的教育理想，贯彻着自身“自将一校舍建为一民主国”[②] 的信念。

参与自由民权运动与经营大江义塾期间，也是德富苏峰思想形成的最为关键的时期。1882 年的夏天，德富苏峰前往东京，结识了著名的自由民权运动政论家马场辰猪，并从他那里获赠了莫利勋爵（John Morley）所著的《科布登传》[③]。通过这本著作，德富苏峰接触到了以科布登和布赖特[④]为代表的曼彻斯特学派的自由主义主张，并以此为基础，丰富了自身的理论储备，为日后构筑平民主义的理论框架提供了依据。此外，根据德富苏峰的自传、《同志社大江义塾德富苏峰资料集》以及山下重一在《斯宾塞与日本近代》中的研究，这期间，德富苏峰对麦考利[⑤]的《英国史》与散文集，斯宾塞的著作，托克维尔的英译作品都十分喜爱，而且进行了仔细的阅读。如水俣市立图书馆淇水文库所藏的托克维尔的《论美国的民主》，这本书上留有明治 16 年（1883 年）6 月 9 日德富苏峰在读过此书之后对托克维尔表示感谢的言辞。而主妇之友社御茶水图书馆所藏的斯宾塞的《社会学原理》中，则记载着德富苏峰是由明治

① 花立三郎、杉井六郎、和田守『同志社大江義塾徳富蘇峰資料集』、三一書房、1978 年 10 月、527 頁。

② 和田守『近代日本と徳富蘇峰』、御茶の水書房、1990 年 2 月、21 頁。

③ *The Life of Richard Cobden*。理查德·科布登（Richard Cobden）：1804—1864 年，英国自由贸易政策的主要倡导者。

④ 约翰·布赖特（John Bright）：1811—1889 年，英国自由主义政治家。

⑤ 托马斯·巴宾顿·麦考利（Thomas Babington Macaulay）：1800—1859 年，英国诗人，历史学家。

17 年（1884 年）8 月 10 日开始阅读此书的。这两本书中很多地方都被画上了下划线，并记载着阅读时的感想。由此可以得知，托克维尔的民主思想与斯宾塞的社会学思想，对德富苏峰的思想形成也起到了较大的影响。

第二节 平民主义的理论来源与思想准备

一 平民主义的理论来源

关于平民主义的理论来源，德富苏峰本人曾经在自传中提到："我当时专门依据斯宾塞的进化论和穆勒之功利说，还依据科布顿[①]、布赖特等曼彻斯特学派的非干涉主义、自由放任主义或横井小楠的世界和平思想等学说来建立我个人的见解。"[②] 本书中以德富苏峰的实际求学经历与学习内容为基础，参考这段自述，对平民主义的主要理论来源进行考察。

（一）实学思想的基础

虽然平民主义的主要理念是德富苏峰根据西方思想所构筑而成的，但正如和田守所指出的那样，由于幼年时期的德富苏峰目睹父亲等横井实学党人在各方面的活跃，使他从儿时开始就对政治产生了浓厚的兴趣。"横井小楠所倡导的公论主义与富国安民思想，以及实学党集团的实践，成为他

① 即前文出现的理查德·科布登（Richard Cobden）。

② 德富蘇峰『人間の記録 22 德富蘇峰：蘇峰自伝』、日本図書センター、1997 年 6 月、156 頁。译文转引自［日］近代思想史研究会《近代日本思想史》第二卷，李民、贾纯、华夏、伊文成、孙文康译，商务印书馆 1992 年版，第 13 页。

（苏峰）在接受西方近代思想时的基础。”[①] 横井家与德富家之间密切的联系，以及德富苏峰幼年求学时的经历，都使横井小楠的实学思想对德富苏峰产生了较大影响。

横井小楠（1809—1869 年）出身于肥后藩（熊本），早年学习朱子学，随后接受了部分洋学的思想，并开始发展自己的儒学理论。横井小楠认为，格物致知的基础在于敬意与诚意，否定拘泥于文章字句的“俗儒”，主张应当顺应时势，重视学问的实践性。而且这种实践性应当将“修身”与“治人”紧密地联系在一起，批评那种“学者不达经济之用，经济者失去修身之本”的做法。经世济民之学如果不与主体的修身紧密联系的话，学问的实践性也就无从谈起。横井小楠曾经作诗描述自己的心情：“旧读朱子书，如有会其旨，本不轻致知，重所在实履，静里养闲气，动处察天理，须臾不离道，至此是达士。”[②] 这首诗中表达了横井小楠对于格物致知和实际履行的重视。而以这种重视实践亲躬的思想为中心，横井小楠的身边逐渐形成了“实学党”这个学派。横井实学党对当时的藩政具有一定的影响力。这个时期，横井小楠针对藩政改革，写下了《时务策》，要求厉行节俭并废除藩营借贷。虽然厉行节俭是一贯以来应对财政困难的常用手段，但小楠却对此前以下救上的节俭措施提出了批判。他指出，圣人之道应是“上下合一”，共同实行节俭。而政治上则要向着“民之耳目的朝向”发展，并且走上一条顺应“士民之利益”的“富国之道”。实学党在政治方面有两个目标，一是要培养出政治的主体，二是在实际政治中进行有效的改革。

1860 年，横井小楠为福井藩藩政改革书写了《国是三论》，所谓的“三论”，指的是富国、强兵、士道这三点。在富国论中，横井小楠对锁国与开国在政治、经济方面的利弊进行了比较，并指出当今是“航海自由，

① 和田守『近代日本と徳富蘇峰』、御茶の水書房、1990 年 2 月、9 頁。
② 米原謙『日本政治思想』、ミネルヴァ書房、2007 年 3 月、41 頁。

万国如比邻交易”的状况，即使日本锁国，也无法预防外敌。当今应该打开交易之道，遵守与外国定下的信义，才能“兴通商之利，通财用，君施仁政，臣民不至为贼”①。横井小楠认为，只有通过交易实现富国，才是“天地的机运”，西欧并非“夷狄”，而是平等的交易对象。横井小楠在与西方交往的过程中，逐渐改变了之前的看法，认为西方的基督教与儒教都是“治教”，因而能够在普遍的“天道”下，进行平等的交往。这虽然只能是一种空想，却含有一定的和平主义因素。

横井小楠这种重视实践，注重人民利益以及主张与国外进行平等贸易的实学思想，尽管还带有儒学理想主义的色彩，但毕竟在吸收西方思想的基础上，发展出了与前人不同的政治思想与实践倾向。这些主张在年轻的德富苏峰心中奠定了实学思想的基础，并在其构筑平民主义理论时，起到了一定的作用。平民主义中重视贸易，强调日本应当通商立国的思想，无疑是受到了横井小楠的影响。

（二）自由主义政治、经济学说的影响

平民主义中最为重要与关键的概念，有很多都来源于自由主义的政治学说与经济学说。

以约翰·斯图尔特·穆勒②为代表的盛行于19世纪的功利主义（utilitarianism）学说，为平民主义提供了大量的理论来源。穆勒继承与发展了边沁和自己的父亲詹姆斯·穆勒③的功利主义学说。在约翰·穆勒看来，功利主义就是：“承认功用为道德基础的信条，换言之，最大幸福主义，主张行

① 米原謙『日本政治思想』、ミネルヴァ書房、2007年3月、45頁。

② 约翰·斯图尔特·穆勒（John Stuart Mill）：1806—1873年，也译为约翰·密尔。

③ 詹姆斯·穆勒（James Mill）：1773—1836年，也译为詹姆斯·密尔。约翰·穆勒的父亲。

为的是与它增进幸福的倾向为比例；行为的非与它产生不幸福的倾向为比例，幸福是指快乐与免掉痛苦；不幸福是指痛苦和丧失掉快乐。”[①] 简而言之，功利主义就是对于最大幸福的追求，其中既包括对于幸福的追求，也包括尽量避免不幸福的产生。也就是说，功利能给当事人带来幸福与利益等好处，或者能够避免痛苦与危害等。仅就对于最大幸福的追求而言，穆勒与边沁的基本主张是相同的，但相对于边沁那种幸福（快乐）只有量的区别的看法，穆勒则认为，幸福本身是有质的区别的。精神上的愉悦要高于肉体上的享受。而且功利主义把趋利避害作为行为的动机，并且将“最大多数人的最大幸福”作为评判是非善恶的标准。在功利主义者看来：“社会的利益就是个人利益的总和。……每个人只要都能够追求和实现个人的最大利益，那么整个社会也就实现了利益的最大化。”[②] 同时，平等既是立法的目标，也是获得最大幸福的必要条件。德富苏峰在《将来之日本》的绪言中提出“余本就以日本全体的利益与幸福为目的进行议论。然其议论的标准，只是在茅屋中居住的一介人民。若这些人民之利益与幸福得以进步，乃敢论全体之利益与幸福之进步”[③]。从这里可以很明确地看出功利主义的最大幸福概念对平民主义的影响。

对于政府，功利主义的早期代表人物边沁指出：“政府的主要任务就是促进大多数人的最大幸福，就是最大限度地满足个人实现利益上的需要。当政府真正地按照这一目标统治时，它是和人民的利益相一致的；当统治者的行为和这一目标相抵触时，人民就没有理由再服从政府。因此‘实现大多数个人的利益’，促进大多数人的最大幸福就是政府的最基本界

---

① 约翰·穆勒：《功用主义》，唐钺译，商务印书馆 1957 年版，第 7 页。转引自何汝璧、伊承哲《西方政治思想史》，甘肃人民出版社 1989 年版，第 445 页。

② 吴春华主编：《西方政治思想史·第四卷·19 世纪至二战》，天津人民出版社 2005 年版，第 28 页。

③ 植手通有『明治文学全集 34　德富蘇峰集』、筑摩書房、1984 年 2 月、50 頁。

限。”[①] 这种政府论对于平民主义的影响，也可以从《将来之日本》中找到相对应的内容：“然若不能公平分配人民多数的愉快、满足、幸福，则金冕、铁冠、天盖、勋章之灿烂，武备之绚美，广大之殖民地，雄巨之帝国，在余眼中都不过一毫毛。……即如政府不尽力履职，不以此为样本学习，不适应人民之感情与境遇，实则连一毫毛也不如。”[②]

詹姆斯·穆勒作为边沁功利主义学说的积极支持者，将实现代议制民主的政治理想寄托在了“中间阶层”的身上。在詹姆斯·穆勒看来，中间阶层不仅具有杰出的才智，而且还和下层阶级有着和谐的关系。因此中间阶层能够对下层阶级发挥影响和领导作用。在描述上，詹姆斯·穆勒使用了“rank”一词代替“class”。这是因为“在他看来，阶级（class）的成员是通过分享利益而结合在一起的，它本身带有着邪恶。中间阶层（middle rank）是以他们的公共精神而不是他们的财富或任何其他社会的或经济特征为标志的”[③]。詹姆斯·穆勒把中间阶层视为社会中最杰出的部分，他们的地位不是来自出身，而是来自自身的才华及教育。这种将实现政治理想的希望寄托在中间阶层身上的论述，也被引用到了平民主义的多部作品中。如果考虑到功利主义代表人物边沁和詹姆斯·穆勒的出身与他们所处的具体历史情境就会发现，他们正是出身于“中间阶层”。而日后从他们的学说中汲取了大量养料的日本平民主义倡导者，也同他们一样，出身于这样的

---

① 吴春华主编：《西方政治思想史·第四卷·19世纪至二战》，天津人民出版社2005年版，第34页。前文中在论述平民主义诞生的历史背景时曾提到：在1876年（明治9年）1月25日《邮便报知新闻》的社论中，曾经提到，自由是“伸张人民固有的权利，达成幸福”，政府的目的在于“达成人民的幸福”，因此政府的法律不应与人民的自由相对立。压制自由（即各人的幸福）会导致国家的颠覆，因此应当优先“各人的幸福”而非“社会的幸福”。和此处边沁的主张如出一辙，可以看出功利主义对当时日本社会的影响力之大。

② 植手通有『明治文学全集34　德富蘇峰集』、筑摩書房、1984年2月、111頁。

③ 吴春华主编：《西方政治思想史·第四卷·19世纪至二战》，天津人民出版社2005年版，第52页。前后内容参见同书51—52页。

“中间阶层”。18 世纪末到 19 世纪上半叶的英国，与 19 世纪后半叶的日本，同样处于传统贵族势力式微，新兴中间阶层上升的历史阶段，平民主义会从功利主义学说中引用大量内容，也绝非偶然。

约翰·穆勒曾在 1865—1868 年出任过英国国会的下院议员，当时他主张扩大劳动阶级选举权，并赋予妇女选举权。此后，他以 1862 年撰写的论文《妇女的屈从地位》为基础，扩充内容，在 1869 年出版了同名著作。这部著作以提高妇女权利地位为主题，涉及了以法律维护女权，赋予妇女选举权和参政权，提高妇女素质等多方面的内容。由此，约翰·穆勒成为近代以来西方最早的女权思想阐述者之一，他同时也是世界上第一个妇女参政促进会的积极创办者。① 我们有理由相信，约翰·穆勒的这种尊重女性权利、主张提高女性地位的观点，以及对女性参政议政的积极态度，对于日后日本的平民主义者也产生了正面的影响。如《政治一斑》丛书中，就有对妇女参政表示明确支持的内容。

在经济方面，平民主义从自由贸易与不干涉主义中汲取了较多的内容。19 世纪，自由主义以国家经济问题为中心，对个人和国家的关系进行了新的阐述，这是为了在新的条件下适应自由竞争的需求。自由主义倡导经济、契约以及竞争的自由，认为国家应当奉行放任主义的政策，对经济生活和社会生活不加干涉，从而赋予个人更大的自由。不干涉原则的具体表现为，主张政府不应对供需规则进行干预，要允许个人自由地进行贸易。并且鼓励毫无限制的自由竞争，认为干预自由竞争只会影响利益的增加，从而减少财富的积累。曼彻斯特学派的代表理查德·科布登与约翰·布赖特都极力倡导与维护自由贸易政策。科布登对于自由贸易的原则深信不疑，他认为自由贸易原则具有“永恒的真理性和普遍的适用性”，并且认为自由贸易是全球和谐与和平的关键。“自由贸易的胜利是地球上所有国家之间和平原

---

① 参见吴春华主编《西方政治思想史·第四卷·19 世纪至二战》，天津人民出版社 2005 年版，第 202 页。

则的胜利。”科布登还认为：“战争与冲突是政府的事情，而社会和经济间的互动只会对双方都有利。”他的格言就是：“政府之间的互动尽可能的少些，世界上各个国家之间的联系尽可能的紧密些！”他指责“对其他国家的干预精神”与“由此导致的战争”。布赖特也对这种观点表示赞同，他认为“我们应该成为其他国家自由事业的骑士”①。他们二人反对当时的克里米亚战争②，也是由于认为这有违自由贸易所要求的和平原则。

德富苏峰曾在《将来之日本》第七回《和平世界 三》中，将科布登尊称为“英国自由贸易的大先达”，并大段引用科布登关于自由贸易能够成为联系全人类和平纽带的原话。并称：“予希望此言并非梦想，并坚信此言绝非梦想。因今日宇内经济世界之现象向予保证，此言绝非空望。近世之历史乃财富与武力间之战争史。然第十九世纪的时代则为财富战胜武力取得大胜利之时代。”③ 这段话体现了德富苏峰对于通过不干涉主义的自由贸易，以积累财富的方式战胜武力，并最终实现世界和平的希望。

（三）斯宾塞思想的影响

赫伯特·斯宾塞④是19世纪实证主义的主要代表之一。实证主义者认为哲学和社会科学也要像自然科学那样，只追求事实，反对此前的思想家们那种形而上学地追求绝对理想的做法。因此实证主义者们很注重对于社会进化的研究。在他们看来，“社会是发展的、进化的，而发展和进化是有

---

① 参见安东尼·阿巴拉斯特《西方自由主义的兴衰》，曹海军等译，吉林人民出版社2004年版，第346页。

② 克里米亚战争：1853—1856年为争夺巴尔干半岛控制权而爆发的一场战争。主要为土耳其、英国、法国、撒丁王国对俄国之间的战争。战争最终以俄国的失败而告终。

③ 植手通有『明治文学全集34 德富蘇峰集』、筑摩書房、1984年2月、80頁。

④ 赫伯特·斯宾塞（Herbert Spencer）：1820—1903年，英国哲学家，社会达尔文主义之父。明治期间，斯宾塞的作品在日本被大量翻译出版，对日本当时的社会思想造成了较大的影响。

秩序的”[①]。斯宾塞曾指出：“社会进化是平稳、渐进的，在很大程度上是自动的过程。”[②] 斯宾塞还将进化看作是宇宙的普遍规则，所谓的进化，指的就是“物质的合成整体与伴之而来的运动的分散；在这个过程中，物质由不确定的、离散的同质状态进到确定的、凝聚的异质状态；而且在这个过程中，被保留的运动也发生了平行的转化”[③]。进化被斯宾塞视为“第一原理”。这种社会进化的理论，被德富苏峰用于了平民主义中对于“宇内之大势”的趋从。这一点被中江兆民评论为“一任给有名无实的进化神，自己却立于恬静的旁观者之地”[④]。

此外，斯宾塞的社会类型论也对平民主义的思想形成提供了极为重要的理论依据。斯宾塞将社会划分为两大类型，分别是“军事形态社会”（militant society），以及“工业形态社会”（industrial society）。这两者之间的主要区别如下：在主要特征和活动方面，前者主要进行联合防卫与进行侵略，而后者则和平友好地互相提供服务；在社会活动原则方面，前者属于强制合作，后者则属于自愿合作；在国家与个人关系方面，前者中的个人为国家存在，并且限制自由、财产和流动，后者中则是国家为个人而存在，对自由、财产和流动的限制很少；在国家结构方面，前者采取中央集权的方式，而后者则分散权力；在经济活动类型上，前者实行保护主义的、没有外部交易的自给自足式的经济自治，而后者则进行经济开放的、和平且互相依赖的自由贸易。[⑤] 在平民主义的代表著作《将来之日本》一书中，

---

① 吴春华主编：《西方政治思想史·第四卷·19 世纪至二战》，天津人民出版社 2005 年版，第 141 页。

② 同上。

③ 同上书，第 165 页。

④ 大塚健洋編『近代日本政治思想史入門——原典で学ぶ19の思想——』、ミネルヴァ書房、1999 年 5 月、74 頁。

⑤ 参见吴春华主编《西方政治思想史·第四卷·19 世纪至二战》，天津人民出版社 2005 年版，第 171—172 页。

几乎照搬了这种对于社会类型的划分，将社会划分为以“武备机关”为代表的腕力世界，以及以“生产机关”为代表的和平世界。

斯宾塞本人对军事社会持一种较为反对的态度，对工业社会则大加推崇。按照斯宾塞的观点看来，工业社会取代军事社会，会使社会由专制和封闭走向自由、民主和开放。“更具体地说，斯宾塞在军事社会和工业社会之间做了区分，并倾向于认为前者会向后者过渡。根据他的类型学，军事社会的特征是极度的集权，这个社会中，社会成员被压制、规训以支持这一权力。工业社会的特征则是民主、权力分化，政府的工作是为社会成员服务，而不是反过来。”① 这种对于工业社会将会取代军事社会的想法，更是被借鉴到了《将来之日本》中，成为德富苏峰论述“洞察宇内之大势，武备主义一变成为生产主义，贵族社会一变成为平民社会”② 的论据。

二 平民主义形成的思想准备

任何有一定影响力的思想的形成，都不是在短时间内一蹴而就的，而是会经过一个从萌芽到逐渐成形的思想准备过程。此处将对德富苏峰在逐步构筑平民主义的过程中撰写的几篇文章进行分析，提取出其中与平民主义相关的要素，从而对平民主义的形成过程加以考察。

（一）扩大权力主体思想的萌芽——《官民调和论》

《官民调和论》于1883年（明治16年）的10月至11月分四次在《东京每周新报》上进行了连载。虽然篇名为《官民调和论》，但其主旨是批判当时政界流行的“官民调和”的论调，反对所谓的“官民调和”。其矛

① 彼得·狄肯斯：《社会达尔文主义——将进化思想和社会理论联系起来》，涂骏译，吉林人民出版社2005年版，第23页。

② 植手通有『明治文学全集34 德富蘇峰集』、筑摩書房、1984年2月、110頁。

头的指向无疑是当时提倡“官民调和”是为了“安内竞外”的福泽谕吉。此文一方面对民权派指出，所谓“调和”不过是政府为了笼络与怀柔民权派的一种手段，是值得警惕的。另一方面则指出，如果政府想要做到真正的“官民调和”，就要做到“容民间有志之议论，随舆论为政”①。

文中提到“夫政府与人民，绝非二物。政府为末，民为本。人民生政府，政府被人民所生。人民如基础，政府如家屋。既有家屋，然无论何种家屋，都不可毁基础而建立。既有政府，然无论何种政府，都不可反民意而存在”②。这段话中一方面带有儒家思想中民为本的意味，另一方面，则带有认为政府不应当违背民意的符合功利主义政治学说的主张。这种主张被日后的平民主义所继承和发展。而文中提到，人民已经“化醇进步”一改旧时的面目，这明显是受到了进化论思想的影响，但有关社会类型论的观点还没有被引入文中。此外，“夫今日之事并非政党争斗，而是官民的乖离，即日本人民与日本政府之争斗。并非关于一时之政略之议论，即是关于政治之主义，即是否将政权割与人民之议论”中关于将政权割让给人民的观点，固然是正处在自由民权运动当中的民权论的主张，但其中已经蕴含了日后平民主义限制政府权力、扩大权力主体的思想。

（二）“政治改革家”的理想型——《论明治二十三年后政治家的资格》

《论明治二十三年后政治家的资格》是于1884年（明治17年）1月，以手册的形式在熊本自费出版的。针对按照《开设国会之敕谕》规定，将于1890年（明治23年）开设国会的预期，论述了届时日本政治家所应具有的资格。在本文中，德富苏峰指出当时的日本正处于脱离“东洋压制之积习”，开拓“泰西自由之天地”的关键时期，当时的日本处于身份制度

① 植手通有『明治文学全集34　德富蘇峰集』、筑摩書房、1984年2月、11頁。

② 同上书，第13页。

崩溃，人人要求平等的时代。人民已经离开了旧日本，但新日本却仍未到来，虽然脱离了专制世界，却又还未进入自由世界。因此日本“尚处于专制的世界”。但这种过渡时期不可能长期维持，而且也不可能再返回专制的旧世界。这种将“东洋”与“泰西”，“专制”与“自由”，“旧日本”与“新日本”等成组的对立观念加以对比进行论述的方法，可以说是德富苏峰的一大特点。这种论述方法，日后被广泛地用于平民主义的论著当中。

除此之外，德富苏峰在本文中还有一段将17世纪英国革命与日本的情况加以对比的精彩论述：“彼是由思想之改良推及政治之改良，我则要与政治改良同步设计思想之改良；彼由社会之进步唤起政治之进步，我则意欲计划政治之进步来诱导社会之进步；彼以旧惯故例助自由之进步，我则以旧惯故例妨碍自由之进步；彼以事实上的经验出发归纳出自由之真理，我则由理论上的演绎出发以求实施自由；彼为恢复失去之物，我则攫取未有之物；彼为扩张既得之物，我则开拓未有之物也。”① 在某种程度上，这段内容可以被视为将“自然成长型”与“目的意识型”近代化方式加以对比的论述。通过对英国与日本的比较，进一步强调了“彼”与“我”，即“西洋”与“东洋”之间的不同，以及向西方学习自由制度的重要性。

由于上述这种情况的存在，因此届时日本所需的政治家，既不是在已有的自由制度中运筹帷幄的“立宪政治家”，也不是以权谋立于风口浪尖上的“东洋创业家”，而是兼备理想与胆识、能够在开拓政治自由的同时，开拓思想与社会自由的“改革政治家”。只有这样，才能“上建自由之政府，下生自由之人民，以此建设新日本”②。文中还写道，要在东方这片三千年以来专制主义的故乡，实施西方的自由主义。这种倡导自由，反对专制的思想，也成为了日后平民主义着重论述的内容。

---

① 植手通有『明治文学全集34　德富蘇峰集』、筑摩書房、1984年2月、24頁。
② 同上书，第29页。

（三）自由制度的重要性——《自由、道德及儒教主义》

《自由、道德及儒教主义》在1884年（明治17年）12月以手册的形式在熊本自费出版。本文针对1882年（明治15年）之后日本社会上出现的“儒教主义”的复兴倾向提出了批判。文中认为道德的衰退源于“时势的变动”，但这并非源于自由的传入，相反，是由于专制的影响尚未消除，这种现象是社会由专制走向自由时出现的过渡现象。从这里已经可以看出，德富苏峰对于“时势”的看重，以及以“时势”作为论述出发点的明显倾向。

文中第一回就提出“若以幸福作为人生之大目的（或达成人生大目的后之结果），自由亦无疑是达成幸福之最大最重要之手段之一”①。这种带有功利主义色彩的幸福论的出现，证明德富苏峰已经开始更为主动与自觉地将功利主义学说用于自己的论述之中，从而加强了文章在因果关系上的说服力。文中引用了许多西方的观点来说明何谓自由，但论述的方法与逻辑关系却不甚明确。这一方面是由于西方思想在日本广泛传播的时日尚浅，另一方面，则是由于此时的德富苏峰不过是一名年仅22岁的青年，要求他能将这个问题论述得清晰明了，显然也是不切实际的。

文中将西方世界繁荣发达的原因归结为其实行了自由的制度，东方世界受到压迫则是由于没有实施自由制度。文中写道：“泰西人以财富、以文学、以武力、以学术、以法律制度，雄视宇内，主宰乾坤，是泰西人施用自由之结果。东洋人被剥夺独立权，被视作野蛮，被愚弄，仅于大地之一隅垂首，束手屏息，是东洋人放掷自由之结果。”② 这段话中将专制与自由相对立，歌颂自由之可贵的态度，不仅与前文《论明治二十三年后政治家的资格》一脉相承，而且也被延续到了《将来之日本》中。值得注意的

---

① 植手通有『明治文学全集34　德富蘇峰集』、筑摩書房、1984年2月、34頁。

② 同上书，第48页。

是，这段论述中带有一定的危机意识，从而带上了民族主义的色彩。文中还引用了“托克维尔氏曰，美国人以劳动立于人生之社会，认为这是最为自然最为必要且最为光荣之事，又曰在民主国，勤劳不仅受人尊敬，而且仅以勤劳作为利益的本源”①。结合德富苏峰在自传中提到的，自家的门第属于“完全是自力更生”的豪农阶层，也能读出他身处特权阶级之外，承认勤奋劳动重要性的观点。这与其之后倡导平民之利益，并提出寄希望于“中间阶层”的“田舍绅士论”有着很深的联系。而紧接着的一段论述在日后几乎被原样引入《将来之日本》一文中，其内容如下：“若我之制度能成为自由之制度，整理财政，厚信用，保证人民之所有权，开放百般职业，任人民之自由，削减干涉保护之痕迹，大力疏浚港湾，大减我国关税……就会成为太平洋中一大埠头，成为东洋之大都市，成为万国商业之商户……而是为唯一的自由使然。”② 这种提倡自由贸易以及不干涉原则的主张，可以看出自由主义经济学说对德富苏峰的影响，也能够看出，至此文写成之时，平民主义的框架在德富苏峰的脑海中已经初具轮廓。

（四）社会进化论与时势论——《明治十八年十二月廿二日内阁变动之过去及其将来》

1885年（明治18年）12月22日，由伊藤博文担任内阁总理大臣，日本第一任内阁成立。德富苏峰从1885年12月至1886年2月，写成了《明治十八年十二月廿二日内阁变动之过去及其将来》一文。虽然此文并未如以上三篇文章一样，或刊登或出版，而是仅以手稿形式被收录在了《同志社大江义塾德富苏峰资料集》一书中，但由于其写作时间刚好在《第十九世纪日本之青年及其教育》及《将来之日本》之间，因此笔者认为，此文

① 植手通有『明治文学全集34　德富蘇峰集』、筑摩書房、1984年2月、46頁。
② 同上。

作为平民主义形成期的重要衔接之作，仍然具有较为重要的意义。

德富苏峰在本文开篇即指出“明治十八年十二月廿二日乃我明治史上空前绝后之一大改革”①。这是由于身为公卿的三条实美辞去了太政大臣一职，而出身下级武士的伊藤博文则继任为内阁总理大臣。这是标志着“门阀让位于实力”的一件大事。文中写道：“盖门阀支配我社会由来已久……然三条公今次一片辞表一洗此陋习，能以实力战胜门阀，能以实力得其地位，才能与其地位得以平均，一抹有名无实，无实有名，表里反对之恶俗，成为有名有实表里一彻之物。……故吾人断言之，今日之改革实为进步之改革，可为我宪法史上特书大笔之我政治一大进化之改革。吾又知斯宾塞氏进化中生存竞争不可避免所言不虚矣。”② 由此可知，对于伊藤博文担任内阁总理大臣及第一任内阁成立一事，德富苏峰认为这是实力战胜门阀的标志，是“贵族社会”向“平民社会”转变的代表事件，因而对此给予了极高的评价。同时，这也是社会进化论的具体表现之一。

文中还写道：“吾人曾读英国宪法史，有国会数百年后始有责任宰相，有责任宰相而有政党，有政党而始有内阁……实叹其进步之迟缓。今我邦初始即有专任内阁，有责任宰相，而国会开设近在五年之内。然则此责任宰相产生国会，国会产生政党，政党产生政党内阁，彼国经历数百年之事，我国仅用五年成就之……岂非是千古一大快事。然论是谁给予此大机会，乃时势是也。乃风潮是也。乃公议舆论是也。……愿命运之针路一直线快奔猛走。吾人再言‘中兴之政一度前进即不可后退’。已不可退，唯前进不可止步。”③ 在德富苏峰看来，英国政治发展史经历数百年才形成的政治制度，在日本仅用了数年时间就得以实现，是时势使然，舆论使然。如果结

① 花立三郎、杉井六郎、和田守『同志社大江義塾德富蘇峰資料集』、三一書房、1978 年 10 月、254 頁。

② 同上书，第 256—257 页。

③ 同上书，第 267—268 页。

合上面一段论述三条实美让位于伊藤博文是社会进化论之功的内容来看，我们就会发现，诚然社会进化论思想与时势论都是平民主义的思想来源及思想内核的组成部分，但事实上，德富苏峰的这种分析方式并没有由客观的历史发展规律出发，而是仅仅从结论出发，将自己的理论套用在既成事实上面。他的论述表面看来洋洋洒洒且颇具说服力，但若仔细分析，就会发现他的这套理论实际上完全禁不住推敲。由于并非本书的主要研究对象，因此本书不对三条实美辞任太政大臣、伊藤博文就任首任内阁总理大臣这一史实进行具体的分析，但其中原因，又岂能由社会进化论一言以蔽之？而英国数百年来在具体的历史情境下的政治制度发展，也绝非“实叹其进步之迟缓”能够简单概括的。

从这篇文章中，我们可以轻易读出日后被平民主义继续发扬的社会进化论思想及时势论的发展观内容。同时我们也可以读出，德富苏峰的语言风格激昂洒脱，掷地有声，旁征博引且善用排比句及类比句。论证时也颇有振聋发聩激人奋进的感染力。因此纵使他的论证中存在着明显的理论缺陷，但对于广大立志报国且涉世未深的有志青年而言，他的这种文风确实具有十分巨大的魅力与吸引力。日后平民主义一经推出就能够引起广大青年的强烈共鸣，与德富苏峰极具特色的文风也有着很深的关系。对于追求以言论之路立身出世的德富苏峰而言，比起理论的严谨性，语言本身的感染力显然是他更加擅长的领域。青年人或许会为他这套论述所折服，但阅历更加丰富、思想也更加成熟的学人却能够相对客观冷静地审视德富苏峰的观点主张。也因此，中江兆民虽然对德富苏峰的作品给予了很高的评价，但他同时也指出，德富苏峰的论述是立于旁观者的地位，而将社会发展“一任给有名无实的进化神”。

（五）皇室中心主义的端倪——《逸题》一篇

本段内容主要以收录于《同志社大江义塾德富苏峰资料集》一书中

1887年（明治20年）部分的《逸题》一篇为论述对象。根据分析，此篇并未公开发表的文章应当写于德富苏峰举家迁往东京之后，《国民之友》创刊之前的这段时间。在内容方面，本文主要论述了兵与商的关系，实质上也就是武力社会、腕力社会与商业社会、生产社会之间的关系。并且认为日本应当废除军备主义，大力发展商业，成为商业国家。尽管本文的写作时间应当晚于《将来之日本》，但笔者认为，本文仍属于平民主义形成期的一篇习作，因此在此处对其加以分析。

文中写道："盖兵与商乃古今东西各国立国之二大主义也。以商为立国主义之国，国家倾全力为各个人民，国家全为每一国民而生，唯为确保人民之权利财产身体安全，施公平宽大之政，保证人民自营自治之余地也。反之，以兵为立国主义之国，国家倾全力为保证国之体面，一国之人民悉数为国家而生，举社会万般事物管理国家，举财产劳力生命其目的仅为供应兵备也。故一言以盖之，以商立国者，其制度为自治其结果为和平，以兵立国者，其制度为干涉其结果为压抑。二者相去不啻千里。世之政治家岂可不深思哉。"①

之后，文中对日本当时实行的军备扩张进行了批判，德富苏峰认为，扩张军备会损害人民的利益，剥夺人民的幸福，并导致人民生活贫困，因而军备扩张实际上与本国利益是背道而驰的。但如果日本走上商业国的道路，普及邮政、蒸汽火车、电信等文明产物则可以利用良机，成为世界上一大商业社会。同时，日本西邻"清国"，又与太平洋另一侧世界上最大的商业国家美国隔海相望，更是天然的商业国家。若想达到这一目的，必须要断然废弃军备扩张主义，重整法律及财政，改正税制使人民休养生息。更应当减少关税，允许内地杂居与外国人员资本的注入，使日本成为太平洋中一大商埠。如果能破除旧有陋习，基天地公道求知识于世界，振兴皇

① 花立三郎、杉井六郎、和田守『同志社大江義塾德富蘇峰資料集』、三一書房、1978年10月、312—313頁。

室之基业的话，则万国都会将日本视为东洋文明的先驱并加以赞赏。届时“谁能犯我乎？谁能御我乎？盖我邦千古不朽之经纶实在此处。圣文之圣实意乃于此也。天下之治岂可依赖区区军备哉”①。

应当说，本文中关于兵与商关系的主要内容和《将来之日本》② 有着很大程度上的类似，因此此处笔者主要想论述的是其中皇室中心主义的倾向。在本篇文章中，德富苏峰用很大篇幅分析了商业国家之利与武力国家之弊，并且在结论处指出，为了人民的幸福及国家的繁荣，一定要废弃军备扩张，积极发展近代文明，将日本建设为商业国家。但从字里行间我们却能看出，之所以要发展商业，促进人民的幸福，其出发点和目的却是为了“振兴皇室之基业”、遵照“圣文之圣意”。人民之平等幸福与皇室之尊荣究竟孰轻孰重？这一显而易见的矛盾却并未在德富苏峰的考虑范围之内。如果究其原因我们就会发现，在当时日本的历史条件下，几乎还不曾有人真正跳出皇室中心主义的范畴去思考这个问题。无论是此前自上而下的启蒙主义思潮，还是轰轰烈烈的自由民权运动，皇室中心主义都是一个被所有人默认的概念。因此德富苏峰也一方面极其崇尚美国式的民主，另一方面又对英国式的君主立宪制推崇备至，并以此为理想。

纵然我们无法要求历史人物跳出具体所处的历史情境做出超越时代的先知式判断，但也应清楚地看到，平民主义于诞生之初，在倡导人民平等幸福的旗号之下，就有着不可避免的皇室中心主义倾向。这种在当时的历史背景下看似合情合理本质上却充满矛盾的理论缺陷，实际上不仅预示了德富苏峰本人日后思想转向的深层原因，也早已为平民主义之后的发展之路埋下了隐忧。

---

① 花立三郎、杉井六郎、和田守『同志社大江義塾徳富蘇峰資料集』、三一書房、1978 年 10 月、314 頁。

② 将在本章第三节第二部分详述。

从上述五部平民主义形成期的著作中，我们可以看出德富苏峰在构筑平民主义的过程中，其思想逐渐丰富的历程。从其早期的作品中，能够明显地读出儒学的影子。而在此后的作品中，则能够看出西方思想对其的影响在不断加深。在逐步引入了人民权力、社会进化论、自由与专制的概念、功利主义的幸福论以及自由主义经济学说等思想原料之后，平民主义的构想在德富苏峰的心中逐渐成形。与此同时，平民主义的初期构想中也蕴含着固有的理论缺陷。如盲从时势论，不通过分析客观事实得出结论，而是将事实结果简单套用于社会进化论的本末倒置型论述，以及忽视平等观念与皇室中心主义之间的天然矛盾等。

在这种进步性与矛盾性并存的情况下，《第十九世纪日本之青年及其教育》（《新日本之青年》）与《将来之日本》两部作品的问世，成为平民主义形成的标志。

第三节 平民主义的形成与早期理论框架

一 标志平民主义形成的代表著作

出版于1885年（明治18年）的《第十九世纪日本之青年及其教育》以及出版于1886年（明治19年）的《将来之日本》，被认为是标志着平民主义诞生的两部著作。本书接下来将对这两部著作的主要内容进行论述，从而对平民主义的早期形态加以把握。

（一）“新日本”之希望——《第十九世纪日本之青年及其教育》（《新日本之青年》）

根据德富苏峰的自传，《第十九世纪日本之青年及其教育》于1885年

(明治18年)6月托付东京的友人自费印刷了300份，分发给前来索取之人，不久之后就分发一空。这部作品受到了田口卯吉的注意，之后连续几周在《东京经济杂志》上进行了连载。此外有几份新闻杂志也对其进行了转载。由于这部作品并非公开发行，因此在德富苏峰借《将来之日本》树立文名与平民主义的大旗之后，此书又加上了名为“新日本之青年”的总论，以《新日本之青年》作为书名，于1887年(明治20年)4月由集成社正式出版发行。

在《第十九世纪日本之青年及其教育》中，德富苏峰对当时日本教育界存在的“复古主义”、“偏知主义”与“折中主义”三个动向进行了批判。首先，“复古主义”指的是恢复旧时代的教育，用孔孟之道等封建时代的旧观点去教育新时代的青年。其次，“偏知主义”则是指只偏向于引入西方物质文明的观点，这种观点直接导致的就是肤浅引入西方的饮食衣着等表面现象，而无视西方文明的实质与精髓。再次，“折中主义”指的是东洋道德与西方科学的折中主义，是一种“和魂洋才”的主张。文中主张要从精神文明的层面全面引入西方文明，进行“知德一途”的教育。而在后期加入的总论“新日本之青年”中，则对当时开始在日本青年之间流行的对社会的冷笑倾向以及卑俗的立身出世主义倾向提出了批评。正如本文的题目，这篇文章主要探讨青年人的教育与道德问题。结合德富苏峰的实践经历，可以说是总结了他自己经营大江义塾期间的一些体会。

全文共分为八个章节，加上后期加入的总论，一共九个部分。分别是：总论，新日本之青年；第一回，社会及其继承者；第二回，维新前后学问及教育的变迁(上)；第三回，维新前后学问及教育的变迁(下)；第四回，现时所谓之教育主义，第一复古主义，第二偏知主义，第三折中主义；第五回，驳折中主义；第六回，可使学问及教育世界之现状为之一变；第七回，然则可如何为之一变乎；第八回，第十九世纪日本之青年。

在总论“新日本之青年”的开篇，德富苏峰就指出明治的世界是“批评的世界”、“怀疑的世界”、“无信仰的世界”，维新改革的波澜将人民、社会都卷入了这个大旋涡中。不管是学者、商人、士兵、政治家、僧侣、信徒、教师、学生，都以一种冷笑的态度对待自己所从事的职业，这绝非偶然。在这种危险的境况中，德富苏峰号召青年们要深切地自省，以排除这种危险。“盖冷笑社会绝非吾人永住之故乡。吾人更要进步转机，定要成为厚重诚实纯白之平民社会。而谁可以此方针率先施展拳脚，吾人断言之，则是明治之青年。”① 文中接下来指出，明治的青年要比天保的老翁先进，因此要引领“天保之老人”。并且认为“老人在旧空气中生长，青年在新空气中生长，老人随着肉体萎靡，其精神也产生退守之倾向，青年在肉体活泼之同时，其精神则产生进取之倾向”②。“老人是秩序之同党，青年是进步之朋友。”③ 这种将“青年”与“老人”，及其代表的“进步”与“秩序”观念加以对立的世代论的论述方法，既是本书贯穿全篇的一大特色，同时也成为本书成功吸引广大青年读者的重要原因之一。

在正文中，德富苏峰指出，想要预知社会的运动，就要详细理解社会的大势；想要了解日本将来的社会如何，就应该观察青年的社会。而学校就是青年的社会。青年社会反射现实社会，现实社会就是青年社会的镜子。这两者互相映射，得知社会的大势就能推知青年的倾向，而得知青年的倾向，就可以预知将来的社会。这种因果关系交织在一起，互相影响。随后，文中又追述了维新前后，教育是如何发生进化的过程。并指出，维新的改革并不只是政治上的改革，而且也是思想上的改革。由于政府已经成为西方式的政府，因此为了运转这样的政府，所需要的自然也是西方式的知识。

在这种认识的基础上，本文对当时教育界出现的“复古主义”以及

---

① 植手通有『明治文学全集 34　德富蘇峰集』、筑摩書房、1984 年 2 月、118 頁。

② 同上书，第 124 页。

③ 同上。

“偏知主义”，并特别对“折中主义”进行了批判。折中主义主张在知识教育的领域发挥西方式的新主义，但在道德教育的领域，则鼓励青年们学习东方式的旧主义，从而使天下的青年都成为知德完美的人民。德富苏峰提出，他对于这种希望虽没有异议，但却指出，这两种主义本就互相矛盾，因而根本无法并行不悖。西方的思想是进步的，自由的，而东方的思想则恰恰相反。折中主义的做法，只能使知识与道德背道而驰。综合来看文中所批判的这三种动向，不难看出其主张中的递进与逻辑关系。批判“复古主义”，是为了将束缚人民的、旧日本的思想完全抛弃；批判“偏知主义”，则是进了一步，也就是说，仅仅表面学习西方的物质生活是远远不够的；而批判“折中主义”，则更加明确地表明了德富苏峰倡导全面引入西方的物质文明与精神文明的主张。

接下来，文中对应当如何改变教育的现状做出了论述，指出：“吾人以为，想要一变此种大势，唯需做到一事。就是使学问及教育之目的在于人性之完全。为完全人性，则知德一途之教育必不可少。如欲做到知德一途之教育，则必以搜索真理为基础。”① 而所谓“知德一途”的教育，实质上就是在教育中要从根本上全面引入西方文明。其中最重要的，就是要引入作为西方文明基础的精神文明。在论述当今青年的责任时，文章指出，青年的前辈们完成了第一次维新的改革，而现今的青年们则应该担负起“智识世界第二次革命”的大任。如果无法完成这一重任，则是“吾人之罪”，“日本今日青年之罪”。文章的最后向广大的青年发出呼吁：“而诸君立于第十九世纪文明之世界，不可忘记要成为不羁独立之青年，啊，第十九世纪之末尾，第二十世纪之开头，正逢宇内文明转进百尺竿头更进一步之时代也。生于此有为之时代，生于此有为之土地，而吾人岂可不具有为之能力？啊，男子岂可空死哉？”②

---

① 植手通有『明治文学全集 34 德富蘇峰集』、筑摩書房、1984 年 2 月、146 頁。

② 同上书，第 154 页。

德富苏峰撰写《第十九世纪日本之青年及其教育》时，正值自由民权运动受到压制，并开始退潮的时期。因此在青年当中难免出现失落情绪，而这种失落的情绪又进一步转化为对政治的漠不关心或安于现状的独善其身，这是德富苏峰所不愿意见到的。为了将青年们从这种消极悲观的情绪中唤醒，德富苏峰从世界之大势的角度出发，论述了 19 世纪西方文明的美好图景，并指出，虽然当时的日本面临着许多困难，但如果能够跟随西方文明的步伐，改变日本的时势，完成智识世界的第二次革命，那么日本的将来也将无限光明。这种说法固然是为了鼓励因自由民权运动失败而感到失落的青年们，热切期望他们继续将变革的事业继续下去，但同时也能够看到德富苏峰对于西方文明，特别是西方的精神文明不遗余力的推崇。德富苏峰认为，精神文明才是西方文明的根底与基础，因此他格外强调在“知德一途”的教育中，要特别重视确立新的道德教育。这种将西方的“精神—道德”加以一体化，并大力加以提倡的观点，也与本书中对当时日本教育界出现的“复古主义”、“偏知主义”、“折中主义”三个动向的批判态度是一脉相承的。这种对于青年的教育，特别是精神道德教育的重视，是希望能够培养出青年们独立自主的人格，其中寄托着德富苏峰希望青年们成为新日本将来的代表，并且成为建设“平民社会”的栋梁的期望。

（二）社会组织形式的理想描述——《将来之日本》

根据德富苏峰在自传中的说法，《第十九世纪日本之青年及其教育》获得成功之后，他受到了鼓舞，于是从 1885 年下半年开始撰写新作品，并于 1886 年（明治 19 年）上半年完成。起初，他将这部作品命名为《日本之将来》，之后改成《将来之日本》，并三易其稿，才最终定稿。他首先将这部文稿呈交给板垣退助，并附上一封十分诚恳的信件。但板垣却只将这部作品视为当时常见的一般的书生论，并未予以重视。随后，德富苏峰携带《将来之日本》的文稿来到东京。田口卯吉在看过文稿之后，虽然同意出版，但却不敢保证此书的销量如何。正当德富苏峰犹豫之时，他的姐夫汤浅治郎对他给予了支持。《将来之日本》一书终于得以在 1886 年（明治 19 年）10 月由经济杂志社出版。这不仅是德富苏峰首次商业出版的著作，而且还使得当时年仅 24 岁的德富苏峰与他的平民主义主张一起一跃成名。与此同时，德富苏峰华丽的文笔也吸引了许多民众、特别是广大青年的关注。

本书的主旨，是论述将来的日本应当如何发展，德富苏峰以国际关系的形势、社会历史的发展趋势、日本历史的发展方向为线索，做出了日本应成为和平的平民主义生产国家的论断。德富苏峰从功利主义的角度出发，指出“余固以日本全体之利益与幸福为目的而议论，然其议论之标准，唯居住于茅屋中之人民是也”[①]。而“居住于茅屋中之人民”的“利益与幸福”正是德富苏峰平民主义的核心思想。《将来之日本》共十六回，在结构上由绪论、总论、本论、结论这几个部分构成。绪论部分为“洪水之后有洪水”；总论为“一国之生活”；本论包括“腕力世界”一、二；“和平世界”一、二、三；“平民主义之运动”一、二、三；“天然之商业国”；“过去之日本”一、二；“现今之日本”一、二；最后的结论则是展望“将来之日本”。

在绪论“洪水之后有洪水”中，德富苏峰指出，明治维新已经颠覆了日本的封建社会，并发出了“旧日本已死，今日生存者是新日本”[②] 的感慨。因此，将来的日本将会如何发展，就成为一个必须解答的问题，文章也由此展开论述。在总论“一国之生活”中，提出了要保证一国的生活，有两种手段：“一为生产机关，一为武备机关。生产机关供应内部需求，武备机关防御外部妨害。”[③] 这两者起初并未明确地分离开来，但随着社会的进步，两者逐渐产生了分离。“总之，武备机关发达之社会，唯不平等主义

---

① 植手通有『明治文学全集 34　德富蘇峰集』、筑摩書房、1984 年 2 月、50 頁。
② 同上书，第 52 页。
③ 同上书，第 54 页。

支配之处。生产机关发达之社会，唯平等主义支配之处。因此武备社会之现象悉数皆为贵族之现象。生产社会之现象悉数皆为平民之现象。”[①] 此处明显是引入了斯宾塞的社会进化论与社会类型学说，并且将武备社会与贵族社会、生产社会与平民社会联系在了一起。

本文首先论述了生产社会的“外部社会四周的境遇”，表面看来似乎是“腕力世界”，但生产社会的本质，却并非腕力社会。虽然 19 世纪战争不断，但德富苏峰还是依据英国自由主义学者的战争否定论，认为“外部世界”的“内在”是“和平世界”。此处可以看出，德富苏峰对于英美的学说存在着信赖感。考虑到其构筑平民主义理论的主要理论来源都是英美国家的学说，因此这一点也不足为奇。文中还认为 19 世纪是生产主义与武备主义的一大战场，但生产机关迟早会颠覆武备机关，财富才是支配 19 世纪的一大力量。由此，德富苏峰又阐述了富国主义与强兵主义之间的对立，他认为富国主义是和平主义的代表，并且认为美国是重视财富的和平主义与平民主义最佳代表：“彼之平民主义政治之发达不仅止于一隅。平民之活力充满磅礴于全社会。不独为天下国家之大经纶。……解剖微妙细小之事，悉数皆由平民之分子组成。总之，其举国彻头彻尾可谓平民之分子之结晶体。对此大现象，吾人着实钦羡叹美。”[②] 不仅如此，德富苏峰还认为美国是世界人民将来的命运所向，自由贸易主义最终将会取得胜利，使世界变为无军备的世界。此处不仅体现了科布登等人的自由贸易和平论，而且也能看出横井小楠思想的影响。

在论述过随着生产机关的发达，和平主义社会必将实现之后，德富苏峰又指出生产机关的发达，必将带来“平民之现象”。这与武备机关的发达必将导致“贵族之现象”一样，都是一种必然论，或者说大势论、时势论的说法。文中认为，武备机关的衰亡会导致贵族社会的凋落，而生产机关

① 植手通有『明治文学全集 34 徳富蘇峰集』、筑摩書房、1984 年 2 月、56 頁。
② 同上书，第 79 页。

的兴隆则会带来平民社会的兴起。平民社会的实现必将会打倒贵族社会。美国独立战争、法国大革命、英国的宪法改正案等，都是平民主义的胜利。因此平民主义是当今政治世界的一大势力。但平民主义至今仍然未能完全取胜，则是由于还未能脱离过去贵族社会的压抑。但以武备主义为代表的贵族社会已经成为过去，不可能长久如此。生产社会、和平社会、平民社会的胜利就在不远之处。因此在“天然之商业国”中，德富苏峰主张如果放弃武备扩张，而采取尊重自由权利的方针的话，则一定能成为富裕的国家。过去的日本是彻底的武备国家、贵族社会，百姓由于特权阶级的压迫，处于不自由不平等不正义的贫困社会之中。而维新改革则使日本脱胎换骨成为新日本。于是生产主义、平民主义的“世界之大势”，使日本奠定了令武备社会变为生产社会、贵族社会变为平民社会的基础。此外，德富苏峰还指责自由民权运动的许多参与者都是“封建之自由主义”，其脑中仍是“封建之顽民”。这是出于对自由民权论者的“国权论武备扩张主义”所代表的战争主义与国权主义的批判。

在作为结论的“将来之日本”一章中，德富苏峰做出了：“吾邦将来可如何乎？吾人断言之，可成生产国。遵从生产机关发达之必然之理，依据自然之结果，可成平民社会。”① 这种依据“世界之大势”做出的必然判断，无疑是受到了社会进化论的影响。而文章的最后部分指出：“我邦采取和平主义，成为商业国、平民国，实乃保证我国家之生活。皇室之尊荣，国家之威势，政府之巩固，以致维持遥远将来之最佳手段，国家将来之大经纶者。坚信唯有实践此一手段而已。”② 从这段话中可以看出德富苏峰对于平民主义以及和平主义的信任，但“皇室尊荣”、“国家威势”等概念的出现，也表示其在构筑平民主义的理论时，已经具有了某种程度的皇室中心主义和民族主义的思想。但结合此时的国际局势与日本的国际地位，这

① 植手通有『明治文学全集 34　德富蘇峰集』、筑摩書房、1984 年 2 月、110 頁。
② 同上书，第 111—112 页。

时的民族主义思想仍然是一种出于维护民族独立、保护国家权益的想法。与日后那种在保证了国家权益的前提下，谋求膨胀扩张的民族主义，具有不同的意义。

需要明确的是，德富苏峰之所以提出日本应成为和平的平民主义生产国家的认识基础，是因为，虽然本书中对国际社会与日本的将来都做出了十分明朗的展望，但德富苏峰并非出于无条件的乐观，才做出这样的判断。实际上他有着强烈的危机意识，所以才会写出“盖第十九世纪之今日，实乃绝望之时代也。……道理之势力薄弱，未有甚于今日者。强权之流行，未有甚于今日者。武力主义之隆盛，未有甚于今日者。昔日之世界，乃野蛮人以腕力蹂躏开化人之世界也。今日之世界，乃开化人以暴虐吞灭野蛮人之世界也”① 这样一段话语。但在本书中，德富苏峰从社会进化论的角度出发，将对于世界和平的积极展望作为全书的基础，这段充满危机感的描述只被用来形容过去的时代，或仅仅被认为是过去时代的遗毒。德富苏峰的社会进化论思想还体现为，他认为当时的世界并非完美，社会也并未止步不前，优胜劣败的法则只是改变了其发生作用的形式。在文明社会到来之前，优胜劣败唯一的法则只能以武力作为基础；但在已经进入文明社会的今日，优胜劣败的法则就变为了以智力和财富、特别是以财富为基础。也就是说，想要使国家在国际竞争中获得胜利，取得领先地位，就必须早日成为文明国家，并且积蓄大量的财富。关于这一点，德富苏峰做出了如下的论述：“故，若叹我邦国权不振、叹我邦国威不扬、叹我邦独立不长，唯有毫无迟疑、毫不姑息，令我邦成为文明富贵之国也。”② 德富苏峰将财富的积累作为国家在文明社会中脱颖而出、赢得竞争的判断标准，而积累财富，则势必要令国家成为重视生产的“生产国家”。

文中还有另一个值得注意的论断，那就是德富苏峰针对国权论的强兵

① 植手通有『明治文学全集 34　德富蘇峰集』、筑摩書房、1984 年 2 月、57 頁。
② 同上书，第 108—109 页。

主义与主张扩充军备的国权扩张主义的批判。德富苏峰认为，国权论必然会导致政府权力的增大，从而损害到人民的权利；而军备扩张则会阻碍国民经济的正常发展。因此应当反对军备扩张，维护人民的权利，同时促进国民经济的进一步发展。这种观点实质上是认为“富国主义”与“强兵主义”二者不能并存，也体现出德富苏峰将“生产机关”与“武备机关”、“生产主义”与“武备主义”加以对立的思考方式。尽管在当时的日本，将“富国主义”与“强兵主义”分而视之的观点并不少见，但将这二者加以对立，并以生产主义的观点对“富国与强国之间的关系”加以论述，却是本文中独到的见解。例如福泽谕吉也曾指出“富国”与“强兵”并非同一问题，但福泽并未对其中的因果关系加以详细论述。而德富苏峰则将“富国”与“强兵”加以对立，明确反对因扩充军备导致国民经济和人民权利受到压制；同时引入“生产主义”的观点，指出经济生产与财富积累之间的因果联系，进而得出“使国富”才能“使国强”的结论。

此外，正如中江兆民在本书再版序言中指出的，德富苏峰的这种认为“武备社会”向“生产社会”、“贵族社会”向“平民社会”过渡的发展阶段论，正是受到了军事社会向工业社会过渡的斯宾塞的社会进化论的影响。具体到关于日本历史发展方向的判断，德富苏峰对明治维新的论述就是运用这种观点进行分析的一个实例。文中指出：“吾人父祖之日本，正如斯巴达，又甚于斯巴达之致密周到之军队组织、武备社会……社会之生命元气，唯有武力。”① 这段话明确表示出德富苏峰认为幕藩体制是典型的“武备社会”，而幕藩体制下的日本则是典型的军事国家的观点。德富苏峰又进一步指出，这种典型的军事国家的幕藩体制，在“内外冲击”特别是在“世界之大势”的冲击之下，迅速土崩瓦解，从而打下了使武备社会变为生产社会、贵族社会变为平民社会的基础，由此，明治维新才取得了成

① 植手通有『明治文学全集 34 德富蘇峰集』、筑摩書房、1984 年 2 月、94 頁。

功。德富苏峰将重视武力的武备社会与贵族社会视为应当摒弃的旧时代的糟粕，而将和平主义的生产社会与平民社会当作日本将来应当前进的方向，这不仅是《将来之日本》一书极力倡导的目标，同时也是平民主义的重要内容。

二　早期平民主义的理论框架

通过上述两部著作总结早期平民主义的理论框架，可以得出如下结论。

教育方面，在由贵族社会向着平民社会、腕力社会向着和平社会、专制社会向着自由社会过渡的过程中，为了教育出符合新时代要求的青年，必须对教育方式进行改革。在《新日本之青年》一书中，德富苏峰倡导，要杜绝专制时代培养出的那种服从权威的“顺从的臣民”，而要培养出自由时代具有独立精神的“不羁独立的自由人”。这种转换必须通过西方式的教育才能实现，从而在精神上培养出独立自主的平民社会的建设者。因此，教育中必须排除东方的专制命令式的教育方法，而要积极采取自由的西方式的教育方法，全面引入西方的学问，并采取实证主义的学习方法。西方的学问不仅指具体的知识，而且包括态度、方法等精神层面的内容。教育也不仅要传授知识，而且还要培养出人们在精神上的涵养。这就要求在知识教育和道德教育上都引入西方的自由主义。这种教育论与幕末以来“和魂洋才”式地接受西方文明的方法截然不同，主张全面接受西方的知识与精神道德。

政治方面，德富苏峰从社会进化论的视角出发，认为世界和平将成为今后国际社会的主流，将武备社会与贵族社会——具体到本文中，就是指幕藩体制下处于武家社会的旧日本及其遗留的影响——作为旧时代的遗物，提出了与之对立的生产社会与平民社会的主张，认为应该在人人平等与自由的基础上，将每个平民的利益与幸福作为判断标准。平民主义还提出了与当时日本政府所主张的国权主义与军备扩张主义反其道而行之的和平主义主张。

经济方面，平民主义提倡应当在经济上重视生产机关，反对由于国权和军备的扩张导致人民利益受到损害，重点论述了当时的世界以财富作为优胜劣败法则的基础，对当时日本盛行的将“富国”与“强兵”同时推进的做法提出批判，认为这二者无法并存，应当通过大力发展经济积累财富，从而达到国富民强的目的。并且主张日本应当通过广泛开展自由通商贸易，成为和平的平民主义生产国家。

本章小结

在德富苏峰本人强烈的出世意愿与受众广泛的历史社会背景下，平民主义作为一种带有西方自由主义色彩的大众理论，登上了明治思想史的舞台，并以其关注普通人民生产生活、关注青年人的特点，赢得了当时日本民众、特别是广大青年的支持。《将来之日本》一经出版就广受欢迎，多次再版。中江兆民在此书再版之时还题写了序言，称其为“老师宿儒有所未易及者，真可敬畏也”[①]，对其主张大加赞赏。而德富苏峰一直十分尊敬的新岛襄，也在该书第三版的序言中做出了“早晚会以平民主义统一世界”[②]的评论，足见新岛襄对其评价之高。

正如德富苏峰在《将来之日本》绪言中所说，他讨论“将来之日本”的问题，既不是站在“高尚深奥”的哲学家的立场上，也不是站在“活泼雄飞”的政治家的立场上，而仅仅是站在一名“忠厚真挚”的日本人民的立场上。此时的德富苏峰是一名年仅 24 岁的、身处乡间的无名青年。虽然

① 植手通有『明治文学全集 34 德富蘇峰集』、筑摩書房、1984 年 2 月、114 頁。
② 同上。

他的平民主义不具备高深的理论性与严谨的逻辑性，反而有许多无法克服与避免的问题与矛盾，但作为一名普通的日本青年，在当时的历史社会环境下，能对国家的未来做出如此的思考，依然是具有一定价值的。而其中的进步因素，也是值得加以肯定的。

第 二 章

平民主义的发展

在《将来之日本》决定正式出版后，德富苏峰便对相当于自己秘书一职的人见一太郎说起：“予等不应长居田舍而老去。此时正当角逐中原之时。”① 于是安排人见回到熊本准备关闭大江义塾事宜，自己则暂时留在东京，为日后上京继续发展事业做准备。待准备妥当之后，德富苏峰返回家乡，正式关闭了大江义塾。并于1886年（明治19年）12月，携妻子父母一家四口，以及决心追随他到东京发展的十余名大江义塾的教师、学生，来到了东京。在随后的1887年（明治20年）2月，由德富苏峰担任社长和主笔的《国民之友》创刊，民友社作为《国民之友》的编辑部与平民主义结社也随之成立。此后，平民主义以民友社为依托，以《国民之友》为宣传阵地，进一步扩大了其影响力。随着民友社逐渐进入全盛期，1890（明治23年）2月，由其主办的《国民新闻》开始正式出版。1892年（明治25年）9月，作为月刊的《家庭杂志》也开始发行。

早期的平民主义作为德富苏峰对其学习生涯的总结之作，确实可以被视为德富苏峰在广为借鉴西方思想与联系日本国情后所产生的个人思想。但当其一经推向世人面前，并吸引了众多同人参与到民友社这一言论集团的思想活动之中后，平民主义的思想内容自然会在深度与广度上有所扩展。

① 德富蘇峰『人間の記録22　徳富蘇峰：蘇峰自伝』、日本図書センター、1997年6月、162頁。

这其中既包括德富苏峰本人的思想，也包括其他民友社同人思想的影响。由此，平民主义在不断发展的过程中，其内容也变得愈发丰富。

本章将对平民主义结社民友社的成立、发展历程进行论述，对民友社有力同人的观点进行考察，并主要立足于《国民之友》杂志、《国民新闻》报、《家庭杂志》以及民友社同人的著作，对平民主义内容上的扩充与发展进行探讨。

第一节　民友社的成立与《国民之友》

一　民友社的成立与《国民之友》的创刊

对于从少年时代起就立志要成为言论人的德富苏峰而言，能够拥有属于自己的新闻社无疑是一个长久以来的愿望。当年未能如愿在东京成为新闻记者返回家乡之后，德富苏峰在参加自由民权团体相爱社活动时，就曾担任过《东肥新闻》与《开化之向导》的撰稿与编辑工作。在大江义塾成立后不久，又发行了义塾内部传阅的《大江义塾杂志》。发行杂志的目的，在于“开发人的知识”以及“加深社会交际”。具体而言，就是在对学生进行启蒙教育的同时，促进他们之间的互相交流，并通过这种意见的交流，加深学生们之间的关系。[①] 这一点，可以从《贺杂志之成长并述其对人之功用》这篇未见署名的学生作文中得到印证。此文中先论述了欧洲的杂志是“引导人智之指南车”，并且是“加深交流之媒介”，因此欧洲人才能自然交际，并且使“智识现象之光”向四周发射并照亮世界。此后又说道：“既我大江义塾已有杂志，成为社中诸君相互交换流通精神之工具，以此唤

① 和田守『近代日本と徳富蘇峰』、御茶の水書房、1990年2月、130頁。

醒扬起义塾，故社中诸君之精神皆现于此，可曰大江杂志为社中诸君精神之代表。故杂志之盛衰即社中诸君之精神盛衰，社中诸君之精神盛衰即象征大江义塾之盛衰。”① 由学生的这番论述，可以看出在大江义塾的教育中，认为杂志不仅能启蒙知识，加深交际，并且具有能够代表学生精神与学校精神的功用。从这里也能充分看出德富苏峰对杂志作用的重视。此处的“社中”，则是指 1885 年（明治 18 年）9 月，在大江义塾之内成立的大江社。而大江社的成员也成为民友社早期成员的重要来源之一。

在《将来之日本》决定正式出版之后，德富苏峰准备关闭大江义塾，前往东京发展。在据推断为 1886 年（明治 19 年）9 月德富苏峰写给人见一太郎的信上，有如下的内容：“此次的处理，并非后退，而是为了百尺竿头更进一步……关于向后（指对于大江义塾）之处置，该如何联络起东京与地方。如何巩固与地方之团结。如何将后来之新生继续编入我社。……希望能详加考虑。”② 从这封信中可以看出，当时德富苏峰希望在前往东京之后，仍能保持与地方熊本的联系，而且希望能将更多的学生编入自己的新闻社中。此后，《将来之日本》于 1886 年 10 月经田口卯吉的经济杂志社出版。据德富苏峰的自传记载，他在同年 12 月进京的汽船上时，已经看到有人在阅读此书。此后，德富苏峰本人曾见到过不少刻意模仿《将来之日本》中的文体与论述方式，甚至直接复制其中内容的文章。足见当时此书的传播面之广、影响力之大。可以说，《将来之日本》这部著作在奠定德富苏峰的文名的同时，也使“平民主义”变得广为人知。在这种情况下，德富苏峰拒绝了当时《报知新闻》主创人员矢野文雄以及《东京经济杂志》的主办人田口卯吉的邀请，决定自己亲自创办

① 花立三郎、杉井六郎、和田守『同志社大江義塾德富蘇峰資料集』、三一書房、1978 年 10 月、739 頁。

② 和田守、有山輝雄『民友社思想文学叢書第 1 巻　德富蘇峰・民友社関係資料集』、三一書房、1986 年 12 月、70 頁。

杂志。此时，曾帮助他出版《将来之日本》一书的汤浅治郎又对他伸出了援手。在汤浅的支持下，德富苏峰创办杂志的心愿也渐渐成为了指日可待的目标。

关于杂志名称《国民之友》，是源于德富苏峰一直喜爱阅读的美国的 *The Nation* 杂志。这一点在上文中已有所提及。而关于民友社的命名，德富苏峰在自传中解释说，之所以会如此命名，是因为要从《国民之友》中选取两个字。之所以没有命名为“国友社”而选取了“民友社”，则是由于当时他所主张的平民主义，而且以人民之友自居之缘故。在杂志的内容方面，一半是来源于德富苏峰的创意，另一半则是借用国外杂志的现成形式。而设立特别投稿栏网罗当时的名家来稿的想法，则是来源于美国的 *The Nation* 杂志上刊登英国名家来稿的 The Special Correspondence（特别通信）。[①] 在 1887 年（明治 20 年）1 月 26 日德富苏峰写给新岛襄的信中，就有他邀请新岛襄成为《国民之友》特别投稿人的内容：“小弟此次与汤浅治郎相谋，发行每月一回的《国民之友》杂志。以政治、社会、经济、文学上的时事等评论为目的。而且设特别投稿栏，普请记载江湖诸名士之论文。……万望寄与明论卓说……无论诺否还请回答。”[②] 在同年 2 月再版的《将来之日本》一书刊登的广告中，还有为《国民之友》杂志做宣传的“民友社杂志发行广告”，其中对《国民之友》的定位为“政治社会经济及文学之评论”。广告的主要内容为“盖维新改革二十余年之岁月，驱使我明治之社会为之一变。旧日本之老人渐去，新日本之少年将来。东洋之现象渐去，泰西之现象将来。破坏之时代渐去，建设之时代将来。吾人可言，今日实乃立于决定我邦将来之安危兴废之十字路口之时。吾人发行此杂志，

---

① 德富蘇峰『人間の記録 22　德富蘇峰：蘇峰自伝』、日本図書センター、1997 年 6 月、167—168 頁。

② 和田守、有山輝雄『民友社思想文学叢書第 1 巻　德富蘇峰・民友社関係資料集』、三一書房、1986 年 12 月、71 頁。

是为唤起我同胞兄弟之注意。吾人之目的，无疑在于全体人民之幸福与利益之所在。不可忘记，吾人所谓之国民，乃居住在茅屋中之人”①。从这段广告中，可以明显感到德富苏峰创办《国民之友》的目的，就在于继续扩大平民主义的影响力。根据此篇广告中的记载，《国民之友》的主要内容为：时事评论，简要评论内外时事；国民之友，精确评论目前的重要问题；论说，选择刊登社友的论文；特别投稿，为增加本杂志的光彩，刊登诸位名家的卓论伟说；杂录，新书评论、各报社社论评论、其他政治社会经济及文学上的杂事。而当时已经承诺要为《国民之友》提供特别来稿的，则主要有以下几位：岛田三郎②、中江兆民、浮田和民、田口卯吉、尾崎行雄、矢野文雄、植木枝盛、竹越三叉等。③ 据《官报》④ 记载，《国民之友》于 1887 年 1 月底取得了内务省的《定时刊行物许可》。⑤《国民之友》的创刊号发行于 1887 年 2 月 15 日。当时民友社的地址为“东京府赤坂区榎坂町五番地”，这个地址实际上是汤浅治郎的家庭住址。在此后的 1888 年 7 月，民友社的地址变更为京桥区日吉町二十番地，并将二楼作为编辑部，资料室等。⑥ 根据《国民之友》创刊号封面上对杂志作为“政治社会经济及文学之评论”的定位，可以看出《国民之友》是以作为综合性杂志为目标的。此前的杂志多侧重于某一方面的内容，或着重于政治，或着重于经

---

① 和田守、有山輝雄『民友社思想文学叢書第 1 巻 德富蘇峰・民友社関係資料集』、三一書房、1986 年 12 月、72 頁。

② 岛田三郎：1852—1923 年，当时的著名记者。曾任《横滨每日新闻》的主笔，1888 年起担任《东京横滨每日新闻》的社长。

③ 和田守、有山輝雄『民友社思想文学叢書第 1 巻 德富蘇峰・民友社関係資料集』、三一書房、1986 年 12 月、72 頁。

④《官报》：创刊于 1883 年，相当于日本的国家公告报纸，主要刊登法律、政令、条约的公布等内容。同时也刊登国家与特殊法人的报告与资料、公司的合并公告与决算公告等。

⑤ 和田守『近代日本と德富蘇峰』、御茶の水書房、1990 年 2 月、131—132 頁。

⑥ 同上书，第 132 页。

济。从《国民之友》将社会与文学等内容也纳入进来的做法看，其无疑具有更贴近人民生活的性质。这与平民主义关注普通人生活的主旨也是相符合的。

关于民友社第一期[①]的阶段划分，参照德富苏峰本人的意见与日本学者的研究成果，大体上可以分为三个阶段：第一阶段，从 1887 年 2 月《国民之友》创刊，到 1889 年（明治 22 年）12 月。第二阶段，从准备出版《国民新闻》[②] 的 1890 年（明治 23 年）1 月到 1894 年（明治 27 年）6 月。第三阶段，从 1894 年（清光绪 20 年，明治 27 年）7 月中日甲午战争爆发，到 1898 年（明治 31 年）8 月，《国民之友》、《家庭杂志》与 *The Far East*（《远东》杂志）[③] 停刊为止。

关于民友社初期的主要成员，《国民之友》的创刊号上刊登的持有人为汤浅治郎，编辑为德富猪一郎（苏峰），印刷为人见一太郎。[④] 除此之外，还有须奈义质、池本吉治、绪方直清、桧前保人、上野岩太郎、柄本伊平六名编辑。其中绪方直清与人见一太郎同为大江义塾的教师，而其他五名则均为大江义塾的学生。[⑤] 根据德富苏峰自传中刊登的《国民之友》创刊时的合影，除了德富、汤浅、人见之外，还有须奈义质、松枝弥一郎、泽田义武、宫岛真之、谷口林太郎五人，[⑥] 这几位也都是大江义塾的学生。由此可见，成立伊始的民友社主要成员，几乎都是大江义塾的教师与学生。初期的民友社在很大程度上是大江义塾在东京的延伸。这些来自地方的青

---

① 参见本书绪论，学界一般将《国民之友》发行期间（1887—1898 年，即明治 20 年至明治 31 年）的民友社定位为民友社的第一期。

② 《国民新闻》：创刊于 1890 年（明治 23 年）2 月。

③ 《家庭杂志》：创刊于 1892 年（明治 25 年）5 月。*The Far East* 创刊于 1896 年（明治 29 年）2 月。均为民友社发行。

④ 和田守『近代日本と徳富蘇峰』、御茶の水書房、1990 年 2 月、132 頁。

⑤ 平林一、山田博光『民友社文学の研究』、三一書房、1985 年 5 月、56 頁。

⑥ 德富猪一郎『蘇峰自伝』、中央公論社、1935 年、208 頁。

年们，在昔日的教师与今日的上级的带领下，开拓着更为广阔的天地。而德富苏峰也终于实现了长年以来的愿望，如愿以偿地成为了一名新闻人。并通过创办杂志的方式，向世人宣传着自己的平民主义，并继续扩大着其影响。

二 《国民之友》与平民主义的传播

由于此前《将来之日本》出版之后广受欢迎，这为德富苏峰在中央文坛奠定了一定的基础。与此同时，平民主义以其鲜明的色彩与崭新的姿态吸引了大量民众、特别是广大青年人的关注。因此《国民之友》杂志一经发行，就立刻受到人们的追捧。这份杂志不仅成为中央文坛上一股引人注目的新生力量，而且在日本各地方也广受欢迎。据德富苏峰的自传记载，当时普通杂志每期的发行数量基本达不到一千册，一般也就是五六百册左右。如果发行数量超过一千册，就可以算是相当受欢迎的杂志。在《国民之友》出版创刊号的时候，他曾下了很大决心，刻意多印刷了一些，但顷刻间就销售一空。之后经历了再版甚至三版，最后总销量甚至达到了上万册,① 这让他感到十分意外。而且第 2 号的销量也没有如他担心的那样一落千丈，而是仍然保持着良好的势头。② 由此，平民主义便以《国民之友》为宣传阵地，通过广泛发行杂志的方式，在中央文坛与日本各地方扩大着自身的影响力。

---

① 此处应当系德富苏峰的记忆出现了偏差。根据刊登在《国民之友》第 25 号（1888 年 7 月 6 日，即明治 21 年）上的《民友氏之述怀》中的统计，《国民之友》创刊号的发行数量为 7500 册。和田守、有山輝雄『民友社思想文学叢書第 1 巻　德富蘇峰・民友社関係資料集』、三一書房、1986 年 12 月、328 頁。

② 《国民之友》第 2 号的发行量为 5000 册。和田守、有山輝雄『民友社思想文学叢書第 1 巻　德富蘇峰・民友社関係資料集』、三一書房、1986 年 12 月、328 頁。

在《国民之友》创刊号上刊登的《啊，国民之友诞生了》一文中，德富苏峰再次通过极富感染力的文章，阐述了平民主义鲜明的色彩。文章开篇就提出，国民之友之所以会诞生，是由于现今日本的时势使然。随后便提出诘问："日本国何在？日本人民何在？"日本在闭关锁国的三百年间，虽然名曰日本国，实际上却是无人居住的荒漠空屋。日本人民陶醉于天下太平的美梦，直到"美舰天来，迫我外交"。此后，日本人民才有了国体的思想，有了爱国的感情。并以此为动力，开展了如火如荼的维新运动。"一举使天上之王侯将相忽然失其权势，使地上之浮浪匹夫忽然得其权势。……上破坏封建制度，下企及开设国会，仅二十余年便得以成就。"①以批判闭关锁国时期的封建旧日本作为文章的开篇，是意在指出旧时的国家仅有形式，其人民的内在精神却空虚无比。直到面对强大的西方势力逼近，日本人民才如梦方醒，兴起维新运动，奋起直追西方文明的脚步。而将"王侯将相"与"浮浪匹夫"相对立的说法，则可以看出作者认为贵族社会已经失去了权势，从而风光不再；而普通大众作为新时代的建设者，正在逐渐取得权力。"封建制度"被破坏与企及"开设国会"，则意味着"东洋之旧制度"向着"泰西之新制度"的过渡。随后，文中又感叹道，当年为维新国事奔走的志士已经老去，或"安眠于幽静之黄泉"，或成为"禁殿中之顾问"、"元老院之评议官"，或"取得世袭爵位列位贵族"，总之，这些人"皆沐天恩之隆渥，可享受优游残年得以安息"。② 但改革本身却绝不可就此安息，而这种改革又绝非易事，需要"新奇的改革之健儿"来完成这一事业。只有这样，才能建设"尚不完全"的"新日本"。这种将老去的维新志士与"新奇的改革健儿"加以对比，并且将建设新日本的希望寄托于青年人的论述方法，体现了平民主义重视青年作用的一贯的世

① 和田守、有山輝雄『民友社思想文学叢書第1巻　德富蘇峰・民友社関係資料集』、三一書房、1986年12月、320頁。

② 同上书，第321页。

代论的主张。

接下来，文中又对当时政府主导的贵族化的欧化主义进行了十分尖锐的批判："泰西社会为平民之社会，其文明也因平民之需求而生……然此文明输入我邦时，却不幸成为贵族管中之物，因此无端带有贵族之臭味。泰西文明之恩泽，仅止于一种阶级，对其他大多数人而言，却无关痛痒，毫无关系，几乎毫不在乎。衣服之改良如何？食物之改良如何？住宅之改良如何？交际之改良如何？……我等普通人民于寂寥之孤村，茅屋里，破窗下，纸灯影薄，炉火炭冷，二三父老相对，共饮浊酒而已。虽然贫者固然无法与富者过同样之生活，这于理绝无可能，但贫富应各得其分，简便快活之泰西生活风气也应普及于我普通人民。"① 文中指出，西方本为平民社会，西方的文明也是为了顺应平民的需要而产生的。但这种文明被引进日本时，却成了贵族专享的一种流于表面形式的风潮。只顾及衣食住行交际方法等外在，对于其内在的本质却置之不理，致使本应改善普通大众生活的西方文明，成为贵族的玩物，而与最需要这种精神的广大民众毫无关系。人民仍然生活贫苦，过着与旧时毫无二致的生活，对于贵族们之间流行的种种仅注重物质改良的所谓"欧化"也视若不见，无动于衷。按照平民主义的主张，文明开化的成果，绝不应当仅仅被贵族社会所享受。而所谓衣食住行等外在物质，也仅仅是西方文明最为肤浅的皮毛。对其实质的内在精神置若罔闻，反而追求其外表的浮夸形式，这无疑是一种舍本逐末的荒唐做法。

文中紧接着又指出，在商业、制造、工艺以及所有有关生产的事务上，日本还未能挣脱旧时的框架。从而使得人民左右掣肘，无法随意从事自由竞争。并且对当时"官尊民卑"的不平等思想进行了批判。认为"官吏也好、农夫也好、乘车之人也好、驾车之人也好"并无尊卑贵贱之分。这体

---

① 和田守、有山輝雄『民友社思想文学叢書第1巻　德富蘇峰・民友社関係資料集』、三一書房、1986年12月、323頁。

现了平民主义所倡导的自由贸易主义与平等精神。当时的不平等，主要体现在士族与平民之间、贫富之间、城乡之间、统治者与被统治者之间，除此之外，年龄之间的差异也导致了不平等的发生。“盖今日之时代，处于旧日本向新日本过渡之历史时代，我国社会上之人民恰如渡过势田之长桥。[①]彼等呼吸天保空气之老人多逡巡后岸，未能前进。其封建分子与泰西分子相化合，生产出混合思想之中年老者于桥上徘徊茫然之际，唯有彼之壮年、青年辈得以突飞猛进到达前岸。”[②] 但由于当时的日本社会还处于被老人所支配的新旧混杂的无秩序、不正常、不平等的状态中，青年们虽然意气风发，却因无人指导方向而“茫然立于桥上”，不知该前往何方。要解决这种困境，只能通过进一步的改革才能实现。这就要求建立欧美式的代议制度，并且在地方建立起地方议会制度。同时，还要使人民享有集会、出版、言论自由的权利。改革能否取得成功，关乎日本今后会成为“绝望之日本”还是“希望之日本”。

文章在最后发出呼吁：“改革之友啊，请勿沮丧。二十年之岁月于个人虽为半生光阴，但观察国家之命运，不过一瞬。……二十年之岁月仅为改革之一步。所谓破坏之世界渐去而建设之时代将来，东洋之现象渐去而泰西之现象将来，旧日本之故老乘旧日之车渐渐退出舞台，新日本之青年驾来日之马渐渐登上舞台。……来吧，来吧，改革之健儿，改革之健儿。”[③] 这种呼吁新时代的青年继续将改革进行下去，引领“建设之时代”、“泰西之现象”的主张，与此前的《第十九世纪日本之青年及其教育》相比，可以看出此时德富苏峰寄予在青年身上的期望又向前进了一步。在《第十九

---

① 势田之长桥：出处为《近江百人一首》中的“渡过势田之长桥”（引きわたす勢田の長橋）。势多（读音为：せた，汉字可写为：势田、濑田）夕照是著名的近江（现日本滋贺县）八景之一。

② 和田守、有山輝雄『民友社思想文学叢書第 1 巻　德富蘇峰・民友社関係資料集』、三一書房、1986 年 12 月、325 頁。

③ 同上书，第 327 页。

世纪日本之青年及其教育》中，德富苏峰更多的是从知识与道德方面出发，希望青年人能够领导“智识世界的第二次革命”，更加侧重于精神层面。而在《啊，国民之友诞生了》一文中，则是将改革日本社会的重任，全都寄托在了青年的身上。这种期望已经不仅停留在精神世界，而是扩展到了现实生活的方方面面。当老人们“徘徊犹豫”、“退出舞台”之时，正是青年们“突飞猛进”、“登上舞台”，接过改革大旗，将旧日本全面建设成为新日本的时机。

但文中还有这样一段论述：“改革之目的不在于颠覆社会之秩序，而是为对其加以整顿。……吾人并不反对政府。”[①] 由此可以看出，平民主义所期望的，不过也是一种在现有社会秩序上的改良而已。而且前文中还有：“但我由于皇上之至仁至德，恰如焦急等待杜鹃一声啼，山端现月光这般心情，独自捧读二十三年国会开设之圣诏，聊以自慰罢了。”[②] 这里不仅体现出德富苏峰此时所持有的皇室中心思想，而且和他早年参与自由民权运动时那种强烈谴责专制政府，要求立刻开设国会的激进态度相比，[③] 已经变得相对保守了起来。

根据德富苏峰自传的记载，他一直对政治有着较深的兴趣，但当时却没有选择从政之路，是因为希望通过自己的言论对世论加以引导，从而实现自己的理想抱负。对于当时旨在修改不平等条约而沸沸扬扬的以鹿鸣馆外交作为代表的欧化主义，德富苏峰在自传中转引了欧化主义者们的说辞：“原本那种取长补短的做法是错误的。日本人又怎能明白外国文明的长短得失？还不如全部引入进来，之后再渐渐令长的变长，短的变短也不迟。”[④]

---

① 和田守、有山輝雄『民友社思想文学叢書第1巻　徳富蘇峰・民友社関係資料集』、三一書房、1986年12月、327頁。

② 同上书，第325页。

③ 参见本书第一章第一节中“参与自由民权运动与大江义塾的经营”相应内容。

④ 徳富蘇峰『人間の記録22　徳富蘇峰：蘇峰自伝』、日本図書センター、1997年6月、168頁。

对自称当时处于“平民的急进主义”立场的德富苏峰而言，这种“粉饰外国文明”、“特别崇拜外国物质文明”的做法，令他十分反感。他认为“外交的关键，不在于穿外国人的衣服、吃外国人的食物、跳外国人的舞、像外国人那样思考、身体灵魂全都外国化，即使这样，也不一定能达到目的（指修改不平等条约）”。[①] 因此他才会在《国民之友》创刊号上，对贵族的文化主义进行了批判。[②]

在紧接着发行的《国民之友》第2号上，德富苏峰又发表了《外交之忧不在外而在内》，对当时政府不顾国内只关注国外的外交政策进行了批判。文中指出：“购买外国人的谀辞，并非毫无代价。然无论何种政治家，既非炼金者，又非魔术家，其代价悉皆挥空我等人民荷包之底购买而来。外国人之谀辞固然有其价值，然是否有令我日本之人民破产也要购买而来的价值？”[③] 这里对当时日本政府奉行的那种搜刮本国人民民脂民膏，极力讨好外国人的做法提出了强烈的质疑。此后又提出，“我政府如能比起外部刺激，感到更大的内部刺激，其成就便唾手可得。……日本政府决行改革，得寸进尺，得尺进丈，首先感受到改革恩泽的，一定是我日本人民。若能如此，彼之外国人是我日本人民改革之朋友，外部刺激只会是改革之援军。何尝需要自苦其身，非要争得彼之残羹冷炙？又何必自取其辱，供人差遣？倾空自家之荷包，购买彼之谀辞？”[④] 这里所表达的意思是，如果日本政府能够更加重视国内的问题，而非一味将视线重点放在外部的话，才能令国内人民首先感受到改革带来的好处。如果能解决国内的问题，使本国人民得到幸福，那么日本政府在外交上也就不必再看外国人的脸色行事，并且

---

① 德富蘇峰『人間の記録22　德富蘇峰：蘇峰自伝』、日本図書センター、1997年6月、170頁。

② 即上文中的《啊，国民之友诞生了》一文。

③ 山本長太郎（清海居士）編『新日本政治社会之言論』、政海書屋、1888年、22頁。

④ 同上书，第23页。

采取低三下四的姿态了。这种主张在呼吁改革的同时，实际上也反映了平民主义更加关注日本人民实际生活的倾向。

而连载于《国民之友》第6号至第9号上的《新日本之青年及新日本之政治》[①] 一文则指出，青年书生是不具备权威、门第、学识、腕力、财富的人群，而正因为如此，他们才能成为社会进步的“进取力量”。此文共分为四回，题目分别是：第一回，青年书生是政治活动之要素；第二回，明治之历史正是其实例；第三回，未来政治家之觉悟；第四回，必须牢记不可忘记之事物。文章在第一回中指出：“维新之改革是青年书生之改革。”[②] 赤手空拳的青年书生颠覆了“三百年来龙盘虎踞之政府”，这种“至大至强”的势力，令人惊叹。如果能够正确使用，就会成为很大的助力，但如果使用不得当，造成的损失也将会是巨大的。新日本的政治是改革的政治，而新日本的青年又是改革的势力，那么应当如何将这股势力应用到政治当中，就成为一个至关重要的问题。在第二回中，作者将被误用的青年势力称为“壮士”。之所以说“壮士”的势力被误用，是因为他们“不知时势”，在建设的时代从事着破坏的事业，试图在“明治之天地”中进行维新改革之前的事业，这必然会遭到失败。作者奉劝这些“青年壮士”不要再以英雄豪杰作为自己的榜样，而应当发扬自身的精神风气，从事“文明之学问”、“文明之事物”。这种针对“青年壮士”的批评，实际上是对青年们在野的政治运动的一种批评。同时作者提出，政府对于这股势力应当因势利导，而不应当仅仅加以压制。因为压制的政治会“酿造革命党”。如果不希望这股势力被误用的话，就该将他们向政治的中心加以引导。这种极力避免“革命党”产生的说辞，无疑带有和政府相协调的改良主义色彩。第三回中，作者则对希望成为新日本的政治家的明治青年提出了几点要求与希望。其一，要以西方的政治家为模范。其二，要将政治与

① 后经人见一太郎编辑，由民友社结集出版。

② 人見一太郎編『新日本の青年及び新日本の政治』民友社、1887年、7頁。

生活分离开来，过独立的生活。其三，要有政治之旅其路漫漫的觉悟。在最后的第四回中，作者希望青年们能牢记人民、人情、进步以及务实这四点。也就是“以爱民之心，从事进步之事。而从事进步之事，只能采取务实之手段”①。最后作者发出感叹：“啊，维新之青年，奉尊王之目的，以破坏主义从事扰乱之运动。明治之青年，奉爱民之目的，以建设主义从事务实之运动。”② 由此可以看出，《新日本之青年及新日本之政治》一文中的论调，实际上是在劝诫青年人不要反对政府，而要与政府相协调、相一致。并且从这个立场出发，在“明治之新日本”发挥自己的能力，建设新日本。而不要再像明治维新前后的青年们那样，以破坏旧世界作为自己的目的。这种态度，虽然一方面可以和《论明治二十三年后政治家的资格》中，呼吁新时代的日本政治所需要的是“改革政治家”，而不是“东洋创业家”的论点遥相呼应，但另一方面，与发表于1883年（明治16年）的《官民调和论》中的那种应当对政府的笼络与怀柔加以警惕，积极倡导人民权利，以及认为政府不应当违反民意的积极观点相比，本文中这种实质上主张“官民调和”的看法，无疑是一种对政府的妥协。从这里也能看出，《国民之友》虽以“人民之友”自居，但其本质上难以避免地带有着与政府相协调的一面。平民主义所积极倡导的“改革”，不过是在现有政治框架内的改革，而并不涉及更深入的内容。其中改良主义与妥协主义的色彩是显而易见的。这使平民主义的主张从一开始就带有了不彻底性与相对软弱的性格特征。

尽管如此，在明治20年代初，平民主义以其新奇的观点、崭新的姿态以及关注普通大众生活的倾向，还是一经推出就广受欢迎。作为近代日本第一份综合杂志，《国民之友》由于发行势头良好，不久就从一开始的月刊

---

① 人見一太郎編『新日本の青年及び新日本の政治』民友社、1887年、43頁。
② 同上。

改版为半月刊，之后又改版为旬刊。[①] 与此同时，销量也节节攀升。根据1917年（大正6年）民友社内部发行的《明治二十年二月创立 民友社三十年史》一文的记载，《国民之友》于1887年（明治20年）2月创刊，每月发行一期。同年10月开始，变为每月发行两期。从1889年（明治22年）1月开始，变为每月发行三期。[②] 在不到两年的时间内，《国民之友》就从月刊开始，不断加快发行速度，成为了每十天左右就要出版一期的旬刊杂志，这足见当时《国民之友》的受欢迎程度。而根据《德富苏峰·民友社关系资料集》中收录的对《国民之友》第1号至第46号发行数量进行的统计，可以看出，《国民之友》第1号的销量为7500册，第2号至第5号的销量在5000册至6000册之间，第6号、第7号为6800册，第8号为7800册，第9号为9300册，第10号的销量达到了10000册。此后销量继续上升，在第12号时达到11000册，第17号时超过12200册，第20号达到13500册，第25号的销量达到了16000册。[③] 此后的第26号至第46号，除特殊情况外，销量都稳定在14000册至14800册之间。[④] 其中第37号[⑤]的销量达到20000册之多，是因为此期的文学附录中刊登了山田美妙的《蝴蝶》、坪内逍遥的《细君》以及森田思轩翻译的维克多·雨果的作品。[⑥] 由此，每年两次的文学附录成为《国民之友》中必不可少的内容。而第41号的销量达到19000册，则是由于在附录中刊登了刚刚公布的宪法全文。刊

---

① 虽然《国民之友》曾在1895年（明治28年）一度改版为周刊，但此时实际上已经进入了平民主义的衰退期，本书会在第四章第二节中加以详述。

② 和田守、有山輝雄『民友社思想文学叢書第1巻　徳富蘇峰·民友社関係資料集』、三一書房、1986年12月、24頁。

③ 由于第25册中增加了文学附录。

④ 和田守、有山輝雄『民友社思想文学叢書第1巻　徳富蘇峰·民友社関係資料集』、三一書房、1986年12月、424頁。

⑤ 发行于1889年（明治22年）1月。

⑥ 有山輝雄『言論の商業化：明治20年代「国民之友」』、コミュニケーション紀要（4）、1986年7月。

登了森鸥外的《舞姬》、尾崎红叶的《拈花微笑》、须藤南翠的《新编破魔弓》、山田美妙的《醉沉香》的第69号，售出了22000册。而刊登了幸田露伴的《一口剑》等作品的第91号，销量则超过了30000册。[①] 由于文学附录吸引了大量爱好文学的读者，再加上原本喜爱《国民之友》思想言论的读者，两者相加，就使得发行文学附录的《国民之友》销量大增。而这种通过刊登文学作品促进销量的做法，在无形中也使得更多的人接触到了《国民之友》杂志与其中的平民主义主张，从而对扩大平民主义的影响起到了一定的推动作用。

根据《警视厅统计书》中对《国民之友》1887年（明治20年）创刊至1898年（明治31年）[②] 停刊为止的销量统计可以看出，1887年每期的平均销量为6000余册，1888年（明治21年）至1898年之间，每期的销量都在12000册至17000册之间，应当说保持了较好的发行状况。同样根据《警视厅统计书》中的数据，1888年政教社发行的《日本人》杂志的每期的平均销量为6600余册，《国民之友》每期的平均销量则超过12000册。[③] 相比较而言，《国民之友》在当时确实取得了不俗的销量，这也从另一个侧面证明了其倡导的平民主义在明治20年代初期确实吸引了为数众多的关注者。

值得注意的是，在1887年至1898年之间，关于《国民之友》销量的地区构成方面，每年销往东京以外地区的杂志占总销量的比例，较少的年份为四分之一左右，而较多的年份，则能达到百分之六十五左右。[④] 而根据

---

① 有山輝雄『言論の商業化：明治20年代「国民之友」』、コミュニケーション紀要（4）、1986年7月。

② 仅缺少1891年（明治24年）的数据。

③ 有山輝雄『言論の商業化：明治20年代「国民之友」』、コミュニケーション紀要（4）、1986年7月。

④ 数据来源同样为《警视厅统计书》。和田守、有山輝雄『民友社思想文学叢書 第1巻 徳富蘇峰・民友社関係資料集』、三一書房、1986年12月、425頁。

《国民之友》第 15 号与第 58 号[①]上公布的《国民之友分配表》则可以看出，《国民之友》在日本国内的发行范围基本涵盖了从北海道到冲绳在内的所有地区。而且地方发行的杂志数量所占比例甚至达到了将近百分之八十。[②] 同样是与上文中提到的《日本人》杂志相比，根据《警视厅统计书》统计，《日本人》有超过百分之九十以上的销量都集中在东京地区。[③] 从此处的数据中可以看出，《国民之友》不仅在知识分子集中的首都东京受到关注，而且在日本各地方也都有一定的受众群体。这与平民主义所具有的关注地方的倾向是分不开的。一方面是由于平民主义的主要倡导者们本身就是出身于地方的知识青年，而另一方面，则与平民主义所倡导的“田舍绅士论”[④] 有着密不可分的关系。

第二节　民友社的发展与《国民新闻》、《家庭杂志》

一　民友社的发展

在《国民之友》创刊之后，平民主义开始吸引了更多民众，特别是青年人的注意。作为平民主义结社的民友社一方面在新闻相关领域，通过创办报纸、杂志的方式不断拓展着自身的业务范围；另一方面，作为出版社的民友社则发行了大量的论著、译著以及文学作品等。可以说，民友社在言论界全方位地扩展自身活动范围的同时，也进一步使平民主义的影响力

---

① 分别发行于 1888 年（明治 21 年）2 月 3 日与 1889 年（明治 22 年）8 月 2 日。

② 和田守、有山輝雄『民友社思想文学叢書第 1 巻　徳富蘇峰・民友社関係資料集』、三一書房、1986 年 12 月、424 頁。

③ 有山輝雄『言論の商業化：明治 20 年代「国民之友」』、コミュニケーション紀要（4）、1986 年 7 月。

④ 本章第三节中将会详加论述。

扩展开来。而平民主义的魅力，又对民友社的发展起到了进一步的促进作用。民友社的发展与平民主义影响力的扩大是一个互为因果、互相促进的过程。民友社的发展阶段，① 同时也是平民主义从初为人知到广为流传的阶段。初期的民友社，是一个以原大江社成员为主要成员的出版社，主要活动也仅限于出版事业。而随着平民主义的传播，民友社吸引了一大批志同道合的知识青年作为新进成员。这些被称为“社员”的民友社新成员，与被称为“社友”的与民友社有着较深联系的当时言论界与思想界的知名人士一起，使民友社在发展的过程中逐渐成长为一个综合性的思想、言论、文学、出版集团。由此，民友社也成为与三宅雪岭、志贺重昂、陆羯南等人领导的政教社集团并立的明治中期两大言论集团之一。在这期间，民友社的发展方向可以从新闻相关业务与出版相关业务这两方面出发进行探讨。

首先，在新闻相关业务方面。自《国民之友》创刊并取得较大成功之后，民友社的出版业务也渐渐走上了正轨。而对于一直以来就想成为新闻记者的德富苏峰而言，拥有属于自己的新闻报纸也就成为近在眼前的目标。据德富苏峰的自传记载，在宪法发布前后的 1889 年（明治 22 年）年初，他就已经开始筹划报纸的发行事宜。当时他的想法是，至迟也要在开设国会的 1890 年（明治 23 年），开始发行属于自己的报纸。而且由于当时《国民之友》已经成为每十天就要发行一期的旬刊杂志，所以德富苏峰此时的心愿就是一定要发行日报。② 当时的报纸上所刊登的新闻，一般都是较大的事件，评说的都是政治问题或经济问题，内容相对单调。按照德富苏峰自己的话来说，就是：“无论看哪家报纸，都感觉如同在沙漠中行进……就连

① 即民友社第一期的第一阶段与第二阶段。第一阶段的时间为：从 1887 年 2 月《国民之友》创刊，民友社成立，到 1889 年 12 月。第二阶段的时间为：从准备出版《国民新闻》的 1890 年 1 月到中日甲午战争爆发前的 1894 年 6 月。

② 徳富蘇峰『人間の記録 22　徳富蘇峰：蘇峰自伝』、日本図書センター、1997 年 6 月、185 頁。

福泽谕吉与福地樱痴的社会评论，在明治二十二、二十三年前后，也渐渐失去了特色。”[①] 因此德富苏峰感到此时有必要“打开新闻界的新局面”。他认为，报纸所关注的问题不应仅在于政治与经济方面，除此之外，文学、宗教、美术、社会问题等，都应当在报纸上占有一席之地。而且在报纸上还应当对所有的事件附上插画：“风景、人物、肖像自不必说，如果发生火灾就附上火灾的插画，举行祭典就附上祭典的插画。”[②] 在照相技术还不发达且尚未普及的当时，这种做法在很大程度上能够增加报纸的可读性和吸引力。当时，刊登在报纸上的评论性文章主要是社会评论、论说以及投稿之类。而德富苏峰则认为，对事件的当事人进行采访，询问其本人对问题的看法才是最为重要的。这种类似于现代新闻“采访”的做法，不仅丰富了报纸的题材与内容，而且也使得报道本身变得更为真实。在经过人员、资金、内容等各方面的筹备之后，作为日报的《国民新闻》终于在1890年（明治23年）2月1日发行了创刊号。《国民新闻》的“国民”二字，就是取自《国民之友》，而《国民新闻》与《国民之友》的关系，“就如同美国纽约的 *The Nation*（《国民》）与 *Evening Post*（《晚间邮报》）[③] 的关系那样，两者并行不悖”[④]。而在《国民新闻》创刊之前的1890年1月，民友社的办公地点也迁到了京桥区日吉町四番地。

---

① 德富蘇峰『人間の記録22　德富蘇峰：蘇峰自伝』、日本図書センター、1997年6月、189頁。

② 同上书，第190页。

③ *Evening Post*：全称为 *New-York Evening Post*（《纽约晚间邮报》），即现在的 *New York Post*（《纽约邮报》）。创办于1801年，是美国历史最悠久的报纸之一。现在也仍是美国最为重要的报纸之一。1881年时，亨利·威拉德（Henry Villard，1835—1900年，传媒大亨，金融家）成为了 *The Nation* 和 *New-York Evening Post* 这两家媒体的持有人。

④ 德富蘇峰『人間の記録22　德富蘇峰：蘇峰自伝』、日本図書センター、1997年6月、193頁。

根据德富苏峰的自传中刊登的《国民新闻》创刊时的照片，除了德富苏峰、人见一太郎、池本吉治、德富芦花、福田和五郎五人是民友社原有的社员之外，其余十人都是新加入民友社的新成员。[①] 而随着事业的进一步发展，又有更多的成员加入了民友社。在此期间加入民友社的新成员的来历主要可以分为两种情况。其一是之前作为记者已经有了一定的知名度，从而被邀请加入民友社。例如从《国民之友》创刊起便作为特别投稿人的竹越三叉，作为《女学杂志》文艺评论家的内田鲁庵，在《经济杂志》上连载文章的宫崎湖处子，以及当时在《女学杂志》以及《护教》上活跃的山路爱山等人，便是属于这种情况。其二则是通过和民友社成员间的联系而加入民友社的。如德富苏峰同志社时期的校友深井英五等人，大江义塾出身的金子春梦、阿部充家，都属于这种情况。[②] 这些青年在对平民主义感到共鸣的前提下陆续加入了民友社。并且在成为民友社的一员之后，通过自身的努力，将平民主义的精神传播得更为广泛。

随着《国民新闻》的创刊，负责编辑出版《国民新闻》的国民新闻社也在民友社内部成立了。但就实际情况来看，国民新闻社与民友社实际上是由同样的成员进行运作。在 1892 年（明治 25 年）9 月，以“改革家庭”作为口号的《家庭杂志》发行了创刊号。德富苏峰曾在自传中提起：“予认为有必要改善家庭，因此于明治二十五年九月发行了《家庭杂志》。”[③] 在《民友社三十年史》中，则对《家庭杂志》的诞生经过做了如下一番描述：“在明治二十五年发行了《家庭杂志》。是因为记者深信，国家的健全倚仗于家庭的健全，而家庭的健全又倚仗于妇女的健全。自《国民之友》发行以来，遇到机会，就主张此论，已经在明治二十一年（1888 年）以

---

① 德富猪一郎『蘇峰自伝』、中央公論社、1935 年、265 頁。

② 平林一、山田博光『民友社文学の研究』、三一書房、1985 年 5 月、61—62 頁。

③ 德富蘇峰『人間の記録 22　德富蘇峰：蘇峰自伝』、日本図書センター、1997 年 6 月、229 頁。

《妇女及家政》为题，由民友社编撰出版了小册子。于是就专门以家庭为目的，发行了此杂志。”[①] 由此，平民主义的影响力又进一步扩展到了家庭生活的范围之内。随着《家庭杂志》的创刊，民友社内又组成了家庭杂志社。但其与国民新闻社一样，也是由同样的民友社成员运作的。以山路爱山、竹越三叉、宫崎湖处子等人为代表的民友社有力成员，都同时为《国民之友》、《国民新闻》、《家庭杂志》提供稿件。

其次，在出版相关业务方面，民友社也取得了较大的发展。关于民友社之所以会涉及出版事业的原因，德富苏峰曾在《民友社三十年史》中提到：“世间对《国民之友》的社会评论、特别投稿以及其他内容经常任意转载，……为了正当防卫，就将社会评论、特别投稿等集合起来，出版了《国民之友第一辑》、《第二辑》等。这就是民友社出版书籍的起源。由于这种出版颇得世上的好评，因此在杂志以外，为了教化国民，又想到发行极其平易、极其廉价的小册子，于是就发行了《政治一斑》。这就是民友社出版丛书类的嚆矢[②]。”[③] 同时，民友社不仅发行通俗易懂的小册子，还翻译出版了大量当时具有较大影响力的国外名著。

曾经由德富苏峰自费印刷了300册的《第十九世纪日本之青年及其教育》一书，在此时广泛的呼声中也得以公开出版。借此时机，德富苏峰为本书撰写了总论，并将其题目改为《新日本之青年》，于1887年3月由集成社出版发行。此后又经由民友社再版发行。到1891年（明治24年）时，《新日本之青年》一书已经再版到了第6版。关于民友社发行书籍的概况，本书将根据《德富苏峰·民友社关系资料集》中收录的《民友社出版图书

① 和田守、有山輝雄『民友社思想文学叢書第1巻　德富蘇峰·民友社関係資料集』、三一書房、1986年12月、21頁。

② 嚆矢：起源、滥觞。

③ 和田守、有山輝雄『民友社思想文学叢書第1巻　德富蘇峰·民友社関係資料集』、三一書房、1986年12月、20頁。

年份目录》,[①] 对民友社出版的主要书籍加以考察。其中丛书类主要包括:《国民丛书》(共37册,1891年至1913年);《国民之友第一集》至《国民之友第四集》(共4册,1887年至1890年);《政治一斑》(共5册,1888年至1889年);《平民丛书》(共10册,另有2册号外,1893年至1894年);《十二文豪》(共12册,另有5册号外,1893年至1902年);《国民小说》(共8册,1890年至1896年);《青年丛书》(共6册,另有2册号外,1895年至1896年);《社会丛书》(共6册,1895年至1896年);《家庭丛书》(共10册,另有4册号外,1894年至1896年)。除了上述丛书,民友社还出版了大量论著与译著。论著主要包括竹越与三郎的《格朗空》[②](1890年)、《新日本史·上》(1891年)、《新日本史·中》[③](1892年);人见一太郎的《第二之维新》(1892年)、《国民的大问题》(1893年);译著则主要包括德富芦花译的《如温武雷土传》[④](1889年)、《理查土格武传》[⑤](1889年);人见一太郎译的《平民政治·上》[⑥](1889年)、《平民政治·下》(1889年)等。

通过考察上述民友社的主要出版书籍,可以看出平民主义的理念在其中的体现。相对于当时其他报纸杂志以政论为中心的倾向,民友社的编辑出版方针无疑有着更加关注民众生活、涉猎范围更广、论述内容更加综合

---

① 和田守、有山輝雄『民友社思想文学叢書第1巻　德富蘇峰·民友社関係資料集』、三一書房、1986年12月、23—48頁。由于丛书出版的连续性,因此这里的统计不仅包括民友社第一期(1887—1898年)时的出版物,而且也包括民友社自第一期开始,持续出版的书籍。

② 格朗空:即奥利弗·克伦威尔(1599—1658年),英国资产阶级革命时期的政治家、军事家、宗教领袖。

③ 《新日本史》原定为上、中、下三册,但下册由于种种原因,最终未能出版。

④ 如温武雷土:即约翰·布赖特。

⑤ 理查土格武:即理查德·科布登。

⑥ 《平民政治》的原作者为詹姆斯·布莱斯(James Bryce,1838—1922年),英国政治家、外交家、历史学家。

等特点。民友社在平民主义理念的引导下，广泛地对社会生活的各个方面都加以了关注。其中不仅包括政治、经济等问题，更包括了教育、文学、家庭等与普通民众有着紧密联系的问题。《国民之友》与《国民新闻》作为综合性的杂志与报纸，不仅扩展了报道的形式与方法，而且还对当时言论界以政论为中心的倾向进行了反思。德富苏峰在回忆起《国民新闻》创刊时的抱负时指出，当时他从要求武备主义向生产主义转变的立场出发，对优先政治与偏重政权的做法进行了批判，并且在报纸与杂志的编辑过程中贯彻着平民主义的主张，努力使政治与经济、社会生活紧密地联系在一起。① 但同时也应看到，虽然平民主义在某种程度上具有从普通民众的视角出发，更多关注民众生活的倾向，但在当时的历史与社会背景下，其关注的最主要目标，依然是政治方面。这是由于日本的近代化进程，基本采取的是由政府主导的方式。这就使得言论界的讨论重点，只能围绕政府的政令进行，从而在问题的探讨过程中难以避免地带上了重视政权与偏向政治权力的色彩。即使是自称以关注“茅屋中人民”幸福与权利为重点的平民主义，实际上也还是对国权给予了更多的关注。

二 《国民新闻》与《家庭杂志》

《国民新闻》创刊于1890年2月1日，此时正值宪法公布与国会开设之间的时期。据德富苏峰的自传记载，当时他创办这份报纸，主要是为了达到改良的目的：“当时予最为热心的是，第一，政治之改良；第二，社会之改良；第三，文艺之改良；第四，宗教之改良。”② 而为了达到这个目

① 西田毅、和田守、山田博光、北野昭彦『民友社とその時代 思想・文学・ジャーナリズム集団の軌跡』、ミネルヴァ書房、2003年12月、8—9頁。

② 徳富蘇峰『人間の記録22　徳富蘇峰：蘇峰自伝』、日本図書センター、1997年6月、194頁。

的，相比其他的报纸，《国民新闻》在很大程度上扩展了自身的报道范围。“即面向从来被等闲视之的人们的生活，以及思想的各个方面，开拓新的领地。”① 由此，也为当时的其他报纸带来了新的刺激。在《国民新闻》第1号中的《见读者诸君》一文中，德富苏峰写道：“今于府下，英才如云，论客如雨。各占一方，以制天下舆论。此时，吾人后进之辈，以区区己力，欲在此际出人头地，本非易事。吾人并非不知。然我社友之中，有先进之诸君子，常向吾人诱掖②忠告，社中亦有各种专有所长之诸君加以协力。而天下又有多少朋友，遥相声援，聊以壮胆。特别对于吾人所谓平民主义，乃坚信其为天下之大道，故以此主义之运动，恰如百万援兵立于身后。吾人之所以出此举（指创办《国民新闻》），仅是因为上述原因，聊有所恃。而再无其他。”③ 由此可见，《国民新闻》的创刊理由，是由于有着为数众多的赞同平民主义的支持者。与此相对，《国民新闻》也是为了在更广泛的层面对平民主义进行宣传。关于《国民新闻》的销量，同样是根据德富苏峰自传的记载：“当初有着七千左右的读者。当时，一万份基本就是最为畅销的报纸，七千份的销量也绝不算少。”④

而根据德富苏峰自传的记载，在《国民新闻》创刊之时，他以上述的各种改良为目的，以改良的急先锋自居。而其中他最热衷的，还是政治的改良。这也与上文中提到的当时的言论界的探讨重点，难以避免地具有偏重政权的趋势相呼应。涉及具体的问题，当时政治改良最大的争论所在，就在于打破藩阀政府的统治模式。德富苏峰认为，为了达到这一目的，舆

① 德富蘇峰『人間の記録22　德富蘇峰：蘇峰自伝』、日本図書センター、1997年6月、194頁。

② 诱掖：引导、扶植。

③ 和田守、有山輝雄『民友社思想文学叢書第1巻　德富蘇峰·民友社関係資料集』、三一書房、1986年12月、346頁。

④ 德富蘇峰『人間の記録22　德富蘇峰：蘇峰自伝』、日本図書センター、1997年6月、193—194頁。

论的力量是必不可少的。所谓舆论的力量，也不能仅仅是空谈，而是一定要具有实际的力量。德富苏峰将这股“实际的力量”的希望，寄托在了自由党与改进党的所谓“进步党联合”上。在他看来，不管是自由党还是改进党，此前虽然一直针锋相对，但是对于掌握政权的藩阀政府而言，这两者都不过是在野党，而且这种做法只会让渔翁得利。即使颁布宪法和开设国会，也无法达到打破藩阀垄断政权的目的。因此当务之急，就是令在野党之间形成“进步党联合”，共同对抗藩阀政府。此时《国民新闻》与《国民之友》论述的重点问题，也都集中在这一点上。而与此同时，除了与政治相关的论述，《国民新闻》还广泛地涉及了文学、教育等各方面的内容。这一点，可以从《竹越三叉集》[①] 中收录的在此期间发表在《国民新闻》上的文章得到佐证。与政治相关的文章主要有：《不在人民也不在议会的一个阶级》（1890 年 2 月 3 日），此文指出，由于地方人民的思想无法在地方议会上得到很好的反映，因此应当修改地方议员选举规则，扩大选举权的范围。这反映了平民主义主张扩大地方人民权力的思想。而《个人乎？国家乎？》（1893 年 9 月 13—17 日，19—20 日）一文分为 7 次在《国民新闻》上进行了连载。文中对当时日本官尊民卑的思想进行了批判，提倡言论、宗教、政治等方面的自由。与文学相关的文章主要有：《近日之文学》（1890 年 5 月 16 日），文中对当时日本文坛上缺少具有博大开阔情怀的作品这一现象进行了反思。而《文学界的缺点》（1891 年 8 月 6 日）一文则主张，要将“人民”的概念引入文学作品之中，文学创作的过程中要关注社会与政治的变化。而与教育相关的主要有：《德育书的编纂》（1891 年 4 月 8 日），这篇文章针对《教育敕语》颁布后，政府对德育教育进行干涉的做法提出了批评。而《情感的教育》（1893 年 9 月 10 日）则指出，只重视智力教育的 19 世纪文明患上了“脑髓干燥症”，教育应当在智力与情感之

① 西田毅『民友社思想文学叢書第 4 巻　竹越三叉集』、三一書房、1985 年 7 月、283—335 頁。

间达到平衡。不论是要求政治权利的说法，还是关于文学与教育等方面的主张，这些文章都体现出了平民主义关注人民的权利与生活，并且重视精神教育的特点。

创刊于1892年（明治25年）9月的《家庭杂志》以“改革家庭”作为目的。这实质上也是希望将“社会之改良”延续到家庭之内。相对于《国民之友》、《国民新闻》中偏重时事的性格，《家庭杂志》主要讨论的是有关家庭内部的问题。德富苏峰曾提到：“世人对其欢迎超过了吾人之预料，创刊号就印了数次，顷刻之间就印刷了相当大的数量。”① 而且从第二年（1893年）的9月开始，《家庭杂志》就从月刊变为了每月10日与25日出版的半月刊。《家庭杂志》的主要内容包括：卷首插画、社说、论说、科学、史说、文艺、家政、杂录、时事一斑、投稿等。② 而改革家庭的具体内容，就是以个人主义、自由主义、民主主义作为基础，在新时代的市民社会中确立日本妇女的地位。进而通过具有近代意识的妇女，培育出具有近代意识的新日本的公民。这一点可以从《家庭杂志》创刊号的论述中看出：“落后于世界开化之日本，必须取得长足进步。被世界文明遗忘之日本人民必须取得异常生长。……然日本社会已倦于改革，日本人民已疲于进步。何以疲倦乎？由于模仿之进步并非自觉之进步。物理之改革并非化学之改革。……物理之改革为国家之物。又为贵族之物。然化学之改革为个人之物。为平民之物。而个人与平民之改革，必为家庭改革。《家庭杂志》即为家庭改革之导火索。”③ 文中秉持平民主义的一贯观点，认为日本为了追赶世界文明，必须要奋起直追。但当时的日本社会已经出现了疲于改革

---

① 『家庭雑誌』第三号、40頁。坂本武人『民友社と家庭雑誌』、キリスト教社会問題研究（11）1967年3月による。

② 坂本武人『民友社と家庭雑誌』、キリスト教社会問題研究（11）1967年3月。

③ 和田守、有山輝雄『民友社思想文学叢書第1巻　徳富蘇峰・民友社関係資料集』、三一書房、1986年12月、340頁。

的现象。这是由于此前的改革仅仅出于模仿而并非自觉，因此也只能模仿到世界文明的表面现象，即“物理之改革”，而没能在思想层面引发化学变化。文中又将表面上的“物理改革”与国家、贵族式的做法相联系，而将深层次的“化学改革”与个人、平民相联系加以论述，并且进一步推导出个人与平民的改革与家庭改革之间的关联。此后，文中又指出：“吾人深知，妇女乃开化之母。故希望妇女能生育活泼之国民。吾人深知，婴儿乃新国民之雏形。故希望其成长如花如火。然健全之国民必定成长于健全之摇篮（家庭）。因此如希望新妇女养育出新人民，第一要务即是家庭之改革。然如何改革？如何协助新妇女？如何养育新人民？又如何建立光明和乐清福健康之新家庭？正是吾人创立此刊想与读者共同探讨之处。”① 这里论述了具有新知识的妇女在养育新式日本人民方面所起的作用，并指出家庭改革的重要性，阐述了《家庭杂志》创刊的缘由。可以看出，《家庭杂志》创刊的目的，就在于以平民主义为基础，帮助新兴的中间阶层建立起具有近代特色的新式家庭。

第三节　平民主义的发展

一　从“青年”到“田舍绅士”及“中间阶层”——社会主导力量的变化

不论是在《新日本之青年》还是在《新日本青年及新日本之政治》中，德富苏峰都将建设新日本的希望寄托在了“明治之青年”的身上，这是一种明显的世代论主张。而在《论明治二十三年后政治家的资格》一文

① 和田守、有山輝雄『民友社思想文学叢書第1巻　徳富蘇峰・民友社関係資料集』、三一書房、1986年12月、340頁。

中，对于新日本政治家的资格，德富苏峰提出了如下的期望：既不是在已有的自由制度中运筹帷幄的“立宪政治家”，也不是以权谋立于风口浪尖上的“东洋创业家”，而是兼备理想与胆识、能够在开拓政治自由的同时，开拓思想与社会自由的“改革政治家”。此前，德富苏峰秉持着世代论的观点，寄希望于青年们能够成为“改革政治家”。但事实上，要等待青年的成长毕竟需要一段较长的时间，于是德富苏峰便开始寻找在现实中能够立刻承担起这一任务的合适人选。在这种背景下，“田舍绅士”论逐渐成形，并成为平民主义的另一个重要主张。所谓“田舍绅士”，来源于“country gentlemen（乡村绅士）”的译语，是17世纪英国知识分子提出的一种理想的人的形象。

在《国民之友》第15号至第19号上，[①] 德富苏峰发表了《政治上之隐秘变迁》一文，对其“田舍绅士”论进行了阐述。《政治上之隐秘变迁》共分为5回：第一回的题目为“士族的结局”；第二回为“田舍绅士”；第三回为“生活与教育之刺激”；第四回为“现今之工商人民”；第五回为“中间阶层的发展”。[②]

在第一回“士族的结局”中，文章开篇就指出，政治上的要素总是在不停变化，旧要素分解，新要素形成，随着这些政治要素的变化，一个国家的政治也在不断地发生着变迁。维新以来的二十年间，士族无疑是政治舞台上的主人公。随着明治维新，士族虽然在法律上被废除了特权，但其身上却依然带着一股“士族禀性”，[③] 这一点很难被短短的二十年时间所磨灭。但是在“第十九世纪的气运”以及“世界之大势”的迫使下，尽快去除这种“士族禀性”，已经成为大势所趋。然而士族本身却或出于自尊心，或出于因循守旧的习惯使然，对这种趋势加以抵抗。“然此抵抗或隐或显，

① 发表于1888年（明治21年）2月至4月。后被收入《国民之友》第3集。

② 原文为“中等民族”。

③ 原文为“士族根性”。

或为保守论，或为自由论；或为尊王论，或为尚武论，千变万化不离其宗，就是要维持士族之势力。”① 但是为了国家的进步，士族的势力一定要逐步被分解。这是因为：“然则只要士族作为政治社会之主人公，其士族所倡导之保守论自不必说，就连倡导之自由论，也无法使得政治局面为之一新。可以概论为，士族这种政治要素并非进步而是保守，其动力并非原动力而为反动力，起作用并非建设而是破坏，因而士族势力渐消，于士族本身虽可悲可叹。然为了一国之进步，只得期望士族这一政治要素尽快分解消散。”② 这里将士族比作阻碍国家进步的要素，认为其应当尽快退出政治的舞台。此后文中又论述到教育的问题，认为以往士族确实在教育上占有优势，但此时普通教育已于全国普及开来，士族子弟在教育上也已经不再有优势。同时，在当今这个以财富作为一大势力的年代，士族更是毫无优势可言。在生产世界中，凡是具有“士族禀性”的人定会遭受失败。而作为士族最大优点的勇武精神，在当今的社会上也已经早已失去了价值。总之，自维新以来纷扰政坛的士族，已经迎来了自身的结局。这种政治上的隐秘变迁，已经成为必然的趋势。这一章主要论述了士族作为政治势力必将没落的原因。将士族与保守、反动相联系；以“世界之大势”出发，用社会进化论的观点对其进行论述；将生产世界与武备世界相对立；以及重视教育起到的作用等内容，都体现了平民主义的一贯主张。但是相较此前将社会的保守势力抽象概括为“天保的老人”的做法，可以看到此处的保守势力已经被赋予了一个新的、更加具体的概念，那就是“士族”，或者被称为“士族禀性”。

第二回“田舍绅士”的开头部分就对这一概念进行了阐述：“田舍绅士为何？即英国所谓之‘country gentlemen（乡村绅士）’，即是落脚于地方之绅士。彼等多少拥有土地，由于拥有土地之故，因此在由耕作土地之

---

① 『國民之友第3集』、民友社、1889年（明22）、3—4頁。

② 同上书，第9页。

农夫组成的乡间村落，他们的地位最为重要。生活虽不富裕，却也不至不足。既不像贵族般尊大，也不像百姓般惘然。无大喜亦无大悲，无大荣亦无大辱。被村民敬爱、亲近、尊重。彼等可被称之为村内之总理大臣。所有事皆听从彼等之指挥。”① 正是由于田舍绅士具有这样的特点，因此他们比起士族或城市中的工商业者，更有资格在政坛上占据一席之地。在如今的平民社会中，士族只知道如何去统治别人，工商业者只知道如何被别人统治，但是田舍绅士却兼具“半士半商”的特性。因此能够更好地担负起新日本的政治责任。“士族是纯粹之消费者，工商是纯粹之生产者。……只有田舍绅士，自己生产自家消费，并非纯粹之被统治者，亦非纯粹之统治者，恰好占据士族与工商之间之地位，平生积习所致，不知不觉便兼具二者之性质。……虽不充分，却知晓社会全体之情味，又被社会一部分之境遇所压制，唯有田舍绅士。”② 由于当时的日本还是一个正在进行近代化建设的农业国，因此文中又指出，在日本这样的农业国，拥有土地之人就应当是掌握政权之人。如果将来日本能够在生产上取得很大进步，成为工业国的话，情况自然会有所不同。但在当时的情况下，田舍绅士作为重要的在乡势力，无疑将会大有作为。“我国田舍绅士为我邦农民之首，因此我邦之将来，必为彼等所肩负。如今士族之势力如梦般消散，由此继承一国之精神、成为力量、成为运动力、成为政治上之重要势力，无限发扬、维持我邦之和平、光荣、幸福之人，只能寄希望于我国之田舍绅士。除此之外，又能期望何人?”③ 这种对于田舍绅士的殷切期盼，可以从德富苏峰本人的出身找到一定的原因。如第一章中所述，德富苏峰出身于“完全自力更生”的乡间名士之家。这种“半士半商”的田舍绅士，无疑被带上了德富苏峰出身家庭的影子。而且此时的德富苏峰仍然在很大程度上将英国作为日本

① 『國民之友第3集』、民友社、1889年（明22）、13頁。

② 同上书，第16页。

③ 同上书，第19—20页。

近代化的模板，期待田舍绅士成为肩负日本近代化建设事业的中坚力量的想法，应该说也有这方面的原因。

在第三回“生活与教育之刺激”中，德富苏峰从教育与生活两个方面出发，阐述了田舍绅士在新形势下所受到的刺激和应对方法。首先在教育方面，虽然士族最能感到教育的必要性，但因为士族多半生活贫乏，故难以使子弟受到完整的良好教育。而工商阶层虽然有足够的经济实力，但却对教育不够重视。只有田舍绅士，既重视教育，同时又有良好的经济实力，能使子弟接受西方式的教育。“受到泰西式高等普通教育之人，以田舍绅士之子弟为最多，并非夸张之言。”① 而受到西方教育的“少年之田舍绅士”虽然有的为官，有的继续求学，但更多人则衣锦还乡，学以致用地对家乡进行改造。其次在生活方面，由于米价下跌，土地使用成本增加，因此田舍绅士也面临着入不敷出的经济危机。因此他们或种桑养蚕，或开茶园植树，总之积极地采取其他手段来增加收入。于是田舍绅士中的大多数：“渐渐改变了如大名一般的境遇，成为了经营创业之人民。既已种桑，就要养蚕。既已养蚕，则要制丝。既已制丝，则要贩卖。势已至此，彼等又扩充了农夫之首之资格，进而拥有制造贸易之资格。……成为最为敏锐，最为活泼的一国之中等社会之重要组成要素。”② 在教育与生活的双重刺激下，“温良乐天”的田舍绅士成为“有为活泼”的人民。他们也由此成为政治上一股不可或缺的势力。“啊，沉默之进化神之不可思议之力量，定要使我国从士族之国变为平民社会才肯罢休。”③ 这种对于田舍绅士的过度赞美固然有些言过其实，但依照日本当时的具体国情而言，这种说法也并非毫无道理。再加上德富苏峰本人的出身，他会对田舍绅士做出过高的评价，也并非完全不能理解。而文中“进化神”一词的出现，则表明了社会进化论

---

① 『國民之友第3集』、民友社、1889年（明22）、21頁。

② 同上书，第28—29页。

③ 同上书，第29页。

思想对平民主义的影响之深。[1]

第四回“现今之工商人民”，文中指出此时的工商阶层还并非“独立自治之人民”，因此也就无法作为“独立自治之人民”势力，在政治上发挥作用。这是由于他们：“自封建时代以来不曾有过政治上之修养，明治时代以来，仅仅旁观士族扰乱政治之活剧。”[2] 然而要使工商阶层成为独立自治的人民，也只能依靠他们自身的力量，去除不利因素。而且“时势为最大之改革者”，文中认为，或迟或早总有一天，工商阶层会渐渐开眼，希望改革现今的境遇。这是因为：“若全国人民得到参政权，能依国会之议论左右一国之政事之日到来，敏于利己之工商社会之人民，固然不能继续旁观。若得知国会之决议能左右酒税之高低，烟草税之增减，所得税之存废，则认为政治运动如同天体运动，非人力能所及之想法自会消散。若得知能以自家之力去除自家之祸，增自家之福，彼等定会如脱兔一般，热衷改革。……若得知工商人民之利害，可由工商人民之力保护，彼等定会成为令人惊叹之政治上之要素。而此日之到来已不远矣，吾人且期望、且祈祷、且深信。”[3] 这段内容指出，虽然当时的工商阶层还未能成为一股独立的政治力量，但若随着政治形式的改变，人人都能通过自己的力量对政治施加影响的一天到来，那么工商阶层也必将开始争取自身权益，从而成为一股不可小觑的政治力量。这也是德富苏峰所期望的。究其原因，是由于这与下一回中的“中间阶层”论有着密不可分的关系。

第五回“中间阶层的发展”作为全文的结论，提出了期待农工商阶层能够联合形成“中间阶层”的希望。文中认为，农工商阶层的联合势力，总有一天能够席卷日本全国。只要接受过西方式的先进教育，那么不管是什么人的子弟，都能创立新的事业，经营新的产业，拥有新的生活。而这

① 尽管这种说法是完全没有现实依据、禁不起推敲的。

② 『國民之友第3集』、民友社、1889年（明22）、37頁。

③ 同上书，第38页。

些人又能够拥有选举权与被选举权，在代议制政治中享有参政的权利。他们在掌握知识的同时，也掌握着财富与政权。这是无人能够阻挡的“天下之大势”。此后，文中又论述了中间阶层得以形成和发展的条件。虽然日本之前未曾有过这样的“中间阶层”，但在日本逐渐进入平民社会的过程中，这个阶层会获得越来越多的势力，这也是平民社会逐渐取得胜利的标志。中间阶层是独立自治的平民，因此他们只能在“自由自在”的社会中得以成长。“若社会制度中仅有主人与奴隶这两个阶级，则中间阶层绝不可能存在。……我邦之旧有制度正是如此，又怎能期望中间阶层之诞生？而现今中间阶层之生长，即是新日本之生长。因此吾人认为，此阶层之生长即是我日本之崭新觉醒。”[①] 文章在最后提出，士族掌握政权时，使用的是“抽象的政论”，而平民成为政治世界的主人公时，“实际的政论”则会风靡天下。“现今士族之旧要素已经分解，平民，特别是农工商之中间阶层的新要素将要形成。”[②] 如果士族对此命运感到不公，就应当抛弃“士族禀性”加入到平民社会中来。而作为政治家，则应当敏锐地察觉这种“中间阶层”正在崛起的“政治上之隐秘变迁”。这种期待农工商阶层联合成为“中间阶层”的想法，是由于想要担负起新的政治责任，仅凭“田舍绅士”一己之力，还是难以做到。虽然此时由于日本仍为农业国，因此“田舍绅士”应当责无旁贷地承担起政治上的义务和责任。但根据平民主义的判断，日本应当向着生产社会，即工业社会的方向发展，那么在不远的将来，“工商阶层”势必会成为一股巨大的政治力量。虽然此时的工商阶层还存在依附政府的倾向，但有朝一日，当他们发现自身争取政治权利的重要性以及有效性之后，必将会成长为一支独立的政治力量。到那时，“田舍绅士”与“工商阶层”联手成为“中间阶层”的目标也会得到实现。

早期的期待“青年”成为社会变革主导力量的世代论主张，到此时已

---

① 『國民之友第 3 集』、民友社、1889 年（明 22）、40—41 頁。

② 同上书，第 46 页。

经变为将希望寄托在以“田舍绅士”为主的“中间阶层”的阶层论主张。虽然这种寄希望于“农工商阶层”联合的想法存在着许多固有的缺陷与问题，但仍然可以说，在某种程度上，平民主义在发展的过程中完成了一次从理想主义到现实主义的转变。[①] 将新的政治继任者的重任托付给无冠无位的青年，无论从哪个层面上看，都是一种充满了极端理想主义色彩的主张。尽管这种主张将希望寄托于未来的出发点本身不能说是错误的，但在现实当中，要想尽快实现改革的目的，就必须要有能够立刻担负起这一重任的集团实体。而这一实体又必须拥有一定的实力与影响力。因此德富苏峰将期望寄托在了自己出身的“田舍绅士”阶层的身上。虽然他对这一阶层的溢美之词实在有些言过其实，但对于平民主义本身而言，这种希望以“田舍绅士”为中心，有朝一日联合“工商阶层”形成“中间阶层”的主张，仍然可以被看作在通往现实的道路上迈进了一步。尽管这一主张本身并不能成立，而且德富苏峰虽然对士族掌握政权时的“抽象的政论”提出了批判，可他所谓的“实际的政论”事实上也并没有能够与之对应的充分内容，而只是将社会的发展归结为“进化神之不可思议之力量”，这就导致“实际的政论”的说服力大打折扣。尽管如此，对于平民主义的“田舍绅士”论与“中间阶层”论反对士族统治、呼吁扩大人民权力的观点，还是应当加以肯定的。同时，这种提倡联系实际生产，重视教育的主张，对于正由农业国向着工业国发展的日本国家，以及正在进行近代化建设的日本国民而言，也具有一定的积极意义。

二　国民政治思想启蒙与《政治一斑》

《政治一斑》是民友社自 1888 年（明治 21 年）5 月到 1889 年（明治

① 如本书第一章第二节“平民主义的理论来源”中所论述的那样，将社会变革力量的希望寄托在中间阶层身上的主张，应当也是受到了英国功利主义学者詹姆斯·穆勒等人的影响。

22年）2月之间发行的、以启蒙国民政治思想为目的的共5册的一套丛书。虽说是丛书，但由于是以启发国民作为目的，因此《政治一斑》每册的内容都在70页左右，可以说是采取了极易普及的形式。平民主义在政治上的主张，是日本应当以英国作为模板，建立以政党政治为基础的议院内阁制。但在《政治上的隐秘变迁》中，德富苏峰对于“自己不酿一升酒，却为降低酒税而奔走。自己不曾有巴掌大的田园，却请愿减轻地租。自己没有国会议员的资格，却对国会之事喋喋不休”① 的民权政治家的这种“士族禀性”提出了批判。由此，在自由自立的平民社会中，被寄予厚望的政治世界的主人公，就成为“思天下国家大事，不忘一身一家之事，思一身一家之事，不忘天下国家大事”② 的“田舍绅士”，以及在未来能够担负起政权的接受过西方式高等教育的“少年田舍绅士”。有了值得期待的政治家，也必须有相应的政治制度。《政治一斑》的发行时间，恰逢颁布宪法、开设国会等政治事件前后。这套丛书由平民主义的立场出发，以启蒙人民的政治思想为目的，对国会开设后的应有的政治形式进行了论述。由于这套丛书的作者都是深受德富苏峰影响的出身大江义塾的教师及学生，因此通过对其的研究，能够加深对平民主义政治制度构想的理解，从而掌握平民主义理想中的“政治愿景”。

《政治一斑》的内容构成如下：其一，《人民》（桧前保人，1888年5月）；其二，《地方制度》（上野岩太郎，1888年5月）；其三，《国会》（池本吉治，1888年7月）；其四，《中央政府》（绪方直清，1888年7月）；其五，《议员选举》（梶原保人，1889年2月）。本书中将参考日本学者的研究方式，将其分为三个部分进行论述。分别是：论述“人民与国家观”的《人民》；论述“地方自治思想”的《地方制度》；以及论述“立宪

① 『國民之友第3集』、民友社、1889年（明22）、8頁。

② 同上书，第14页。

构想”的《国会》、《中央政府》、《议员选举》。①

首先，在论述“人民与国家观”的《人民》一文中，桧前指出，人民有着“个人”与作为集合体的“一般人民”这两种意义。后者也可被称为“国民”。而国家则是“人类在政治关系上的结合体”，因此，人民也是对国家负有一定权利义务的“政治上的人”。人类的目的在于追求幸福，社会的形成与国家的成立，都是出于对这一目标的追求。此时，个人与个人之间、个人与国家之间就产生了“权利义务的关系”。关于权利，文中做了如下定义：“只要不妨碍他人的自由，我就能自由使用的手段”②。因此，当人具有“运动的权利”时，别人也就相应地产生了“不得妨碍的义务”，义务与权利的关系被形容为“我的权利是他人的义务，他人的权利是我的义务”。③ 这种对于权利的定义，明显是受到了功利主义学说的影响。穆勒曾在《论自由》中对自由的概念进行过论述：“其一，个人的行为只要不涉及自身以外什么人的利害，个人就不必向社会负责。……其二，当个人的行动有害于他人利益时，个人就应向社会负责，并且承受社会的或法律的惩罚。”④ 桧前根据上述的权利与义务关系，又推导出个人的与国家的关系：“国家的存在仅是为了保护此权利，……当此权利被侵犯时，具有保护此权利的义务。”⑤ 同时，因为国家保护了个人的权利，因此个人也应当承担租税及兵役，并且遵守国家法律的规定。这种关于个人与国家之间的权利义务关系的论述，也明显带有功利主义的色彩。在关于个人与国家的关系方面，穆勒曾指出：“国家的目的是为了被统治者的幸福，保证人民过好

① 西田毅、和田守、山田博光、北野昭彦『民友社とその時代 思想・文学・ジャーナリズム集団の軌跡』、ミネルヴァ書房、2003 年 12 月、78—85 頁。

② 檜前保人『政治一斑　第一冊　人民』、民友社、1888 年（明 21）、20 頁。

③ 同上。

④ 袁华：《西方社会思想史》，南开大学出版社 1988 年版，第 430 页。

⑤ 同上书，第 26 页。

物质生活，保护公民的安全和财产。”[①] 同时，在功利主义者看来，没有牺牲的自由也是不存在的：“创造权利、加强义务，保护个人、生命、荣誉、财产、生存，甚至是自由而不牺牲自由是不可能的。”[②] 这些有关权利与义务的内容，无疑是桧前在广泛借鉴功利主义学说之后构筑起来的。值得注意的是，对于国家的起源，桧前却做出了如下的一番论述：“吾人深信，国家之起源并非人为，而全都因为人类的自然天性而产生。深信人类爱好社交的天性，是组织起国家之最大力量。然为何人类会有爱好社交之性情？吾人愈加思考，愈是感叹此乃造物主之巧思妙想。”这种将国家起源归结为人类自然天性的说法，似乎有着几分神学的色彩。[③] 虽然这与桧前本人是基督教徒有着一定的联系，但最重要的原因，应当还是德富苏峰在大江义塾时期对政治起源所作的讲义。在作为大江义塾教材的《政治初步》的讲义中，德富苏峰曾经指出，人类不同于动物，具有追求幸福，改良生活的天性。因此“社会是自然生长而决非人为”[④]。虽然这种论述方法与结论都有失偏颇且禁不起推敲，但这种社会与国家的“自然生成论”还是给大江义塾的教师与学生们的政府观与国家观带来了较深的影响。

其次，在《地方制度》中，上野岩太郎对“地方自治思想”进行了论述。上野在文中提出，他之所以会撰写本文，是因为想使用西方学者的观点，针对自治思想应当如何适应日本的国情以及各方面的利害加以阐述。自明治维新以来，可以说“君民共治”是日本一直以来追求的一种理想的

---

① 吴春华主编：《西方政治思想史・第四卷・19 世纪至二战》，天津人民出版社 2005 年版，第 204 页。

② 同上书，第 31 页。

③ 中世纪著名的经院哲学家、神学家托马斯・阿奎那（Thomas Aquinas，约 1225—1274 年）曾在自己的著作中指出：“人天然是个政治的与社会的动物”，这同时也是对亚里士多德“人生来就是政治动物”这个命题的继承与模仿。

④ 花立三郎、杉井六郎、和田守『同志社大江義塾徳富蘇峰資料集』、三一書房、1978 年 10 月、372—373 頁。

政治形式。在当时的历史情况下，这种思想基本上是日本国内有识之士的一致看法。问题在于，“君民共治”应当以一种怎样的具体形式加以实现。在上野看来，国会的开设就标志着日本的政体从“君主专制”变为了“君民共治”。这虽然明显是一种不切实际的想法，但从期待国会的开设能使国家由专制变为自由的出发点来看，这种想法仍然具有一定的意义。此前，平民主义者们曾对民权派过于偏重政权的做法提出过批判，在民权派的眼中，地方制度只不过是“一件小事”。但在上野看来，实际情况却并非如此，相反，改良地方制度才是国会开设之前的当务之急。文中又将地方制度与国家政体联系起来，认为：“共和、立宪两种政体之优劣，就如同石头房与砖瓦房之间之优劣，而地方分权与中央集权之差异，就如同西洋风户型与东洋风户型之差异。”① 即使同为共和政体，美国也要优于法国，同样，即使同为立宪制政体，英国也要优于德国。这是由于比起法国和德国，美国与英国的人民自由幸福的程度更高。之所以这么说，是因为共和制与立宪制这两种政体本身并没有优劣之分，但是地方分权与中央集权的地方制度却造成了决定性的不同后果。而在比较集权制与自治制时，文中指出：“对没有国家、不知文明之人民采取集权制，是不得已之权宜之计。……伴随人文之开发，减少集权制，增进自治制，是古往今来历史事实展示给吾人之一大方向。”② 这种认为集权制等于“不知文明”，而且集权制必将向着自治分权制演进的说法，明显带有社会进化论的色彩。而自治分权制，也是“使平民主义发展到最高程度的最佳方法”③。

此外，《国会》、《中央政府》、《议员选举》这三篇文章，都论述了平民主义的“立宪构想”。通过对这几篇文章进行考察，可以在大致上勾勒出

① 上野岩太郎『政治一斑　第二冊　地方制度』、民友社、1888 年（明 21）、4 頁。

② 同上书，第28 页。

③ 同上书，第20 页。

平民主义的立宪主义构想。池本吉治在《国会》一文中将政体分为“专制政府”与“自由政府”这两种类型。并指出：“没有国会之国家，即是专制政体。开设国会之国家，即是自由政体之国。”[①] 这是一种将有无国会作为区分专制政体与自由政体判断标准的观点。此前一直是专制政体的日本，终于能够通过在1890年（明治23年）开设国会，“改变旧有的专制政体，成为崭新之立宪自由之国”[②]。不论是上文《地方制度》中那种认为开设国会就标志着日本的政体从“君主专制”，变为了“君民共治”的想法；还是后文《中央政府》中绪方直清认为开设国会标志着“明治二十三年是东洋破天荒一大盛事”[③] 的想法，都可以看出民友社同人对于开设国会这一事件的重视程度。关于立法、行政、司法这三项权力，池本认为这三种权力所具有的效力并不平等，立法权应当在行政与司法权之上，从而认为国会应当具有更大的权力。同时，对于作为立宪君主的天皇，池本则效仿英国式的立宪君主制，认为天皇应当“君临而不治”。而在绪方直清的《中央政府》一文中，则更明确地指出，想要平均分配立法、行政、司法的权力，完全是“空谈”。绪方认为，如果没有国会，立宪政体就无法成立。由于政府是由占国会多数席位的政党所组织起来的，因此政府实际上就相当于是“国会的延伸”。在认为国会应当拥有更大权力这一点上，绪方和池本是一致的。但是在关于天皇作为立宪君主的地位方面，绪方的观点却和池本所有不同。绪方认为，天皇应当是“国民崇敬之中心，国际交往之主人”。从这里可以看出，平民主义者们未能就天皇所应有的地位达成完全一致，但联系德富苏峰本人所具有的皇室中心主义倾向，可以说平民主义在某种程度上确实有着皇室中心主义的色彩。这不仅是平民主义的主张，而且与当时日本的具体国情也有着深切的联系。而梶原保人在《议员选举》

① 池本吉治『政治一斑　第三冊　国会』民友社、1888年（明21）、5頁。
② 同上书，第7页。
③ 緒方直清『政治一斑　第四冊　中央政府』民友社、1888年（明21）、3頁。

一文中，论述了选举人与议员之间的关系、选举权的区域、直接选举及间接选举法的利害、全部选举人选出议员的方法、匿名及记名投票的利害、议员改选的期限及方法、关于选举的其他条件等有关选举制度的具体问题，并且在文章的最后指出："政府如果想要真正将政权分配给人民，使其德智开发、增加社会福利，就要赋予人民选举权，并且支持言论自由。"①

对于以"茅屋中人民"的利益与幸福作为目标的平民主义而言，《政治一斑》这套丛书的出版目的，就在于启蒙民众的政治思想，从而对塑造出"自由独立"的新日本人民有所帮助。这一点，可以从刊登在《国民之友》第25号上面的《政治一斑出版之想法》一文中看出："今我邦国会开设近在眼前。此时正是将我邦人民塑造为立宪代议之人民，使人民具备独立自主性质之最佳时刻。新日本之建设需依靠新人民之手。塑造新人民则需要崭新之政治思想。此正是《政治一斑》之发行原因。此小册子仅为培养人民之政治思想。……极平易简要地陈述其要领。"②《政治一斑》的出版时期正值日本开设国会的前夕，但国会这一制度的设立，并不等于就使日本成为与英美一样的自由国家。因为议会制度想要充分发挥其效果，人民政治思想的成熟是一个必不可少的条件。正如德富苏峰在《论明治二十三年后政治家的资格》一文中指出的那样："只要开设国会就能使自由制度日臻完美乎？绝非如此。国会如水车，国民自由思想如水势，有水势而无水车固然不可，但有水车而无水势亦不可。"③ 只有具备了"国民自由思想"这股动力，国会的开设才能真正地"保护人民的自由权利"。《政治一斑》这套丛书中对于政治制度的构想，很大程度上是来源于欧美的自由主义政治学说。其在一定程度上也结合日本的国情，丰富和发展了平民主义

① 梶原保人『政治一斑　第五冊　議員選挙』民友社、1889年（明22）、70—71頁。

② 西田毅、和田守、山田博光、北野昭彦『民友社とその時代 思想・文学・ジャーナリズム集団の軌跡』、ミネルヴァ書房、2003年12月、75—76頁による。

③ 植手通有『明治文学全集34　徳富蘇峰集』、筑摩書房、1984年2月、23頁。

的政治制度构想。其中一个典型的例子就是，德富苏峰曾主张选举权以财产作为基础，而反对妇女参政。但池本吉治则主张否定财产限制，实行普选，从而肯定了妇女参政的权利。德富苏峰对这种主张也表示了同意。[①] 这就使平民主义在普及人民权利的问题上，又向前迈出了一大步。

三 从《政海之新潮》到《新日本史》——竹越三叉的平民主义

竹越三叉[②]，原名与三郎，是明治时代著名的记者和历史学家。在《国民之友》1887 年 2 月创刊时，竹越三叉就作为特别投稿人，成为民友社的“社友”。在此之后的 1890 年《国民新闻》创刊时，竹越三叉正式加入国民新闻社，成为民友社的社员。由此，竹越三叉也成为民友社的重要同人之一，为平民主义的发展做出了贡献。

由集成社于 1887 年（明治 20 年）8 月出版的《政海之新潮》是竹越三叉早期的平民主义代表作。在此书出版前的 1887 年 6 月，竹越三叉曾经给德富苏峰写信，表达过自己对苏峰观点的赞同与叹服。《政海之新潮》共分为八回，分别是：第一回，两三年前放出弹丸之将来；第二回，英雄崇拜之丰年已过去；第三回，贵族的诱惑欲迷惑新日本；第四回，平民运动之光景；第五回，吾人立于冰炭水火之间；第六回，政海之新潮会中断社会，打开开放之歧路；第七回，欢喜之后有苦难之声；第八回，国民该如何。从内容方面来看，这篇作品无疑受到了《将来之日本》的很大影响。竹越三叉在本文的序言部分就提出：“平民主义者会嘲笑本文不过是陈词滥

① 西田毅、和田守、山田博光、北野昭彦『民友社とその時代 思想・文学・ジャーナリズム集団の軌跡』、ミネルヴァ書房、2003 年 12 月、90 頁。

② 竹越三叉：1865 年（庆应元年）—1950 年。原姓清野，家中经营酿酒业，后被过继到竹越家。也属于“田舍绅士”的出身。曾经就读于庆应义塾。

调，但当今世界之爱护者却会由于本文过激而动怒。……寄予畏天爱人，心中常念一般平民，意欲守护平民制度之国士。”① 由“平民主义者”会认为这篇文章是“陈词滥调”这一点可以看出，本文写作之时，平民主义已经有了一定的影响力。文中指出：“今朝野元老已老，是十九世纪上半页之政治家。此老政治家愈发老去，不久便会成为冢边枯骨。……十九世纪下半页，在文明之风潮中生长之少年书生，渐渐担起社会政治局面时日已近。”② 这种将老人与少年加以对比，并将希望寄托在少年身上的观点，完全是受到了平民主义世代论的影响。值得注意的是，此文出版时，竹越三叉也不过是一名年仅 23 岁的青年。因此会对这种重视青年作用的思想产生共鸣，也是很自然的事情。竹越三叉还对英雄崇拜与膜拜贵族的行为进行了批判，认为这是不平等的旧世界的陋习，在平等的世界中，英雄贵族已经失去了价值。但贵族那种浮华的生活方式在社会上仍有着很大的诱惑力，阻碍着平民运动的发展。但是以平等主义与自由主义为特征的平民运动，会与这种陈旧的观点进行斗争。广大的青年就是这场运动的主力。承担起新社会的使命，也落在了青年的肩头上。“平民主义如流水不断，崛起之青年源源不绝。贵族制度与吾人所担忧之贵族之诱惑一同破灭，如雾散天晴，如行云流水，如长空一碧不见纤尘。……只要社会之现象成为世上所谓平民主义之现象，政海之新潮就会到来，中断社会，吾人之希望不至落空。吾人由衷希望，社会之现象成为平等的平民主义。”③ 这种将平民与贵族相对立，希望平民制度能够代替贵族制度的主张，也带有鲜明的平民主义反对贵族社会的色彩。文章最后提到：“深信最后胜利之方向，唯有茅屋荜门④之主人。……然现今社会之状态，却不平等、不自由。……文明利器形

① 柳田泉『明治文学全集 36　民友社文学集』、筑摩書房、1984 年 2 月、92 頁。

② 同上书，第 94—95 页。

③ 同上书，第 113 页。

④ 荜门：竹荆编织的门，指代房屋简陋破旧。

体上之进步，只有博得国民之见解，才算有效。……真正之国民，在于茅屋荜门之中。"[①] 竹越三叉这种认为真正的国民在于"茅屋荜门"之中，只有当他们也能感受到文明带来的好处时，国家才算真正取得了进步的想法；以及认为社会必将进步到平民社会的想法，也都明显受到了德富苏峰所倡导的平民主义的影响。由此可见，《政海之新潮》一文中所阐述的平民主义，与德富苏峰在《将来之日本》中的观点几乎完全一致。日本学者柳田泉曾在《民友社文学集》的解题中对竹越三叉做出过如下评价："在民友社草创期，竹越三叉与德富苏峰表示出了几乎完全相同的意见主张。如平民主义、社会改良等，其他包括反对藩阀、男女交际、基督教几乎均为共通，且程度也相同。不过，苏峰从自由民权的本源中去除了国粹的部分，而三叉则欠缺这一点，与此相对，欧化的成分更为多见。"[②]

如果我们对竹越三叉的成长经历加以考查，就会发现他与德富苏峰有着一定的相似之处。竹越三叉与德富苏峰同样出身于地方名望之家，从家境等方面而言，德富苏峰无疑更加优越，而且德富苏峰作为长子，自幼就作为家族继承人受到期待，从汉学私塾到熊本洋学校，再到同志社英学校，尽管苏峰的求学之路也并非一帆风顺，但他确实在较为优越的经济条件下受到了良好的教育。相比之下，竹越三叉作为次子，其受到的待遇自然无法与德富苏峰相提并论，就连到庆应义塾求学也是在几乎离家出走的情况下实现的。但另一方面，他们不仅年龄相仿，[③] 而且有着相似的汉学背景。同时，他们在思想形成期所阅读的书籍也有很多共通之处。此外，他们二人对西方的知识都有着如饥似渴的求知欲，同样有从事过教育实践的经历，甚至同样有着基督教的背景。[④] 也因此，竹越三叉会对德富苏峰所倡导的平

---

① 柳田泉『明治文学全集36　民友社文学集』、筑摩書房、1984年2月、118頁。

② 同上书，第452页。

③ 德富苏峰较竹越三叉年长2岁。

④ 尽管德富苏峰较早就宣布脱离了信仰，而竹越三叉则长期信奉基督教。

民主义抱有高度的认同感。[①]

《政海之新潮》可以被称为是竹越三叉早期平民主义的代表作。而就在《政海之新潮》出版的1887年8月，《国民之友》第7号刊登了竹越三叉所著的《英雄崇拜之时代已过去》一文，这也是竹越三叉在《国民之友》上发表的第一篇文章。在同年6月，竹越三叉曾致信德富苏峰，表示自己有论文将要在8月结集出版，并询问是否可以在前后出版的《国民之友》上刊登自己的一篇文章。[②] 此处的论文集应当指的就是《政海之新潮》。

在《英雄崇拜时代已过去》一文中，竹越三叉认为"贵族之诱惑乃古今天下腐败之源"，因而要求打破贵族主义的风潮，英雄崇拜的"不具世界"已经成为过去，而"平等平民"的世界已如滔滔之势不可阻挡。就内容上而言，此篇文章与《政海之新潮》有着相当多的重复之处。这固然是由于两篇文章写作时间相近，但还有一个非常重要的原因，我们可以从竹越三叉给德富苏峰的信中，询问可否在他的作品结集出版之际在《国民之友》上刊登自己的作品这件事看出，竹越三叉希望此时能够借助《国民之友》的影响力，为自己的著作进行一定的宣传，从而提高自身的文名，拓宽自身的言论之路。

而笔者想在此处对这两部作品的诞生背景加以考查。一方面，无论是在《政海之新潮》还是在《英雄崇拜之时代已过去》中，竹越三叉所描述的"贵族社会、英雄崇拜已逐渐逝去，而平等平民的世界终将到来"的平民主义愿景，都与德富苏峰在平民主义代表作《将来之日本》中的书写有着很大程度的类似，这无疑是因为竹越三叉在撰写这两篇文章以及构筑自己的平民主义思想框架时受到了德富苏峰很大的影响，这可以被称为这两

---

① 高坂盛彦『ある明治リベラリストの記録——孤高の戦闘——竹越與三郎伝』、中公新書、2002年8月、58—59頁。

② 西田毅『民友社思想文学叢書第4巻　竹越三叉集』、三一書房、1985年7月、397頁。

篇文章诞生的主观原因。另一方面，在探讨德富苏峰构筑早期平民主义思想框架时，我们曾经提到，当时日本国家层面上鼓吹的那种浮于表面的、贵族化的鹿鸣馆外交使出身“田舍绅士”阶层的德富苏峰相当反感，而这也是促使他构筑起平民主义理论的重要契机之一。平民主义理念中反对机械照搬欧美文化的外在表现形式，强调要在更广泛的人民大众中，从精神层面彻底贯彻西方文明的内容，得到了广大日本民众、特别是出身“中间阶层”的知识青年的广泛支持。竹越三叉作为同属这一阶层的知识青年，同样对那种贵族气十足的、只在表面上学习西方人“如何吃饭、如何跳舞”一类的做法深为反感，也因此他才会在自己的作品中对贵族社会以及英雄崇拜时代的必将逝去表达了自身的看法。可以说，在当时的历史条件下，普通民众对于贵族主义的反感情绪，正是促成竹越三叉撰写这两篇文章的客观原因。1887 年（明治 20 年）9 月井上馨辞任外务大臣，宣告了鹿鸣馆时代的终结。但作为精神层面的长期历史任务，反对表面化的贵族主义倾向仍然是平民主义的重要思想内容和目标之一。此后，也正是由于对平民主义思想主张的认同，竹越三叉才会与民友社愈发接近，并加入到这个平民主义的思想集团之中。

在 1890 年（明治 23 年）1 月加入民友社之后，竹越三叉一方面从事着社论记者的工作，另一方面，则从平民主义的历史观出发，完成了《新日本史》上卷（1891 年 7 月）及中卷（1892 年 8 月）的撰写。《新日本史》上卷论述了从美国佩里舰队来到日本之前，到 1890 年国会召开为止的日本政治史及外交史。书中基本上包含了明治维新前后的重大政治事件，是出版时间较早的一部明治维新通史。中卷则论述了这期间思想、社会、财政、宗教等方面的变迁。在竹越三叉最初的构想中，下卷应当收录科学、文学、法制史以及人物论等内容，但因为种种原因，下卷最终未能成书。关于撰写《新日本史》的原因，竹越三叉在中卷的开头中提到：“现今距维新仅二十余年，滔滔世上，已经忘记维新之大目的，欲走上邪路。”① 不论是官方还是民间，都陷入了因循守旧的错误之中。而竹越三叉所认为的“维新之大目的”，应当是实行“自由平等之大义”，使“皇室与人民更接近”。但是政府却反其道而行之，在 1884 年（明治 17 年）颁布了华族令，使人民与皇室之间的距离变得更为遥远。维新的大目的也就此失败。在野的民权派在与明治政府抗争的过程中，也不知不觉地被国体、国光、国权、国家、国粹等议论所迷惑，致使自由、民权、平等、和平等因素受到了挤压。由此可见，竹越三叉撰写《新日本史》的目的，就在于对近年来的保守反动趋势进行批判，呼吁大家重新审视明治维新的真正目的。在《新日本史》中卷里，竹越三叉将革命的类型分为三种：第一，希望恢复旧时代的“复古的革命”；第二，希望破坏现有制度建立理想制度的“理想的革命”；第三，对于现实社会不满，不堪忍受痛苦而爆发的“乱世的革命”。在竹越三叉看来，明治维新既不像英国那样，是复古的革命；也不像法国、美国那样，是理想的革命；而是乱世的革命。随着士族的衰微，平民的崛起，日本的封建社会已经处于土崩瓦解的边缘。美国佩里舰队的到来，只不过是促使明治维新发生的外部压力。对于那种认为“勤王”精神是明治维新的动力，因而明治维新是复古的革命的说法，竹越三叉也提出了反驳。他认为正是由于明治维新，才使得之前徒有其名的皇位性质发生了变化，成为“国家人民的化身”，天皇“万世一系”的“国体”观念由此产生，人民对皇位的尊敬也到达了前所未有的高度。因此“勤王”并不是明治维新的原因，而是其带来的结果。竹越三叉在《新日本史》中有关明治维新的论述，虽然难以避免地带有皇室中心主义的色彩，但是他将士族阶层的衰微与平民阶层的兴起作为明治维新爆发原因的论点，充分体现了平民主义对民众力量的肯定。

---

① 西田毅『民友社思想文学叢書第4巻　竹越三叉集』、三一書房、1985年7月、73頁。

而《新日本史》中最为重要的内容，应该说是其对“平民主义”本身的概念进行的概括。作为平民主义的提出者与最主要的代表人物，德富苏峰虽然处处倡导平民主义的各种理论主张，但他本人却并没有对“平民主义”本身做出明确的定义。而在《新日本史》中卷的“社会、思想变迁”一节的末尾处，竹越三叉对平民主义做出了如下的定义：“所谓平民主义是什么？它就是把社会上的快乐和光荣分配给绝大多数的群众，并让个人分担社会的责任与义务，在社会取得进步的同时，提高个人的品格。不仅向政府主张民权，而且要把社会组织置于人权之上，在社会上是社会共和主义，应是调和国家主义与个人主义之间的地峡；在政治上则是民权主义，是使各阶级互相连接起来的锁链。就是从个人直到国民，要把独立自主的气象贯彻到底。……平民主义如此信任每个人民，因而相信每个人民的发展、信仰、教育、力量、品格是不容忽视的。一方面扩大物质上的享受，另一方面并谋求国民精神品格的发扬。……此主义一经出现，天下靡然为之倾倒。说起来，就是自由主义、民权论、人权说、个人主义、自由贸易论、最多民众论、国家独立论、精神发达论等。一切自由进步的文字应当汇入的江海，将以上文字熔解之后，就得到了崭新的平民主义。……总之，这些文字单纯反对自维新以来法权主义的专制。”① 在竹越三叉看来，平民主义就是一切反对法权主义的分子集合起来构成的“新文字”。其内容主要是：使最大多数的人民享受到社会利益与幸福，同时重视个人对社会的责任及义务。在尊重民权的基础上构成社会，以及确立国民独立自主的风气等。在带有功利主义色彩的权利论与幸福论以及重视个人发展的方面，竹越三叉的平民主义主张与德富苏峰并无二致。但竹越三叉注重民权的主张，

① 西田毅『民友社思想文学叢書第4巻　竹越三叉集』、三一書房、1985年7月、124—125頁。前半段译文（截止到“……国民精神品格的发扬”）转引自［日］近代思想史研究会《近代日本思想史》第二卷，李民、贾纯、华夏、伊文成、孙文康译，商务印书馆1992年版，第16页。

却与德富苏峰有着微妙的不同。究其原因，应当说是竹越三叉更加重视民权论中与人民权力息息相关的内容，而德富苏峰却对民权论中过度偏向政权的做法感到不满。从而导致了二者之间对“民权”理解上的差异。与此同时，德富苏峰的平民主义最显著的特点就是“时势论”，在他看来，平民主义由于顺应时势而诞生，其作用也必定是顺应时势的。而所谓“时势”不外乎是国家发展的前进方向。但竹越三叉的平民主义则更多关注个人的作用，认为个人的力量与品格能够决定国家的发展方向。

《新日本史》出版之后，竹越三叉的文名也随之进一步提高。上卷在1891年7月出版之后，立刻再版印刷，到8月时第3次印刷，到1893年1月时，已经再版达到第7次，总计发行数量超过了10000册。中卷在1892年8月出版之后，11月也再次印刷出版。从销量上看，这部作品不可谓不畅销，虽然评价方面毁誉褒贬不一，但这也从另一个方面印证了这部作品的受众之广与影响之大。喜爱这部作品的人将其评价为“视角新鲜文章轻快流畅”，而批评这部作品的人则指出“谬误过多，且论断依据党派因而有失公平”。据推断山路爱山在《国民之友》上发表的一篇评论称：“新日本著者乃政治家之历史家，而非学者之历史家。如同为证实自家之议论而引例历史上之事实，因而有所偏颇。而并非为历史上之事实发起议论。”① 这段评价应当被视为是较为客观且妥当的。但《新日本史》最具特色也是最吸引人的地方，恰恰是其以平民主义的新鲜视角去对历史事实进行新的解读这一点。我们也可以将其称为竹越三叉的平民主义史观。比起客观系统地描述史实，竹越三叉更加擅长从史实当中寻找历史的大势，并洞察社会变化的关键之处。这种做法虽然与严谨的传统史家有所区别，但其重视人民大众在历史上所起作用的平民主义观点，确实有其值得肯定的地方。而丸山真男也曾在《读〈文明论概略〉》一文中给予了《新日本史》较高的

① 高坂盛彦『ある明治リベラリストの記録——孤高の戦闘——竹越與三郎伝』、中公新書、2002年8月、74—75頁。

评价，称其“是一本非常好的书，可以称之为经典”[①]。

通过对上述三部作品的分析可以看出，竹越三叉的平民主义在早期与德富苏峰几乎如出一辙。但随着个人思想的发展，竹越三叉的平民主义论也出现了一些与德富苏峰不同的倾向。他在《新日本史》中以平民主义的视角重新解读历史的做法不仅吸引了大量的读者，而且也在很大程度上扩大了平民主义的影响力。就本质而言，竹越三叉的思想以平民主义作为核心，因此将他的主张归结为对平民主义做出的发展，应当是毫无疑问的。

四 《第二之维新》——人见一太郎的明治维新观

人见一太郎[②]，字吞牛，出生于熊本县宇土的士族之家，毕业于熊本师范学校。在熊本附近一家小学担任教师时，与德富苏峰相识。此后，人见一太郎为了学习英语，每周都会前往大江义塾学习。由于人见一太郎与德富苏峰志趣相投，不久之后他就搬到了大江义塾，也就是德富家居住。在此后的十几年中，人见一太郎一直是德富苏峰的挚友，并且长期担任相当于德富苏峰秘书的职位。在德富苏峰决定创办民友社时，第一个相商之人也是人见一太郎。[③] 民友社成立之后，人见一太郎一直作为德富苏峰的得力助手，为民友社的发展以及平民主义的传播做了大量工作。其中包括民友社的社务及运营等许多十分重要的事务性工作。直到中日甲午战争之后，德富苏峰的思想彻底转向帝国主义时，由于思想分歧日益明显，人见一太郎于1897年（明治30年）离开了民友社。可以说，人见一太郎作为从大

---

① 高坂盛彦『ある明治リベラリストの記録——孤高の戦闘——竹越與三郎伝』、中公新書、2002年8月、75頁。

② 人见一太郎：1867（庆应3年）—1924年（大正13年）。

③ 柳田泉『明治文学全集36　民友社文学集』、筑摩書房、1984年2月、456頁。

江义塾时期开始就一直跟随德富苏峰的民友社元老级人物，经历了平民主义从诞生到发展直至衰退的全过程。

但在以往有关平民主义及民友社的研究中，有关人见一太郎的研究成果却并不多见。其原因主要在于，人见一太郎虽颇具文采，但在民友社期间，他更多从事的是经营管理方面的事务性工作，因而在著作方面自然会受到一定的影响。但在社务之余，他还是翻译了英国学者詹姆斯·布莱斯的《平民政治》上下卷（出版于1889年），并且撰写了《第二之维新》一文（出版于1893年）。

在《第二之维新》一文中，人见一太郎对公议舆论与维新之大意之间的关系进行了详尽的论述，强调了公议舆论的重要性，并对贵族主义的死灰复燃和元老院的建立加以批判，呼吁民众奋起揭开第二次维新之大幕。如果与上文中提到的竹越三叉的《新日本史》上中卷（分别出版于1891、1892年）相比，我们就会发现，这两部著作不仅出版时间相近，而且涉及的内容也都涵盖了自明治维新以来二十余年日本社会的变迁，并表达了同样的价值取向，那就是：维新之促人平等之大意仍未实现，但世间已淡忘了维新之目的，陷入了保守倒退的危险之中，因此呼吁世人重审维新之目的，并唤起第二之维新以贯彻维新之真意。对《第二之维新》加以考查，不仅能够明确身为民友社重要同人的人见一太郎的维新观，而且通过将他的观点与竹越三叉的观点加以对照分析，也能够在丰富平民主义内容的同时，对平民主义的历史观进行进一步探究。

人见一太郎在《第二之维新》开篇回顾了日本历史上政权交替的过程，并指出维新中所谓的王政复古，并非是赖山阳①曾经期待的王政复古，其实质是此前从未有过的民政的诞生。如同攘夷家中产生了许多西洋崇拜者那样，民政也在王政的孕育下呱呱坠地。如果说民政是一种外在表现形式，

① 赖山阳：1780（安永9年）—1839年（天保3年）。日本江户时代著名史学家、汉学家。

那么公议舆论就是内在的无形之物。人见一太郎认为，日本的公议舆论由来已久，并非是西洋的舶来品，而是诞生于幕府后期的日本本土。彼时幕府之大权已然下放至诸大名之手，而诸大名的实权，又被掌握在藩中有能之士的手中，这也正是民政起源的第一阶段。在第一之维新中，公议舆论的势力逐渐发展壮大，并发挥了巨大的作用。其并非“翻译而来”，而是“随封建瓦解之大势”产生的健儿。公议舆论生于日本长于日本，只是如同日本人穿上了西洋服装一般，公议舆论也只是“于维新之际披上泰西之衣裳而已”。[①] 这种将公议舆论的诞生源流归结于日本本土而非西洋舶来的观点，与竹越三叉在《新日本史》中将明治维新兴起的根本动力归结为平民阶层崛起，而非“西力东渐”的外部压力的论述有着异曲同工之处。同时，《新日本史》中指出，明治维新并非“复古之革命”的观点，也与《第二之维新》否认所谓“王政复古”的观点如出一辙。更重要的是，人见一太郎关于幕府后期权力主体下移，民政萌芽的论述，这也体现了其在分析历史发展的动因时，重视民众力量的平民主义历史观。由此我们也可以看出，平民主义者的史论中，都有着将历史发展的主要原因归结于日本本国以及日本人民的论述。而对于明治维新的性质，他们也同样认为其并非“复古之革命”。这些论述都在某种程度上体现了平民主义者在历史认识方面的倾向性，那就是重视本国民众的力量，且否认明治维新所谓“复古之革命”的性质。

人见一太郎在文中将明治维新划分为了三个历史阶段，并将公议舆论的进步与退步视为政府的进步与退步，充分肯定了公议舆论的力量。文中写道：“尊王攘夷乃雨也，公议舆论乃雷雹也。第一之维新实乃雨与雷雹共落也。公议舆论之进步，乃政府之进步也。公议舆论之退步，乃政府之退步也。明治之始，二年之时，政府如飞鸟般起舞；明治二年至十年，毋宁

---

① 柳田泉『明治文学全集36　民友社文学集』、筑摩書房、1984年2月、148頁。

视为退步，若有进步，亦如蜗牛匍匐一般；十年之后，即全为退步却走……此实乃明治政府之三大段落是也。第一期于改革中，有革命之性质；第二期在改革与怀旧之间；至第三期，则在改革之外，第三期中改革之类亦并非改革，毋宁视之为修缮也、翻译也、模仿也。"①

在这段论述中，首先我们可以看出人见一太郎十分重视"公议舆论"的特点，这与其身为民友社创办者及重要同人，一直以来的追求就是以言论之路立身出世有着很深的联系。在当时的历史条件下，出身地方且无冠无位的青年想要实现个人抱负，在世上争得一片天地，比起从政经商这些需要政治资本或商业资本的领域，通过言论之路树立文名显然是一条较为快捷且更为现实的道路。具体到实际情况而言，也确实有很多青年通过这条路为自己博得了相应的声誉。如曾经的福地樱痴，今日的德富苏峰，都是通过文章之路实现了自身的理想。人见一太郎作为民友社元老及德富苏峰的挚友，自然也会抱有十分重视公议舆论力量的想法。甚至更进一步，将其视为代表政府进步与倒退的标志，并且认为"尊王攘夷"为雨，"公议舆论"却为更加强有力的冰雹，这足以证明在他的心中"公议舆论"的力量是何其强大。

作为与维新精神背道而驰、改革退步的重要例证，人见一太郎举出了明治政府在成立之后非但没有广开言路、扩大公议舆论的影响力，而是反其道而行之，逐步订立种种条文法规阻塞言路的倒退做法。明治初年，有关报纸杂志出版的规定十分宽泛，给予了新闻出版业很大的发展自由。至1873年（明治6年）新闻条例制定之后，"虽言路洞开之精神有所消磨"，但"未有保证金制度，未有停止发行之严罚，新闻纸之乌托邦在此时也……新闻纸之乌托邦仅为一年之梦，至明治8年，新闻条例之精髓，已全被改正。与其谓之改正，毋宁谓之改恶更为合适。由自由改为不自由，

① 柳田泉『明治文学全集36　民友社文学集』、筑摩書房、1984年2月、148—149頁。

由宽大改为严酷也。新闻纸发行条例中，亦出现此前不曾见到之十六条，以恶鬼般威光，狱卒般残酷，支配万众。维新风云中诞生之新闻条例于是葬送于反古①堆中”。② 此时的新闻纸条例“峻峭如秋霜，酷烈如夏日”。由此，“公议舆论之道颇为退步，增逆行也”。

而 1875 年（明治 8 年）诽谤律的出台，更是加剧了这一趋势。“公明天地忽入黑暗，阳气天地忽蒙阴霾。……国民不幸已过多，然专制之神犹嫌不足，而设诽谤律。”③ 针对这部旨在打压新闻出版自由的法律，人见一太郎进行了十分尖锐的批评：“是等峻法严律，目的为何？一为压制公议舆论，二为妨碍发表政府之弱点欠点污点，三为以政府之重量打压言论之势力。束缚言路自由，乃公议舆论所反对也。公议舆论之所以反对之，是由于其反对御誓文，反对维新之大精神也。明治政府于此处，实为反对维新之大精神。”④

上文中我们已经论述过，人见一太郎身为以言论之路开拓事业的媒体人，自然对公议舆论的力量十分看重。明治政府伊始之际，各方初定，有关新闻出版的规定自然不会详尽细致。诚然这在客观上促进了言论自由度的提高和新闻出版业的蓬勃发展，但在明治政府各方面工作逐渐稳定且步入正轨之后，对反对之声加以规制，稳定统治基础也就成了必然之选。而人见一太郎的论述中，固然对新闻规制愈发严苛，言论之路渐被阻塞的现状痛心不已且强烈谴责，但也仅仅将其归结为违背了“维新之大精神”这一抽象的原因之上，而缺少对其根本原因的客观分析。但总体而言，虽然人见一太郎有关明治政府严格控制新闻出版业原因的论述多少有失偏颇，但他重视舆论的力量，极力倡导言论自由的精神，以及敢于正面指责明治

---

① 反古：复古之意。

② 柳田泉『明治文学全集 36 民友社文学集』、筑摩書房、1984 年 2 月、170—171 頁。

③ 同上书，第 172 页。

④ 同上书，第 173 页。

政府违反维新精神的做法，无疑是值得加以肯定的。

而人见一太郎对于明治维新历史分期的论述也十分有代表特色。按照他的划分，明治维新的革命性质仅在短短的前两年，之后却一路变得倒退保守，与其说是进步不如说是后退。在他看来，明治维新的疾风暴雨之后，本该茁壮成长的平等意识、民意民政却被政府以偷换概念的形式所扼制。一边说着四民平等，另一边却又另立华族。1869 年（明治 2 年），在各地版籍奉还之后，原有的京都贵族“公卿”与武家特权阶级“大名”之类的称谓被废除，统称“华族”。而在 1871 年（明治 4 年），日本在取消旧有身份制度的前提下，将国民分为“皇族、华族、士族、平民”四个阶层。华族由此成为仅次于皇族的贵族阶层，仍然在政治、经济等方面享有很多的特权。1884 年（明治 17 年），日本又颁布了“华族令”，将华族分为“公侯伯子男”五种爵位。可以说，日本政府的做法并未从本质上触及特权阶级的根本利益，而仅仅是在语言层面上将其概念稍作调整。人见一太郎也在文中写道：“吾人特别悲哀之处，在于第一之维新所打破之阶级再度复活，四民均一、四民平等之精神消灭殆尽一事也。华族会馆之设立，乃阶级观念萌生之所。华族学校即学习院之设立，乃阶级观念略有发达……华族令之颁布，只能令吾人惊叹不已……公侯伯子男之名目，曾见于孟子之古本，今却见之于新日本。维新之大精神平等主义，曾废公卿诸侯之名称……十五年后，死者再蒙他人之衣裳，于坟墓中现身。此华族令，并非为旧来华族所设，而是为设立新华族所设。”① 人见一太郎认为，这意味着死灰复燃的贵族主义已经在很大程度上取代了明治维新当初的平等主义，维新之大精神遭受到了巨大的挫折，这一点令他感到痛心不已。

文中还指出，维新的大潮流本应在于破除贵族式的尊大之风，振兴平

① 柳田泉『明治文学全集 36 民友社文学集』、筑摩書房、1984 年 2 月、180—181 頁。

民的简易之风，一改贵族的骄奢之弊，转变为平民的质朴之风。维新的精神在于打破官尊民卑的弊端，舍弃贵族之风，归于平民之风，因此维新的精神存在于平民精神之中，而平等主义也是维新的一大精神。“如详言之，废人为之阶级，四民平等，乃维新之大精神也。破除自尊外卑之陋习，取四海兄弟之平等主义，乃维新之大精神也。”① 在德川时代，世上几乎不存在平等，社会组织结构如同塔状，一阶上有一室，一室之上又有一室。如果推开窗户俯仰天地之间，会发现天本为平等待人，地本为平等载人，日月之光亦平等照耀于人。但塔内却阶级分明，毫无平等。封建社会的人民不知平等，不知世界，如井底之蛙一般妄自尊大，而明治维新则使日本人民始知世界之广大，人类之平等。②

从这段论述中可以看出，人见一太郎认为，明治维新的精神在于打破旧有的贵族式弊病，并且废除人为制定的阶级，转而实行平民式的平等精神。在封建社会时代，日本民众既不知世界之大，也不知人类应当生而平等，以明治维新为契机，日本民众见识到了世界之广大，也认识到了人人生而平等的道理。推动这种观念的进一步发展，本是维新的目标与动力，但事实却与人们的期待大相径庭。实际上，维新之后不久，日本政府就陷入了保守后退、因循守旧的境地之中。无论是“华族特权”与“四民平等”的矛盾，还是之后元老藩阀的斗争，再至后来自由民权运动中民权运动家偏向国权的举动，再加上为了修改不平等条约而实行的浮华的“鹿鸣馆外交”，都与维新之初那种平等平民的精神背道而驰。

针对 1875 年（明治 8 年）设立的元老院，人见一太郎更是进行了毫不留情的批判。他指出，将专制政体转变为立宪政体，本应立宪政体诏书一出即如大势奔走驷马难追，是令国民奔走相告的大好消息。然而政府的处理却远远落后于诏书、落后于舆论，至于转变为立宪政体的具体做法，更

---

① 柳田泉『明治文学全集 36　民友社文学集』、筑摩書房、1984 年 2 月、160 頁。

② 同上书，第 160—161 页。

是迟缓不已。不仅如此，甚至还将诏书中提到的立法之源定为元老院，“如官吏之隐居所，老朽分子之养老院，成为国家最应悲哀之处。对如此肿瘤之物却恐惧外科治疗，无大决心、无大决断，是而尽失天下之希望，以致形势岌岌危在旦夕”①。人见一太郎将元老院比喻为“肿瘤之物”，是老朽分子的养老之地，足见其对元老院制度的建立有着强烈的不满之情。元老们把持政权，进行藩阀斗争，从而令国家形势岌岌可危并最终导致了西南战争的爆发。也因此，人见一太郎在明治维新的分期中，将第二与第三期视为愈发后退、背离改革的阶段。

在《第二之维新》的最后，人见一太郎发出了如下的感叹，认为第一之维新已如梦幻般逝去，天地万物悲其早逝，哀悼不已。但今日乃是志士仁人崛起，完成第二次维新之际。第一之维新，是以铁血硝烟、公议舆论促成的。而第二之维新则应以选举权、财富、言论、公议舆论等促其大成。革新的大精神虽相同，至于手段，却因时势有所不同。第二之维新并非平地起波澜，而是回归第一之维新，令第一之维新复活过来。第二之维新的目的是为了实行第一之维新时制定的国策，沿着当初制定的轨道前行。第二之维新并非仅靠几位志士就能实现，而是要依靠全体国民才能够成功。“一国之兴亡盛衰，匹夫有责。国民应主动承担，各司其职。而尽快召开国是大会议，广求公议舆论，以公议舆论之所在制定国是，不仅是当下政府之第一要务，亦为国家之第一要务、吾等国民之第一要务。维新中兴之大业是进是退，在于国是之制定。国是既定，就可定国家前进之道路，道路既定，又岂可朝三暮四，令国民迷惑？……第一之维新已死，但国家改革岂可死去？国民进步岂可死去？所以第二之维新当生于今日。”②

在文章结尾这段以号召兴起第二之维新为目的的论述中，我们可以解

---

① 柳田泉『明治文学全集 36　民友社文学集』、筑摩書房、1984 年 2 月、173—174 頁。

② 同上书，第 183 页。

读出如下的信息。首先，人见一太郎再一次阐述了公议舆论在第一之维新中发挥的巨大作用，并且认为公议舆论在第二之维新中同样应当发挥“促其大成”的重要作用。其次，在性质上而言，第二之维新并非要再次掀起一场革命，而是要以“复活”第一之维新精神为目的，回归到维新当初的道路上来。由此我们可以看出，虽然人见一太郎将明治初期之后的阶段视为“后退的、修缮的、翻译的、模仿的”，但他在此处号召的所谓“第二之维新”，也只不过是一种改良性质的运动，并不触及现有统治结构的根本之处。这实质上也是由平民主义本身所具有的改良主义性质决定的。此外，人见一太郎在结尾处数次提到“全体国民、匹夫有责”等内容，并呼吁国民主动参与到第二之维新的大业中来，且“国民进步”亦是不可停歇的。这种重视民众力量、将广大民众视为国家进步重要参与者的论述，也正是平民主义一贯主张的具体体现。

通过分析《第二之维新》一文，我们可以看出人见一太郎的维新观具有重视公议舆论、倡导言论自由，反对贵族主义与藩阀政治、呼吁平等精神，以及重视民众力量等特点。人见一太郎作为德富苏峰的挚友兼秘书，可以说是平民主义最早的追随者与倡导者之一。将他的维新观与竹越三叉的历史观加以对照，在一定程度上丰富了平民主义历史观的内容。

五 “文章即事业”——民友社与明治文学

《国民之友》创刊号上，曾经刊登过对自身定位的描述，那就是“《国民之友》主要评论我邦政治、社会、经济及文学上之现象，并涉及泰西诸国之现象”。而在《国民之友》的封面上，也印刷有“政治、社会、经济及文学之评论”这一刊物定位。在《国民之友》创刊之前，日本的出版业虽已取得很大的发展，但就当时的出版现状而言，杂志方面多为偏向某一主题，或以政治为主，或以经济为主。而《国民之友》在创刊之初，就以综合性杂志为目标，因此其内容不仅涉及政治、经济等有关国家发展方针的大事，而且也将与民众生活息息相关的社会、文学等内容涵盖了进来。《国民之友》作为民友社最初也是最主要的出版物，同时也是平民主义的主要宣传阵地，这一杂志定位无疑体现了其对普通民众生活的关注。具体到文学评论方面，民友社出版的《国民丛书》的第5册（1894年）以《文学断片》为名，收录了《国民之友》第6号（1887年）到第143号（1892年），以及《国民新闻》第72号（1890年）到第1162号（1894年）上刊登的有关文学的评论。

在明治时代中期，《国民之友》等民友社出版物不仅介绍了许多知名的国外作家，翻译出版了大量外国文学作品，民友社同人中亦不乏明治时期著名的文学家，有许多近代日本文学史上的知名作品，最早均刊登于《国民之友》等民友社出版物上。可以说，民友社对于明治文学的发展起到了无可替代的推动作用。但长期以来，对民友社与明治文学之间的关系进行研究的成果却并不十分丰富，这其中的原因是多方面的。本书将就此问题进行探究，以期明确民友社与明治文学之间的关系，从而对民友社在明治文学史上的地位与起到的作用加以考查。这不仅能够加深我们对于平民主义文学观的认识，也能帮助我们更加全面地理解明治文学史的发展轨迹。

（一）“文学功用说”与“文学自律说”——人生相涉论争

早在《国民之友》创刊当年的1887年（明治20年）7月，德富苏峰就在《国民之友》第6号上发表了名为《评近来流行之政治小说》的一篇文章，对当时日本文坛流行的政治小说进行了评论。德富苏峰在文章开篇提到，近来文学界小说的流行令人惊讶，而更令人惊讶的是，以娱乐为目的的小说的流行。他认为之所以以娱乐为目的的小说会盛行，其过失就在于小说的创作者。德富苏峰认为，社会如同流动体一般在不断变动，因此想要创作明治小说，就不能仅仅描写社会的表面情况，而是要深刻地对社会变动的模样也加以刻画。文中写道："古人曰'画咸阳宫殿易，画楚人一炬难。画舳舻[①]千里易，画八月潮势难'。……可知于明治社会，为小说家者，绝非轻松等闲之事业。且小说为社会之镜。小说中之事即为镜中之花、水中之月。[②] 小说之不调不合，乃是因为社会之不调不合所致。若因小说不够有趣娱人，便怪罪作者，就如同因花朵不够美艳而怪罪镜子，月光不够清明而怪罪水面一般。岂非有失公平？"[③] 由此我们可以看出，在德富苏峰的观点中，政治小说的目的在于原本、深刻地反映社会现实与社会变动，而并非只在于肤浅地描写表象娱乐大众。正是由于身为创作者的小说家对此的认识有所欠缺，才造成了当下以娱乐为目的的小说的盛行。这对于文学创作者而言，无疑是一种过失。文中还指出，政治小说的关键，在于看穿政治的内幕。不在于描画政治的舞台，而在于刻画政治的幕后。小说家关注的焦点，不应在议事堂上，而应在准备室中。不应在准备室的对话之中，而应在进行对话的主客心中。因此小说家应如同上帝一般，无所不见、无所不闻、无所不知、无所不在。[④] 这种全知全能、洞悉一切的形象，才是德富苏峰心目中小说家应有的姿态。

而在 1889 年（明治 22 年）1 月《国民之友》第 39 号上刊登的《文学者的目的是否在于取悦他人》一文中，德富苏峰指出："文学者之客观目的在于取悦他人，这是无妨的。但是关于其主观之目的——本身作为文学者所具有的道义责任——并不在于满足这一目的（指取悦他人）。彼等不可忘记，自身是预言家、说教家、教师。彼等之主观目的，不在于取悦他人。立于人世之间，要作为真理、善德、美妙等一贯高尚、博大、真挚观念之

---

① 舳舻：指船头与船尾，泛指船只。

② 此处的镜中花水中月，指的是小说反映社会现实之意，而并非虚幻之意，

③ 山田博光、平林一『民友社思想文学叢書第 6 卷　民友社文学集 2』、三一書房、1984 年 10 月、3 頁。

④ 同上书，第 6 页。

观察者、说明者。……要使人类人情中涌现出、迸发出、溢满出此等观念，这才算尽到了观察者、说明者的职责。”① 由此可以看出，在德富苏峰看来，文学家的主观目的不在于仅仅将文学作为一种具有娱乐性的作品送到读者面前，娱乐性仅仅是其在达成主观目的之后的附加作用。而文学家的主观目的，是要作为观察者和说明者，将真善美等高尚的品格贯彻到读者的心中，使读者也能将这种至善至美的价值观，作为自身的意愿与追求。只有这样，才算是尽到了作为文学家的责任。文学作品要具备能够提高人格修养的作用，才算是达到了其创作的目的。这与《评近来流行之政治小说》中的观点，可以说是一脉相承的。

从德富苏峰这两篇有关政治小说和文学家目的的评论文章中，我们可以明显地看出，在德富苏峰的文学观中，文学作品本身的目的在于真实地反映社会，而并非娱乐大众。而身为文学创作者的文学家，则更是要居于全知全能的观察者的地位，将至善至美的价值观传递到读者的心中，才算是发挥了自身的作用。这种认为文学应当发挥功用的“文学功用说”，可以说是平民主义文学观的一大特点。日后，正是“文学功用说”与“文学自律说”之间的论争，引发了明治文学史上著名的“人生相涉论争”。

这场有关文学目的的论争主要在民友社重要同人山路爱山②与《文学界》杂志创办人之一的北村透谷③之间展开。本书主要以这场论争期间山路爱山发表的四篇文章为基础，对其文学观加以考查。其中，发表于1893年（明治26年）1月至6月的《论赖襄》、《明治文学史》以及《关于凡神的唯心的倾向》三篇文章被认为是正面回应北村透谷的作品，而在这期间，山路爱山还曾发表过《纯文学》一文，为了尽可能全面地对山路爱山

---

① 德富猪一郎『国民叢書第5冊 文学断片』、民友社、1894年（明27）、84—85頁。

② 山路爱山：1864（文久4年）—1917年（大正6年），日本史论家、评论家，民友社重要同人。

③ 北村透谷：1868（明治元年）—1894年（明治26年），日本浪漫主义诗人。

的文学观进行探究，本书亦将其纳入考查范围。

山路爱山，1864 年（文久 4 年）出生于江户（今东京）的幕府天文官员之家，幼名左卫门，后称弥吉。曾任静冈英语学校的教师，并担任《女学杂志》的供稿人，创办《护教》杂志。于 1891 年（明治 24 年）与北村透谷相识，两人有着不错的私交。1892 年（明治 25 年）正式成为国民新闻社的记者。

1893 年（明治 26 年）1 月出版的《国民之友》178 号上刊登了山路爱山的《论赖襄》一文，这篇文章可以被视为正式引发“人生相涉论争”的开端。《论赖襄》开篇第一句话就明白指出：“文章即事业。”① 山路爱山接下来在文中论述说，文士挥笔就如同英雄挥剑，纵有千万弹丸剑芒，但如果不能对世间做出贡献，也只不过是万事皆空。而纵有数百卷辞藻华丽的美妙文章留在天地世间，如果不与人生相涉，那也不过是万事皆空。正是因为文章即事业，才应当受到人们的尊敬推崇。而他之所以会论述赖襄②，也正是为了论述这一事业。此后，山路爱山在文中详尽回顾了赖山阳的生平所为及留下的著作，并在文章的末尾指出：赖襄虽为汉学家，但他身为日本人，颂扬日本的英雄，书写日本的历史。正是因为他的贡献，使得日本人得知了祖国的历史、得知了日本国为何物，他并没有用单纯的理论，而是用如诗歌般的文字教诲了人民。日后天下人心俄然觉醒，四海之内传遍尊皇攘夷的呼声，都是受到了他的影响。而这正是赖襄的事业。③ 从这篇文章里，我们能够看出，在山路爱山的文学论中有一个很明显的特点，那就是他将史论也视为文学的一种。日后，山路爱山本人最知名的正是他身为史学家的成就。对于具有深厚汉学功底及史学功底的山路爱山而言，他

---

① 大久保利謙『明治文学全集 35　山路愛山集』、筑摩書房、1984 年 2 月、296 頁。

② 赖襄：即赖山阳。

③ 大久保利謙『明治文学全集 35　山路愛山集』、筑摩書房、1984 年 2 月、304 頁。

的文学观天然地受到文章经纶学的影响。在他看来，文章即为事业，是抒发救世济民的理想抱负的载体，而文章的目的就在于直抒胸臆唤醒人民的奋起精神。如果不涉及人生，不发挥作用，则“万事皆空”。山路爱山对于赖山阳的高度评价，正是由于赖山阳通过自己的文章达到了以上目的，做到了以文章为事业。

而在同年 2 月，北村透谷在《文学界》上发表了《何谓人生相涉》一文，对山路爱山在《论赖襄》等作品表达中的观点进行了反驳与批判，并提出了“纯文学”的概念。在北村透谷看来，山路爱山的论述是以史论来侵袭纯文学的领地，并且认为真正的文学应当涉及人类的灵魂，而并非只具有功利主义的价值。文学应当是神圣的精神领域的存在，而事业则是世俗中的事物。

而为了进一步回应“人生相涉论争”，山路爱山于 1893 年（明治 26 年）3 月 1 日至 6 月 11 日，在《国民新闻》上连载了《明治文学史》一文，进一步阐述了自身“文学为思想表皮”的文学观。山路爱山在《明治文学史》开篇指出，明治思想界如同“飞流直下三千尺，疑是银河落九天”一般，处于剧烈变动的时期。文学是思想的表皮，可以洞察思想的变迁。封建时代束缚人们思想自由的和汉学问已经逝去，维新之后向世界求知的精神蓬勃发展。天下人心如饥似渴地追求新思想新知识，公议舆论成为政治的标准，并且向世界第一的民政国家美国学习，这种思想世界的冒险实在令人瞠目结舌。[①] 从这段内容我们可以看出，山路爱山仍然将文学视为思想的载体，并且将文学的变迁视为思想变迁的表现形式。坚持了其一贯的“文章即事业”的观点。

此后，山路爱山又将明治思想史划分为三个阶段，第一阶段是“极为大胆、极为恣意、极为活泼”的明治初年，启蒙思想家以天赋人权为依据，

---

① 岡利郎『民友社思想文学叢書第 2 巻　山路愛山集 1』、三一書房、1983 年 11 月、86 頁。

提出人人生而平等以及人民参政的权利，明六社也提出废刀论、废帝论、男女同权论等日本历史上从未有过的新奇论点。第二阶段则为虽然疲惫但并未中止缓慢前进的中世纪，田口卯吉于经济上主张自由贸易，而马场辰猪于政治上倡导自由民权，他们以此来激励民心，对抗退步的潮流。而明治思想史的第三阶段，则是努力发现表达感情的文体的阶段，所谓“言文一致体”、“翻译体”、“折中派”、“元禄风”等，都是修辞上的题目，至今仍未能达成一致。但将修辞问题视为文学全体，是不了解文学的做法。因为修辞只不过是文学的形式而已。①

此文名为《明治文学史》，但山路爱山在文中却对明治思想史的发展阶段进行了划分，足见在他的心中，文学即等同于思想、等同于历史。文学的问题实质上就是思想的问题、历史的问题。所谓文体、修辞，都只不过是文学的表现形式，而并非文学的实质。另外，虽然具体时间区划有所不同，但是将维新以来日本思想界发展历程进行三段式划分的分析方法，不禁令我们想到人见一太郎在《第二之维新》中对明治发展史的阶段划分，这种节奏感十足的明快的分段论述方法，可以说也是民友社同人的普遍特点。

在《明治文学史》第二回“吾人所谓文学者之释义”中，山路爱山指出：“吾人深信不疑，文章即是事业。……吾人之所以将文章称之为事业，是由于文章乃是思想活动之故。而思想活动会对世间有所影响之故。若对世间丝毫没有影响，换言之，若不能使此世更加善德、更加幸福，从而毫无功绩的话，则其（文学者）既非诗人亦非文人。”② 从这段论述中可以看出，与德富苏峰的想法类似，山路爱山也认为文学的功效在于对世间有所影响，而且应当具备使世间变得更为美好的作用。能够做到这一点的文学

① 岡利郎『民友社思想文学叢書第2巻　山路愛山集1』、三一書房、1983年11月、86—88頁。

② 同上书，第88页。

家才算是有所作为的文学家。在山路爱山看来，文学是思想的表达，因此思想才是更深层的、需要通过文学表达出来的内在含义，因而具有更为崇高的意义。广义上的硬文学应当以思想所产生的影响作为出发点与目的所在，从而对社会的改良起到一定的作用。

针对《明治文学史》，北村透谷也于同年 4 月 8 日至 5 月 20 日，在女学杂志社出版的《评论》第 1 号至第 4 号上发表了《明治文学管见》（《日本文学史骨》）一文，展开论述了自己的观点。北村透谷在文中认为，快乐和实用是文学的双翼、双轮，如果失去了这两者，就如同鸟不能飞、车不能行一般。但快乐与实用并非文学的本体，而是美的目的，美的结果，美的功用。美的本体并非快乐与实用。此后，北村以唯心主义的观点，对精神自由给予了极高的评价。[①] 北村透谷有关“快乐、实用”的论述，无疑是对功利主义文学观的反驳。与山路爱山认为修辞之美是外在表现的观点相反，在北村透谷看来，正是对美的追求带来了快乐与实用等功用。由此，我们也可以看出二人本质上的思想差异之所在。

对此，山路爱山又在同年 4 月的《国民新闻》上刊登了《关于凡神的唯心的倾向》一文，对北村的唯心主义倾向进行了反驳。山路爱山指出，正如饥渴之人会渴望饮水及食物一般，哲学倾向必定会紧跟历史倾向。对于近来人心的哲学倾向，他并不以为奇怪。但若因为饥渴已久，就不分好坏善恶地对拿到手的东西加以吞噬，就会有不消化不健康的思想蔓延之忧虑。[②] 这显然是对北村透谷的唯心主义精神倾向的回应。

而在同年 5 月 3 日的《国民新闻》上，山路爱山又发表了《纯文学》一文，针对北村透谷提出的所谓“纯文学”的概念，阐述了自身对于所谓“纯文学”的理解。文中写道：“请问何为纯文学？是诗歌？是戏曲？古

---

① 北村透谷『透谷全集』、博文館、1902 年（明 35）、173 頁。

② 岡利郎『民友社思想文学叢書第 2 巻　山路愛山集 1』、三一書房、1983 年 11 月、119 頁。

人作诗、作戏曲皆有所为之处，并非漫然下笔。或述自己之感怀，或叙自然之景象，或记时事。或娱乐他人，或为惩戒，请问世间所谓纯文学指其中何者乎？若只有娱乐他人属于纯文学之领域，吾人不怪烧笔砸砚。若只为教育世间，亦为教导何事？道德乎？宗教乎？哲学乎？历史乎？传记乎？……为何要用纯文学之名？纯文学乎？纯文学乎？吾人实难知其意义。因有思考之人故而有思考，因有思考故而有言语，因有言语故而有文章，文章即为彰显人之文字也。夫语言未见纯语言之说，可知文学亦无纯文学。"①

在山路爱山看来，所谓“纯文学”只不过是一种被人为建构出来的概念，文学就是文学，都是为了表达所思所想而撰写的，正如同语言并没有所谓“纯语言”一样，文学也根本不存在所谓的“纯文学”。山路爱山接下来写道：“文之所以为文，正在于正直彰显思想。人落笔即为至文，此外岂有更纯之文学乎?”也表达了他对于“纯文学”概念的不赞同。

在同年5月31日，北村透谷在《文学界》第5号上发表了《内部生命论》，这部作品也可以被视为其思想的集大成之作。在这部作品中，北村对于作为“根本生命、内部生命”的人类精神的重要性进行了论述。在北村的论述中，“宇宙的精神”就是“神灵”，而“人类的精神”则是“内部的生命”。这两者之间的感应能够成为人类内部生命的再造者，也能成为人类内部经验与自觉的再造者。② 通过这篇文章，我们可以看出，在北村透谷的观点中，这场论争实际上已经超越了文学本身的定义，而是上升到了哲学与美学的高度。人类的精神（内部世界）通过对宇宙的精神（神灵）的感应，而重塑了人类的精神世界。这一抽象的论述已经涉及了哲学的基本问题。北村透谷作为浪漫主义文学的代表人物，会将

① 岡利郎『民友社思想文学叢書第2巻　山路愛山集1』、三一書房、1983年11月、121頁。

② 北村透谷『透谷全集』、博文館、1902年（明35）、70—71頁。

唯心的、唯美的精神感应论作为这场论争的归结之处，应该说是有着充分的理由的。

长期以来，以山路爱山为代表的民友社同人的“文学功用说”，被以北村透谷为代表的“文学自律说”支持者视为“功利卑俗”，因而在日本近代文学史上没有受到过多的重视。但如果我们重新审视两者之间这场论争的始末，就会发现，“文学功用说”与“文学自律说”之间的矛盾固然是这场论争中的重要内容，但这场论争的实质却绝非用“功用”与“自律”就能够一言以蔽之的。这场论争实际上涉及多个方面以及多个层次的问题，其内涵是极其丰富多元的。

首先，就两者关于“文学”的定义来分析。在以山路爱山为代表的民友社同人看来，文学即是文章之学，文字之学，无论是诗歌、戏曲、小说、政论、历史、哲学、宗教，只要是由文字写成的，都涵盖在文学的范围之内。可以说他们眼中的文学指的是广义的文学，因而当然也包含其政治性以及经世意义在内。这种文学观基于中国传统汉学及儒学观念，并且直接受到了赖山阳等江户时代儒学家的影响。正是由于民友社同人对于文学的认识以这一观念为基础，因此在他们看来，文章即是事业，文学则是思想的表皮。文学家的目的在于洞察社会而不在于娱乐世人，文学作品的意义在于提高民众修养，传递正确的价值观。对于民友社同人来说，这样的主张实际上是基于传统文章学的理论得出的。明治时代中期，可以说恰逢日本近代文学概念的形成期，我们可以认为民友社同人的文学观，实质上是传统文学价值观的延伸。而在当时，大量西方文学作品及理论迅速涌入日本，对于以北村透谷为代表的浪漫主义文学家而言，他们所追求的重视精神性以及文学本身价值的“纯文学”概念，与传统文章学的概念产生碰撞，并引发这场影响深远的论争，其实是有着深层的原因和一定必然性的。因此，与其说这场论争是关于文学是否应当相涉人生的论争，不如说，这是一场关于传统与新兴文学观念、文学范畴的论争。

其次，这场论争实际上已经涉及哲学与美学的取向问题。山路爱山认为，所谓美术的文学，即修辞之美只不过是为了表达思想的外在表现形式。如果不为相涉人生警醒世人，则纵使辞藻华美，也是毫无意义的。而在北村透谷看来，恰恰是对于美的追求，让文学具有了快乐与实用的功用。究竟是为了表达功用才去借助美的手段，还是在追求美的过程中产生了功用？关于美究竟是手段还是目的这一问题，山路爱山和北村透谷有着截然相反的观点。近代文学概念确立以来，北村透谷重视精神之美的浪漫主义文学论得到了较高的评价，但如果我们回溯到这一论争发生的明治时代中期，并且不简单地以结果而是以过程来看待这个问题，就会发现，这场论争在促使民众思考美的意义与价值方面，具有极其深远的影响。同时，北村透谷认为文学是精神领域的神圣存在的观点，也是唯心主义哲学观的一种体现。文学与事业之间，实际上是神圣与世俗之间的所属之争。但在民友社同人的观点中，文章与事业却是互为表里不可分割的一个整体。

此外，这场论争还促成了日本近代文学史上“硬文学”与“软文学”概念的诞生。“硬文学”与“软文学”的概念划分，最早见于民友社出版的《国民新闻》上。而这一组对应的概念引起世人的关注，则始于1892年（明治25年）10月，竹越三叉在《国民新闻》上发表的《文话数则，今后的软文学》一文。在这篇文章中，竹越三叉认为：曾经飞扬跋扈的软文学家（小说家之类的文学者）正悄悄隐退，而许久不得势的硬文学家（史论之类的文学者）渐渐踊跃而出。如今的软文学意匠有余却无意义、无目的，而今后的软文学会同硬文学融合。小说、戏曲、诗歌等也会有目的地议论宇宙、人生、社会等。[①] 之后的民友社同人以此为基础，认为小说、戏曲、诗歌等属于“软文学”，而史论（历史、人物评论、论文、评论文章）等属于“硬文学”。自“硬文学”与“软文学”的概念诞生以来，关于这一

① 西田毅、和田守、山田博光、北野昭彦『民友社とその時代 思想・文学・ジャーナリズム集団の軌跡』、ミネルヴァ書房、2003年12月、278頁。

划分方式是否恰当的争论就一直不曾停歇。如北村透谷就认为所谓“软硬”是政治界的区分方式，因而不应将这种世俗的名称带入神圣的文学界中。而北村透谷提出的“纯文学”概念，也是在与“硬文学”、“软文学”的争论过程中产生的。

值得一提的是，虽然是这一概念的提出者，但民友社并非仅仅站在“硬文学”的立场上表达观点。实际上《国民之友》与《国民新闻》刊登了大量反对区分“硬文学”与“软文学”的文章，并且对围绕“纯文学”概念展开论争的正反两方的意见都予以了刊登。可以说民友社并不仅仅站在当时文学论争的某一方，而是对双方的观点都予以了较为客观中立的报道。尽管当初竹越三叉有关“硬文学”将统一“软文学”的预言并未实现，并且对这一组概念是否合理的争论一直存在，但不可否认的是，时至今日，有关“硬文学”与“软文学”的概念仍被广泛使用。另一方面，正是由于这场有关文学定义以及“人生相涉”的论争，促成了人们对于文学本身意义的思考以及日本近代文学概念的形成。这一概念不仅对近现代的日本文学有着深远的影响，而且对于同样具有汉学及儒学传统以及近代以来受到日本文学影响的亚洲文学而言，也具有一定的意义。

（二）民友社出版物与明治文学

除了上述思想史及文学史上的意义，在明治时代中期，民友社有关文学作品的出版物也对明治文学的发展起到了很大的推动作用。本书中不对文学作品本身的意义做过多赘述，仅就民友社的出版轨迹加以梳理。

1888 年（明治 21 年）7 月及 8 月出版的《国民之友》第 25 号及第 27 号上，连载了二叶亭四迷翻译的屠格涅夫代表作《猎人笔记》中的一篇文章。这是日本近代介绍俄罗斯文学的先驱之作。1889 年（明治 22 年）1 月出版的《国民之友》第 37 号附录中，刊登了森田思轩翻译的维克多·雨果的作品，以及山田美妙的《蝴蝶》、坪内逍遥的《细君》等几篇作品。自

《小说神髓》与《当世书生气质》发表以来，坪内逍遥的文名可谓极高，甚至有“文坛第一人”的美誉。《细君》是坪内逍遥撰写的最后一部小说作品，被评价为决定日本近代短篇小说形式的代表作品。由于这一期的文学附录，《国民之友》第 37 号的销量达到了 20000 册之多。由此，每年出版两次文学附录也成为了《国民之友》的惯例。

1889 年（明治 22 年）8 月，《国民之友》第 58 号附录上刊登了森鸥外翻译的诗集《于母影》①，这部诗集被认为是日本浪漫主义文学的先驱作品，同时也是明治 30 年代兴起的叙情诗的源头，其体裁形式也成为日本新体诗的基础。森鸥外在收到《于母影》的稿费后，于 1889 年 10 月创办了评论杂志《栅草纸》。但是他的文学处女作也是代表作之一的《舞姬》却没有刊登在自己主办的杂志上，而是刊登在了 1890 年（明治 23 年）1 月出版的《国民之友》第 69 号的新年附录当中。这一点足见当时《国民之友》在文学方面的影响力之大。《舞姬》一文不仅使森鸥外一跃在文坛成名，而且也成为日本近代浪漫主义文学的杰作之一。而就在同期附录中，除了森鸥外的《舞姬》，还同时刊登了尾崎红叶的《拈花微笑》、须藤南翠的《新编破魔弓》、山田美妙的《醉沉香》等作品。这一期《国民之友》的销量达到了 22000 册之多。同年，刊登了幸田露伴的《一口剑》的《国民之友》第 91 号的销量甚至达到了创纪录的 30000 册之多。根据日本杂志协会公布的 2015 年出版数据，日本排名第 5 的综合月刊《中央公论》每月的平均发行量也不过在 30000 册左右。由此可见，在 1890 年（明治 23 年）就能达到 30000 册销量的《国民之友》，是何等受人瞩目。明治文学史上将尾崎红叶、幸田露伴、坪内逍遥与森鸥外共同活跃的时期称为红露逍鸥时期，而这四位文学大家均在《国民之友》上刊登了自己的代表作，也从另一个方面印证了当时《国民之友》的影响力之大。

---

① 《于母影》：中文亦翻译为《面影》或《面纱》。

作为民友社文学的后续继任者，德富芦花与国木田独步的成就也是值得一提的。虽然他们在文学上取得成就主要是在民友社第一期[①]后期或身为思想言论集团的民友社解散之后，但他们早年在民友社接受的平民主义思想熏陶，仍然对他们的日后的文学创作起到了很大的影响作用。

德富芦花作为德富苏峰的弟弟，很早就接触到了平民主义思想，并且参与到了民友社的工作当中。在民友社第一期结束之后，与转向帝国主义的哥哥德富苏峰不同，德富芦花成为明治早期社会主义文学的代表作家之一。出版于1903年（明治36年）的《黑潮》，正是具体体现了早年平民主义倾向的文学作品。这部作品的序言，同时也是德富芦花对兄长德富苏峰表达决裂的书信。信中提到，因为兄长重视国力膨胀，走上了帝国主义的道路，但自己愿意执人道主义的大义，因循自己的社会主义。在这部作品中，德富芦花通过主人公之口，对当时腐败昏聩的明治政府进行了尖锐的批判，并且对其崇洋媚外的做派大加嘲讽。这一论调正是早年的平民主义主张的具体体现。而对于文中女主人公的悲惨遭遇，德富芦花则是站在人道主义的立场上，在对其表达深切的同情之意的同时，揭露出了所谓上层社会的丑恶嘴脸。《黑潮》一经问世，不仅在当时引起了巨大的社会反响，而且也成为明治时代早期社会主义文学的代表作。

国木田独步[②]在早年就加入了民友社的青年组织青年协会，此后又加入了国民新闻社，成为《国民新闻》的记者，同时也在《国民之友》及《家庭杂志》等刊物上发表文学及评论作品。1898年（明治31年）1月至2月，《国民之友》刊登了国木田独步的《现今之武藏野》一文，这就是日后的《武藏野》。这篇充满了浪漫主义色彩的散文也成为国木田独步的代表作。但随着同年《国民之友》的停刊，民友社大幅裁员，国木田独步也只得另寻生计来源。此后，国木田独步在担任新闻记者的同时，不断创作文

① 以1898年《国民之友》停刊作为民友社第一期的结束。

② 国木田独步：1871（明治4年）—1908年（明治41年），日本著名文学家。

学作品。1906 年（明治 39 年），国木田独步的作品集《命运》得到了很高的评价，但就在 1907 年，他却不幸感染了肺结核，并于 1908 年年仅 36 岁时病逝。在国木田独步去世之后，他的文学作品愈发受到重视，而且他也被视为日本近代自然主义文学的先驱者。日后，夏目漱石和芥川龙之介都对国木田独步的作品有着很高的评价。

在以上总结的作家作品之外，民友社还于 1893 年（明治 26 年）至 1903 年（明治 36 年）之间，出版了《十二文豪》系列丛书，介绍了日本国内外十二位有名的文学大家。其中日本文学家包括荻生徂徕、近松门左卫门、新井白石、赖山阳、龙泽马琴 5 位，国外文学家则包括英国文学家托马斯·卡莱尔、英国历史学家托马斯·麦考利、英国诗人威廉·华兹华斯、德国哲学家歌德、美国思想家爱默生、法国文学家雨果、俄国文学家托尔斯泰 7 位。从十二文豪的选择上我们能够看出，这其中涵盖了日本国内外文、史、哲等各个领域的大家。这一选择依据与民友社的广义文学观也是相呼应的。

本章小结

在通过《将来之日本》树立起平民主义旗帜之后，德富苏峰携家人与大江社成员一同上京，建立了平民主义结社“民友社”。并相继创刊了《国民之友》杂志、《国民新闻》报以及《家庭杂志》，以多样的形式和新奇的论点吸引了大量民众特别是青年的关注，从而在社会生活的各个方面扩大着平民主义的影响。民友社在作为新闻社的同时，也作为出版社，翻译出版了大量书籍。其中既包括政论、史书、传记，也包括为数众多的文学作品。而《国民之友》定期刊登的文学附录，更是受到了广大读者的追捧。这对明治时期日本文学的发展起到了一定的推动作用。

同一时期，在人员构成方面，民友社逐渐改变了早期的以原大江义塾成员为主的状态，不断扩大着社员与社友的范围。广泛吸纳认同平民主义理念的言论人与知识分子，进而构筑起自身的运作团队，使民友社成为明治中期极具影响力的综合性的思想、言论、文学、出版集团。同时，德富苏峰本人与民友社同人也在对平民主义的内容进行着扩展，使其内涵变得更为丰富。本章通过对德富苏峰以及民友社有力同人的原著进行解读，明晰了平民主义在发展过程由世代论转为阶层论的原委、平民主义的立宪制政治构想、竹越三叉对平民主义所做的定义及平民主义史观、人见一太郎的维新观、民友社与明治文学的关系等内容，从而对平民主义的发展脉络进行了大致的勾勒。

第三章

平民主义的理论与实践

在经过了民友社时期的发展之后，平民主义在德富苏峰本人和其他民友社同人的言论活动过程中得到了丰富与充实。这使得平民主义不再是仅仅属于德富苏峰的个人思想，而是成为民友社同人们集体思想的融合。民友社同人被平民主义的理念所吸引加入到民友社中，又通过自身的言论活动，使自己的思想也成为平民主义的组成部分。由此，平民主义在早期理论框架的基础上增添与完善了多方面的内容。虽然正如《将来之日本》在绪言中所提到的那样，平民主义不是深奥的哲学思想，从而并不具备严密的逻辑体系与经得起反复推敲的论证过程，但是作为一种广泛获得民众欢迎与支持的言论思想，平民主义还是在社会生活的各个方面都提出了自身的理论主张。可以说，这些理论的出发点与目的，都在于如何尽快地使日本完成近代化，从而解决日本国家与日本国民所面临的维持民族独立、进而实现国家富强的历史课题。

与此同时，平民主义也不仅仅是一种社会舆论。接受了平民主义理想的青年们在许多方面都展开了属于自身的实践尝试。其中既有效仿《国民之友》的形式、以言论活动作为中心的大江义塾出身青年的运动；也有地方青年以平民主义作为指导思想所进行的青年运动；此外，平民主义者还在一定程度上参与了当时的妇女运动。这些实践活动都证明，平民主义在某种程度上已经成为一股社会活动的动力。而作为明治 20 年代初最受日本民众瞩目的一股思潮，平民主义一方面由于积极引入西方文明，而被视为是启蒙思想的继承者；另一方面，平民主义与国粹主义的论争，则代表了当时的日本青年知识分子在面对应当如何深化近代化建设的问题时，所做出的不同思考。

本章将对平民主义的发展观、国家观、历史观与文学观，以及贴近民众生活的各方面主张进行考察，从而对平民主义的理论特征加以更加完整地掌握，同时对平民主义的实践活动进行探讨。本章还对民友社与启蒙运动时期的明六社之间的异同、平民主义与同时代的国粹主义之间的论争和共性加以分析，以求更加全面地把握平民主义的性格特征。

第一节 平民主义的理论

一 平民主义的发展观——时势论

时势论，或者被称为“世界之大势”，或者被称为“顺应时代的精神”，这种对于时代大势的顺应，是平民主义最为显著的特色之一。对于以记者作为职业的德富苏峰与民友社同人而言，顺应时代的趋势，既是一种主观上的自觉，也是客观上的要求。平民主义能够成为风靡一时的思想言论，在很大的程度上，就是由于顺应了时代的要求。但同时，这种对于大势的趋从，也成为平民主义性格上的一个与生俱来的缺点。[①] 为了对这种时势论的发展观加以把握，其思想来源、具体表现以及其作为理想的目标，都是需要加以考察的问题。

从思想来源方面看，这种时势论的发展观起源于社会进化论思想，是

① 这一缺点也是导致平民主义最终衰退的一个重要原因。本书将在下一章中进行详述。

一种单向的、进化的发展观。在平民主义的发展观中，无论是“世界之气运”还是“宇内之大势”，都是由“进化神”在冥冥之中决定的。因此作为后发国家，如果想要追赶上西方文明的脚步，就必须要将自身的“进化线”与西方文明相贴近。平民主义认为，在19世纪，曾经以武力作为优胜劣败唯一标准的做法已经成为过去，当今社会优胜劣败的法则是根据财富的多寡。这实际上是一种仅仅考虑到经济因素，而完全忽略了政治因素的片面的观点。从根本上来看，是无法成立的。但是由于当时斯宾塞的思想在日本大行其道，[①] 而且作为一种论述的手段和方法，这种单向的、进步的发展观所具有的单纯明快的说服力，无疑能够吸引广大民众、特别是青年们的注意力。而值得注意的是，这种认为以财富多寡作为优胜劣败法则的想法，实际上已经含有民族主义的思想征兆。如何能够通过财富的积累取得“优胜”而不被“劣败”，这不仅关乎国家的富足，而且也是以实现民族国家的强大作为深层目标的。虽然此时的民族主义作为有助于维持民族独立的思想，与后期主张对外膨胀扩张的民族思想有着不同的意义，但民族主义的思想征兆，依然从一开始就已经存在于平民主义的思想内核之中。尽管在当时的具体情况下，这种思想还潜藏在底层，可是一旦时机到来，其就会浮上表层，发挥出不同的作用。

而作为这种发展观的具体表现，世代论与社会类型过渡论都是平民主义的基本主张。关于这一点，可以从平民主义提出的一组组对立观念中，得到最为直观的印证。作为世代论的观点，从天保的老人到明治的青年的过渡，意味着社会建设主要力量的演进与变化。而在社会类型论方面，从旧日本到新日本、从武备机关到生产机关、从腕力世界到和平世界、从贵族社会到平民社会、从专制世界到自由世界、从强迫的结合到自由的结合。平民主义将前一组概念联立起来，作为“过去的世界”的特征，同时将后

---

① 实际上，在当时的欧美国家已经纷纷进入到垄断资本主义，即帝国主义的情况下，斯宾塞的思想已经被视为一种保守思想。

一组概念联立起来，作为“将来的世界”的特征，并且认为在“世界之大势”的驱使下，“过去的世界”必然要向“将来的世界”转变、进化。

那么所谓世界之大势的理想目标又是什么呢？其答案就是，作为西方文明代表的英美等国，其中又以英国作为最理想的目标。在平民主义活跃于言论界的19世纪80年代末至90年代初，英国正处于维多利亚时代的鼎盛时期，在世界各地都占有殖民地的英国被称为“日不落帝国”，是当时世界上最为繁荣与强盛的国家。平民主义会将英国作为代表世界之大势的理想目标，应该说也是理所当然的。但除此之外还有一点很重要的原因，那就是英国与日本都是位于大陆之外的岛国，而且英国当时所采取的君主立宪制的政治方式，也符合日本明治维新后的国家构想。由此，平民主义将英国作为了平民主义理想的最佳载体。几乎在所有的文章论述过程中，都会出现“英国”作为理想的对象国，不论是政治体制、经济体制，还是思想文化制度，都会言必称英国。这种对英国亦步亦趋的做法，也成为平民主义时势论的一大特点。但是这种做法从根本上忽略了英国与日本具体国情的巨大差异。首先，英国通过“自然成长性”的方式，最先自主完成了近代化的过程，已经是当时最为发达的工业国家；而当时的日本只是一个刚刚开始“目的意识性”近代化建设的农业国。其次，英国当时占有面积广大的殖民地，能够随意支配的资源与财富可谓无可比拟。尽管在当时，一些新兴国家对其产生了一定的影响，但英国仍然是世界上最为强大的国家。而当时的日本则是一个为了修改与西方列强签订的不平等条约而苦苦挣扎的、努力维持民族独立的东亚国家，这种差距，可谓是天壤之别。而最重要也是最为决定性的一点在于，当时的英国已经开始进入了垄断资本主义时期，其采取的方针政策，早已不同于以自由竞争为特征的自由资本主义时期。但是平民主义的构想，却都是以自由主义的政治经济学说作为基础的。无论是社会进化论的主张，还是源于自由主义的政治经济理论，在实质上已经远远地落后于其不遗余力加以追赶的“世界之大势”。而这种理论上的悖论，最终造成了平民主义的理想与现实之间的断裂。

可以说，这种特色鲜明的时势论发展观，在平民主义的理论构建与发展过程中发挥了决定性的作用。对“世界之大势”的趋从，在使其成为明治20年代初期风靡一时的言论思想的同时，也已经决定了其最终归宿的方向。

二 平民主义的国家观

关于平民主义的国家观，无疑是以自由主义作为基础的。其中最为明显的特点，就是在国家的权力构成方面，要求采取平等主义的原则。也就是说，要求将掌握在特权阶层手中的权力，向下分配给更多的政治主体，即广大的人民大众。平民主义要求扩大参加选举的范围，使更多的民众享受到参政议政权。这是因为在平民主义的政治制度构想中，只有保证了人民在政治上的自由与权利，国家才能从“专制”走向“民主”。由此，平民主义对将政治权力集中于藩阀政府的集权主义提出了批判，认为这种做法是对民众权利的损害，而且是“专制”政府的表现。在平民社会中，理想的政治主体是直接从事生产的平民阶层。平民阶层就是以乡村“田舍绅士”与城市“工商阶层”联合形成的“中间阶层”这一生产阶层。“中间阶层”与不直接从事生产活动的贵族、士族等特权阶层是相对立的。特权阶层只是一些寄生于政治权力的“虚业家”，而实际从事生产活动的农工商阶层，则是自足自立的“实业家”。在平民主义的构想中，随着生产社会的到来，实业家取代虚业家成为政治权力的主要承担者，可谓理所当然。

对于国家和政治的目的，以及个人与国家之间的关系，平民主义的认识则是功利主义的。平民主义要求国家与政治的目的是为了保护与增进民众生活上的利益与幸福。平民的国家，就是以满足人民的实际利益为目的的。为了达到这一目的，“富国”，也就是国家的财富积累就成为必不可少的一个条件。而为了积累财富，则必须实行自由主义的贸易政策，减少国家的干预。由此，平民主义对藩阀政府的国权主义与偏重政权的民权主义都提出了批判。因为这两者都有着进行军备扩张的倾向，这种做法会导致国家的财富积累受到影响，从而损害到人民的实际利益。

而关于国家的政治制度，平民主义要求中央实行责任内阁制，同时在地方实行地方自治。在1889年（明治22年）宪法公布与1890年（明治23年）国会开设之后，明治国家体制逐步确定了下来。在这种情况下，平民主义对政府的“超然内阁”① 和中央集权的国家体制提出了反对，提倡要实现“责任内阁制”与地方自治的政治制度。在国会开设之后，藩阀政府采取“超然主义”，否认政党内阁的成立，平民主义对这一点提出了批判，主张民党应当使用宪法规定的立法权等权力，要求成立责任内阁制。而在具体方法上，可以采取渐进的措施，首先成立“联合内阁”，然后再建立起责任内阁制。但事实上，民党却对政府采取了一味妥协的态度。民党本身的主张是“休养民力、紧缩财政”，但是对于政府提出的“增强军备、整顿行政制度、振兴产业”的预算案，民党中的部分成员却采取了妥协忍让的做法。民党的这种软弱姿态虽然招致了民友社同人的愤慨与忧虑，但此时他们仍然寄希望于民党能够改变自身的做法，打破藩阀政府的专制统治，实现真正的“人民政府”与“舆论政治”。另一方面，要求在地方实行自治制度，则与平民主义的“田舍绅士”论有着深厚的

① 超然内阁：《明治宪法》颁布后，日本最初形成的政治体制被称为“超然主义”体制。其主要有两点含义，其一，即使开设国会，仍然坚持“富国强兵”的“国是”；其二，内阁不倾向于某个政党，不和某个政党之间形成紧密的关系，强调“超然地置身于政党之外”，做到“至公至正”、“不偏不党”。自此，日本政治的核心主要围绕着两条路线之间的斗争展开。第一，是坚持“积极财政”，走“富国强兵”的扩军路线；还是“休养民力”，实施“紧缩财政”。第二，是坚持“超然主义”，拒绝“结党营私”；还是反对藩阀揽权，强调“党要参政”。与其相对立的，就是提出内阁应对议会负责的“责任内阁论”。参见冯玮《日本通史》，上海社会科学院出版社2009年版，第430—432页。

关系。因为田舍绅士并不是“为他人代言”的专业政治家，而是“与人民共同劳动”的“兼业”政治家。与那些“为他人代言”的政治家不同，田舍绅士是为了保护自家的切身利益才会参与到政权中来。同时，他们身上又带有创业精神和实业精神。这两点结合起来，使田舍绅士成为地方政治最合适也是最值得期望的参与者。而地方议会无疑是田舍绅士们在政治上初试身手的最佳地点。平民主义所期望的，是通过这种地方自治的政治实践，打破中央集权的国家体制，建立起人民自治的分权制度。由此，平民主义对于明治20年代初期确立的市町村制度的中央集权性格进行了批判，并且在要求扩大地方议会权限的同时，扩大选举权的范围。

总之，平民主义的国家观是一种以平等主义作为基础的、要求扩大权力主体的主张。国家与政治的目的在于保护人民的利益，促进人民的幸福。平民主义反对一切有碍于人民利益与幸福的做法。而在政治制度上，平民主义要求在中央实现责任内阁制，在地方实现地方自治，从而实现政治权力的分散与政治主体的扩大。有别于旧时代不事生产的特权阶层，平民社会所要求的政治主体，是能够代表平民阶层的生产的实际参与者，也就是以“田舍绅士”与“工商阶层”联合形成的“中间阶层”。可以说，平民主义的国家观，就是一种要求将权力分散到更加广泛的人民大众身上的，提倡平等、自由原则的，主张分权，反对集权与专制的民主政治的诉求。但是与此同时，平民主义从一开始就具有皇室中心主义的倾向，这一点也是毋庸置疑的。平民主义中所有关于自由、平等以及民主的政治要求，都是建立在明治维新以来确定的天皇制基础之上的。虽然民友社同人之间对于天皇应当在何种程度上掌握实际权力有着不同的看法，但无论如何，国家的政治体制都需要围绕着天皇这一中心来构筑。这一点不仅是平民主义的主张，也是当时日本社会的普遍看法。

三 平民主义的历史观与文学观

（一）平民主义的历史观

总体而言，平民主义的历史观具有重视历史事件中民众力量以及倡导平等主义、反对贵族主义两方面的特征。

在分析历史事件时，平民主义者的一大特点就是通过平民主义的视角，对历史事件进行全新的解读。平民主义历史观充分肯定了人民大众在历史发展中所起到的推动作用，就这点而言，可以说平民主义的历史观在某种程度上具有朴素的唯物主义历史观的特点。具体而言，在明治维新的根本动力问题上，平民主义认为，随着传统武家势力的衰微，平民大众的力量逐渐崛起，日本的封建社会已经处于解体的边缘。而此时西方列强的到来，只不过是促成明治维新发生的外在原因。而民政与公议舆论的萌芽，也是由于幕府后期权力主体下移，产生于日本社会内部，并非来自国外的舶来品。关于明治维新的性质，平民主义认为，其既非“复古的革命”，亦非“王政复古”。皇室地位的提高并不是明治维新的目的，而是维新带来的结果，这一论述可以说是对明治维新的目的与结果进行了辩证的认识。同时，正是由于平民主义历史观具有重视人民大众在历史中发挥的作用的特点，因此对公议舆论的力量格外重视。平民主义将公议舆论视为代表政府进步与倒退的标志，并且认为公议舆论在明治维新的过程中发挥了至关重要的作用。这固然是由于民友社同人出身言论之路，天然地具有重视舆论作用的倾向，但与此同时，公议舆论代表的也是最广大人民群众的意愿。因此对于公议舆论的重视，其根源也在于平民主义对于历史发展中民众力量的肯定。

其次，平民主义的历史观具有倡导平等主义、反对贵族主义的特征。无论是关于贵族社会终将逝去的论断，还是对贵族主义死灰复燃、建立元老院的批判，都体现了平民主义历史观对于平等主义的肯定与渴求。平民主义历史观认为，明治维新的目的就在于打破贵族主义，树立平民主义，建立起平等的平民社会。但事实上，明治政府的做法却反其道而行之。非但没有坚持维新的大意，打破人为阶级的划分，反而以“华族”之名，建立起了新的贵族阶级。在平民主义看来，这种做法不仅是对维新精神的破坏，而且无异于对历史的反动。虽然平民主义的历史观充分肯定了平等主义的价值，但我们也应清醒地认识到，平民主义历史观的这种平等主义的主张，是一种不彻底的，有很大局限性的平等。这是由于，平民主义的历史观所倡导的平等，无视近代平等观念与皇室特殊地位之间的内在矛盾，因而并非是普遍意义上的真正平等，而是一种建立在皇室中心主义范畴内的有条件的、妥协性的平等。

（二）平民主义的文学观

平民主义的文学观，是一种建立在传统汉学与儒学基础上，并受到江户时代儒学家影响的传统文章学价值观的延伸。其文学概念涵盖广义的文、史、哲等各种范畴的文学。而基于这一认识基础，平民主义文学观认为，文学是思想的外在表现，人的所思所想，只要落实为文字，就属于文学的范畴。由于人的思想必然有其目的性，所以作为思想外在表现的文学，也必然具有目的性。平民主义文学观重视文学的经世意义，因此认为文学家应当居于全知全能、洞悉一切的位置，为读者指明世间的真理，使读者能够通过文学感受到积极正面的价值观，从而达到通过文章推动社会发展的目的。这也是平民主义文学观中“文章即事业”的中心论点。

由于平民主义的这种“文学功用说”的文学观与注重文学本身价值的主流观点有所冲突，因而长期以来并没有受到重视。但这种希望通过“借文言志”的方式，达到以改良社会、提高民众思想水平这一目标的构想，以及认为文学应当对社会现实产生正面影响的主张，与平民主义重视社会改良、关注提高民众知识素养和道德品质的理念是一脉相承的。平民主义所关注的文学，不是狭义上的文学，而是广义上的涵盖范围更广的、包括史论、政论在内的文章学。从这个意义上来看，主张文学应当“涉及世间”、“涉及人生”，也便成为顺理成章的事情。

四　贴近民众生活的平民主义——教育、家庭论

（一）平民主义的教育论

对于平民主义而言，教育是其从诞生之初就开始非常重视的一个问题。标志着平民主义诞生的代表作之一的《第十九世纪日本之青年及其教育》，就是从谈青年人教育的问题意识出发，展开了对于平民主义早期理论的阐述。结合当时德富苏峰在大江义塾内进行的教育活动实践，他从自身感触最深的问题出发，开始构筑自身的理论，也是顺理成章的。而在平民主义发展的过程中，教育问题也始终是其关注的一个重要问题。在《国民之友》杂志中，经常会出现有关教育问题的论述。1892 年出版的《国民丛书》第 3 册，就以《青年及教育》为题，收录了《国民之友》从第 35 号（1888 年）到第 159 号（1892 年）期间发表的有关青年与教育的文章。在其中收录的《论学风》（《国民之友》第 75 号，1890 年）一文中，作者反复提出：“教育非小事”，教育关乎“一国风气之养成”、“一国新奇精神之振兴”，更关乎“一国之消长盛衰”。[①] 由此，平民主义对教育的重视程度可见一斑。

对于平民主义的教育论，大致可以归纳如下：平民主义将自由主义学说中的“随意结合”的原理，应用到了教育论中，提倡树立个人独立自由的精神。具体到当时的历史社会背景而言，平民主义对“专制命令型”的

① 德富猪一郎『国民叢書第 3 冊 青年と教育』、民友社、1892 年（明治 25 年）、52—59 頁。

旧式儒学教育提出了批判，认为在教育中应当培养起青年们“自由提问”的性格。平民主义的教育论对东方教育中那种高傲的、权威性的、远离实际生活的性格特征加以否定，认为教育应当向西方的那种接近实际生活的、以增加个人利益为目的的方向进行转变。重点在于，教育应当具备有助于提高个人生活质量的实用性格。同时，平民主义的教育论具有重视现实生活中具体经验的性格。也就是说，注重教育在实践过程中所积累起来的经验性的、实证的方式与手段。认为通过这种方法积累起来的知识，才是实际的、有效的知识。同时，对传统教育中那种不切实际的、因循守旧且不顾时代发展的做法加以排斥。而在排除了因循守旧的旧习之后，还要通过教育掌握“勇于怀疑”的态度。这是由于，封建社会正是通过“习惯”来维持的，人民由于缺少怀疑精神，而对一些传统习俗不加怀疑地轻易相信，这就造成了社会的停滞。如果通过教育使青年们不再轻易相信传统与权威，而且掌握了怀疑的精神，那么无疑会对知识的增加、教育的进步、精神的充实产生有利的刺激。精神的自由正是知识进步的基础。从这里可以看出，平民主义的教育论从对封建儒学不切实际的“学问方法”进行批判入手，提出只有通过经验积累起来的实证的知识才是有效的、实际的知识。然后又进一步对传统教育中因循守旧的做法进行否定，指出只有不再轻信权威的自由的怀疑精神才是知识进步的基础。其中存在着递进与逐步深化的逻辑关系。最终，平民主义的教育论落脚在自由精神与知识进步的关系上。此时的教育，已经不仅仅是知识的问题，其中更深层也是更关键的目的，在于性格、态度、方法等精神层面的改进。教育的最终目的不只在于知识的传授，更重要的，是培养出人民勇于怀疑且善于自由思考的精神。并且通过这种精神的形成，来进一步促进知识的进步。这就是平民主义一直以来所倡导的“知德一途”的、将知识教育与道德教育融为一体的理想的教育模式。而这种模式，就是以西方的知识和道德作为基础的、以实证为基础的、充满自由主义精神的教育论。

（二）平民主义的家庭论

对于平民主义家庭论的考察，主要要从对《家庭杂志》的分析入手。《家庭杂志》是为了达到“改革家庭”的目的而创刊发行的。其具体的目标，就是在以平民主义为基础的前提下，建立起不同于封建时代的、适应近代市民社会要求的新式家庭。在这种目标的指引下，《家庭杂志》所面对的主要读者层，正是以乡村“田舍绅士”和城市“工商阶层”为主的平民主义的主要受众——“中间阶层”。

要想达到改革家庭的目的，首要任务就是培养出适应新时代要求的独立自由的个人。因此《家庭杂志》在创刊号中就指出了家庭教育的重要性。主张在家庭教育中要摒弃传统的教育方式，采取近代的、以自由主义与个人主义为基础的新式教育理念。在第 2 号中，则指出在生产与消费相分离的社会中，家庭不应当只成为单纯的消费者，而要在家庭当中从事手工生产，从而使家庭的经济基础变得更为牢固。[①] 这既体现了平民主义重视生产的特点，又进一步说明了其反对脱离生产的贵族化、士族化的纯消费主义的主张。在当时，随着近代化进程的不断发展，日本的家庭也经历着从传统的家父长制度的“家族制”向着以个人为主体的“近代家庭制”的过渡。在这种情况下，“不存在异质分子”的家庭，就成为新式家庭的理想状态。也就是说，这是一种主张尽量实行小家庭制，而非传统的大家族制的观点。在传统的大家族制中，新组成的小家庭会被旧有的大家族所吞并，从而失去其独立的个性。而理想的新家庭制，则是通过婚姻组建

① 坂本武人『民友社と家庭雑誌』、キリスト教社会問題研究（11）1967 年 3 月。

属于夫妇之间的小家庭。这样一来，女性就不再是成为某个家族的“儿媳”，而是成为丈夫的“妻子”。这是一种体现了个人主义与个人价值的新式婚姻理念。

此外，平民主义还主张废除为了维持传统的家族制度而采取的“养子制”。刊登在《家庭杂志》第 8 号（1893 年 4 月）上，由国木田独步执笔的《养子》一文，充分体现了其对于养子制的反对：“（我）深信，一看到养子这个标题，就皱眉胸闷之人，一定不在少数。……关于养子一事引起之家庭风波激烈深刻。……如何才能避免此种大不幸？封建社会重视的乃是家族，而非个人。个人就如同是家族的附属物。小家庭的一切都要奉献给大家族，娶妻也是为了家族。……养子制度就是‘家族’主义之极致，即继承家族名号是养子制度之第一目的，弊害之根源就在于此。……养子制度根本无法与个人之幸福利益相一致。故余直言不讳，应断然废除养子制度。养子是为了‘家族’。因为过去的陋习而牺牲人类之幸福，简直毫无道理、愚蠢之极。若只有女儿没有儿子，不如将财产平分给女儿，女儿嫁入夫家，也是为女儿增加幸福。”① 从上述这段论述可以看出，对于养子制的批判，实际上也是对于封建的旧式家族制的批判。正是由于封建家族制将个人视为家族的附属物，因此当家族后继无人之时，就一定要引入养子继承家族。这一点不仅使得作为养子的人得不到幸福，而且会使收养养子的家庭也陷入矛盾之中。这种有悖人性的封建制度完全是一种陋习，因此应当加以废除。这是一种对于人性的尊重，对于个人幸福的肯定。而文中提倡没有男性继承人的家庭将财产平分为女儿的主张，也体现了对于女性地位的尊重。这些都体现了平民主义家庭论中以个人为本位的思考原则。

① 《家庭杂志》第 8 号，坂本武人『民友社と家庭雑誌』、キリスト教社会問題研究（11）1967 年 3 月による。

◇◇第二节　平民主义的实践

自1887年2月《国民之友》杂志开始发行之后，平民主义也随着《国民之友》的普及逐渐传遍了日本全国。①《国民之友》不仅对政治、经济等国家大事加以关注，而且对于与普通民众生活息息相关的教育、家庭以及文学等方面的问题都有所关注，并且在各方面都发挥了一定的影响力，从而成为日本近代以来综合杂志的开山之作。同时，以《国民之友》作为宣传平台，平民主义以其格外重视青年作用的特点受到了日本广大知识青年的欢迎。这其中既包括身在首都东京的青年，更包括为数众多的地方青年。当时的日本仍是一个以农业为主的国家，比起能够在东京等大城市取得发展的青年，更多的青年还是要在求学之后回到家乡。这些青年在接受了平民主义的影响之后，也开展了一系列的实践活动。这些实践活动以效仿《国民之友》的思想言论活动为主，包括兴办杂志、开展青年之间思想交流等。而青年们的运动也不仅限于开展言论活动，而是将平民主义的理念扩展到了当时的包括政治运动与妇女运动在内的各种运动之中。这种由下而上的青年实践运动在某种程度上回应了平民主义对青年寄予厚望的主张，从而使平民主义的影响不仅仅停留在思想层面，而且产生了一定的社会效应。

对于当时的青年而言，《国民之友》获得成功这件事本身就具有很大的意义。因为《国民之友》的主创人员，本身就是出身地方的青年。这就使他们之间产生了一种天然的共鸣。而平民主义的主张，更是让青年们感觉到了自己即将成为新时代建设者的责任感。平民主义所提出的“天保的老

---

① 参见本书第二章第一节《国民之友》在地方的发行情况。

人”和“明治的青年”这样的世代论概念，既迎合了明治青年的心理，也表达了他们的诉求。而在《国民之友》这个宣传平台的背后，实际上形成了一股将分布在日本全国各地的青年人的思想连接在一起的凝聚力。这使得“新日本之青年”这个词语不再是一个仅仅停留在思想与文字上的概念，而是成为了一个具有实际承担主体的概念。他们通过《国民之友》杂志，交流着自身的思想，从而形成了同为“新日本之青年”的共同意识。由此，这些受到平民主义思想影响的青年也不再满足于只是作为读者，被动地接受他人的影响，而是希望通过自己的实际行动，对他人的思想也产生一定的影响。于是日本各地的青年纷纷效仿起《国民之友》的做法，在东京和地方开展了形式多样的言论及其他活动，实践着自身的平民主义理想。

一 大江义塾出身青年的平民主义实践

作为德富苏峰最初也是最为接近的追随者，大江义塾出身的青年无疑是最早受到平民主义影响的一群人。在大江义塾解散后，他们中的一部分追随德富苏峰来到东京，或升学，或加入民友社成为其中最早的成员，在《国民之友》的发行过程中起着重要的作用。同时，他们也不仅满足于仅仅作为协助者与读者的地位，而是寻找机会，希望能通过自身的言论活动，将属于自身的理念传播开来。在《国民之友》创刊后不久的 1887 年春季，身处东京的大江义塾出身的青年就组成了属于自己的组织，并且开始筹备发行杂志。其主要发起人包括池本吉治、人见一太郎、绪方直清等人。[①] 其中，人见一太郎自不必说，曾经身为大江义塾教师的他，在一段时间内几乎承担着德富苏峰秘书的职责，可以说是最早接触到并且认同平民主义的人，而且他本人也是民友社的主要成员、《国民之友》的主创人员。而池本

① 本多浩『青年思海』、德島大学国語国文学 3 卷、1990 年。

吉治和绪方直清，则是《政治一斑》这套描绘平民主义政治制度构想的丛书的作者。由这些人担任发起人的青年组织，其中的平民主义色彩是显而易见的。在同年6月，这个组织确定的正式名称为："青年协会"，并且在赤坂区灵南坂町第一基督教会内举行了开办仪式。[①] 当时的参加者共有35名，其中28名都是大江义塾出身的青年。而当时选出的9名负责人，也都来自大江义塾。作为自身思想的宣传阵地，青年协会自1887年8月开始发行了名为《青年思海》的杂志。在此前的7月，青年协会曾经发行过名为《新人民》的样刊，但由于内务省认为这个名称不符合其作为学术杂志的定位，因此未予批准。于是又将其改名为《青年思海》，才得以发行出版。[②] 之所以会将这本杂志定位为学术杂志而不涉及时事问题，是因为1883年（明治16年）颁布的新闻条例规定，除了"学术、技术、统计、官令以及关于物价报告"[③] 的出版物之外，其他报纸杂志都需要对管辖机构缴纳一定的保证金。这一条例的初衷是为了打压自由民权运动。因为这样一来，能够参与政治言论讨论的出版物，只能在拥有一定财产的人物的支持下才能够得以发行。这种做法实际上限制了言论自由，也制约了下层人民表达政治诉求的平台。《国民之友》创刊时，是因为得到了汤浅治郎的援助，才得以作为综合杂志出版。而《青年思海》之所以会作为不能涉及时事问题的学术杂志出版，就是因为无力负担这笔保证金。

根据发起人的说法，青年协会的目的在于："现今天下青年渐渐在社会上抬头，欲在社会中发挥力量。然现时仍分散于地方，各个分离。回应通达天下，连贯社会之呼声，实际使用青年之力量，故今日以团结天下青年为目的，创立协会，发行贯彻青年气质之杂志。相互交换知识，相互融通

---

① 花立三郎『大江義塾—— 一民権私塾の教育と思想』、ぺりかん社、1982年5月、310頁。

② 本多浩『青年思海』、徳島大学国語国文学3巻、1990年。

③ "明治20年新闻条例第8条"，有山輝雄『民友社ジャーナリズムと地方青年』、コミュニケーション紀要（10）、1995年8月による。

思想，以青年自主之行动，吐露青年社会之气息。”① 也就是说，虽然此时正值青年在社会上崭露头角之时，但由于他们之间分散于地方，因此无法紧密地联系在一起。因此要通过建立组织、创办杂志的方式，使他们之间能够团结在一起。而“青年自主之行动”更是体现了平民主义所倡导的，青年应当成为自主自由、“不羁独立”的新青年的主张。对于身为青年协会中心成员的、接受过大江义塾教育或熏陶的青年来说，都希望能有机会将自己的思想表达出来，从而影响他人。但能够在《国民之友》上面发表文章的毕竟只是少数人。他们这种自创杂志的做法，并非源于对《国民之友》中观点的不认同，恰恰相反，这是由于他们不再满足于只作为读者或协助者，而是希望能够通过自身发出的思想信号，进一步加大平民主义的影响。

同时，青年协会的成员们的目的也不仅停留在作为思想的发出者，他们还有着更为远大的目标。那就是希望《青年思海》能够成为全国青年思想交流的平台，从而在更为广阔的范围内扩大青年之间的交流。这种交流并不在于单纯的一方作为传播者，而另一方作为接受者的单调做法，“相互交换知识，相互融通思想”，这种思想间的相互沟通交流，才是青年协会创办者真正的目的所在。在大江义塾时期，德富苏峰就曾组织学生们创办过《大江义塾杂志》，杂志作为学生之间的交流平台，发挥了“开发知识”与“加深交际”的作用。② 而青年协会的做法，显然是想将大江义塾内部的做法，逐渐扩展到日本全国的青年身上。如果说《国民之友》杂志的发行，使得作为接受者即读者的“新日本之青年”的概念逐渐形成，那么《青年思海》的目的，就在于使这些分散于日本各地的青年，能够通过文章与思

---

① 有山輝雄『民友社ジャーナリズムと地方青年』、コミュニケーション紀要(10)、1995年8月による。

② 参见本书第二章第一节，发行杂志的目的，在于“开发人的知识”以及“加深社会交际”。具体而言，就是在对学生进行启蒙教育的同时，促进他们之间的互相交流，并通过这种意见的交流，加深学生们之间的关系。

想的交流，形成一个更为团结的群体。

由于被《将来之日本》、《新日本之青年》以及《国民之友》中所倡导的平民主义理想所吸引并为之倾倒的青年不在少数，因此青年协会也吸引了不少日本各地的青年加入其中。根据《青年思海》第19号[①]（1889年2月）上的会员统计数据，可以看出青年协会的会员分布也如同《国民之友》的发行情况一样，基本遍及了从北海道到冲绳在内的所有地区，会员总数超过了1600名。其中会员数最多的地区是东京，达到了300余名。其次是熊本的190余名、群马的120余名与京都的60余名。[②] 这是由于熊本是大江义塾的所在地，也是德富苏峰和青年协会主要创办者的家乡。而群马则是《国民之友》主要出资人汤浅治郎与同志社创始人新岛襄的故乡。京都则是同志社的所在地。从这里可以看出，青年协会的会员主要是深受平民主义影响的青年。而这些青年之所以会加入青年协会，在某种程度上应该也是为了响应平民主义呼吁青年们成为独立自主、有所作为之人的号召。

虽然《青年思海》以“相互交换知识，相互融通思想”作为目标与口号，吸引了全国各地青年的参加。但事实上，其中刊登的主要内容还是大部分来自于大江义塾出身的成员，普通会员的来稿很难受到重视。这就使得其“交换知识”、“融通思想”的目标大打折扣。另一方面，随着主要负责人绪方直清的去世与上野岩太郎的离开，青年协会的运行也出现了问题。虽然随着资金问题的解决，《青年思海》变为了政治杂志，从而解决了杂志性格暧昧不明的问题，但在更名为《时务评论》，成为时评杂志之后，这本杂志也已经背离了其“相互交换知识，相互融通思想”，团结全国青年这一创办的初衷，并失去了其原有的特色。虽然《青年思海》的实践在明治国家体制压抑言论自由以及无法克服自身固有问题的情况下，最终以这样的

① 第19号也是《青年思海》的最后一期。

② 有山輝雄『民友社ジャーナリズムと地方青年』、コミュニケーション紀要(10)、1995年8月。

方式被画上了休止符，但以大江义塾出身的青年为主要创办者的青年协会，还是在平民主义的理想指引下，在团结日本全国青年、扩大青年之间的思想交流方面，做出了属于自己的尝试。而他们的实践活动，也给日本全国各地的青年们带来了一定的影响。

二　平民主义与地方青年运动

在明治政府提出了“文明开化”这一口号之后，为了顺应这一号召，日本各地都兴起了学习西方知识的热潮。各地广泛开设英学校，有很多青年都在英学校接触到了西方的近代知识与基督教思想。[①] 值得注意的是，此时的基督教思想，与其说是作为一种宗教思想而被广大青年所接受，不如说是作为西方文化与思想的一个组成部分，对青年们产生了影响。各地的教会活动与集会，也往往带有学习西方政治制度与社会形式的性格。在这股学习热潮中，私人也纷纷开办起教授西方知识的学校。德富苏峰创办的大江义塾，就属于其中之一。正是在这样的背景下，学习过西方知识的中央与地方青年们就成为最容易接受平民主义的受众。[②] 其中，部分地方知识青年在作为《国民之友》与《青年思海》读者的同时，也身体力行地在家乡进行着属于自己的实践活动。其中既包括发行杂志、开展演讲等言论活动，也包括参与地方政治运动与妇女运动等。

作为地方青年以平民主义作为指导思想开展的实践运动，群马县上毛青年会的运动是其中最具代表性的一个例子。如上文所述，群马县是德富苏峰一直十分敬重的新岛襄的故乡，也是《国民之友》主要出资人汤浅治郎的家乡。此外，民友社重要同人竹越三叉也曾作为前桥英学校的教师，在群马县居住、工作过一段时间。1887 年 1 月（明治 20 年），“上毛青年

① 德富苏峰曾经求学的熊本英学校就是其中一例。

② 这也是各地青年之所以会积极响应青年协会的号召，加入其中的原因之一。

会”在群马县前桥地区正式成立，竹越三叉被推举为负责人之一。从时间上来看，上毛青年会成立于《国民之友》发行之前，但《将来之日本》已在1886年10月出版，根据德富苏峰自传的回忆，他在当年12月前往东京时，已经看到有人在阅读此书。结合这一点来进行综合考虑，上毛青年会的组建固然是当地青年的自发运动，但其也很有可能受到了《将来之日本》中所倡导的平民主义的影响。1889年（明治22年）1月青年会的代表杂志《上毛青年会杂志》正式出版。① 根据刊登在杂志第6号上的“上毛青年会会员姓名表”可以看出，除了竹越与三郎，上野岩太郎与汤浅治郎的名字也被列入其中。② 如果说上毛青年会成立之初是否受到了平民主义的影响尚不明确，那么通过此处的人员名册，则可以确定上毛青年会与民友社之间存在着密切的联系。而且，在上文中提到的青年协会成立之后，上毛青年会的主要成员几乎都参加了青年协会。而在《上毛青年会杂志》中，“平民主义”、“新日本之青年”等词语也经常出现。③ 由此，也可以看出平民主义对上毛青年会的影响之深。

当时群马县各地都有着类似的青年活动，各地的青年会通过交换会刊杂志，沟通着彼此之间的思想。在上毛青年会于1889年1月召开的春季大会上，县内各地的青年会都派代表参加。同年7月，由县内17个青年团体组成的上毛青年联合会在上毛青年会的领导下成立。同时，《上毛青年会杂志》成为联合会的会刊，并更名为《上毛之青年》。截至同年10月，参加上毛青年联合会的团体已经增加到了23个。④ 上毛青年会之所以能取得这

① 高坂盛彦『ある明治リベラリストの記録——孤高の戦闘——竹越與三郎伝』、中公新書、2002年8月、37—38頁。

② 西田毅、和田守、山田博光、北野昭彦『民友社とその時代 思想・文学・ジャーナリズム集団の軌跡』、ミネルヴァ書房、2003年12月、108頁。

③ 有山輝雄『民友社ジャーナリズムと地方青年』、コミュニケーション紀要(10)、1995年8月。

④ 同上。

样的成绩，背后与汤浅治郎等县议员的支持有着很深的关系。除了汤浅，其他一些之前积极从事过自由民权运动的政治家们也对青年运动抱有支持的态度。这种支持的背后，固然有着希望能够利用青年的力量，在选举中获得利益的想法，但同时，也使群马县的青年运动得以接近地方的掌权者，从而在政治运动中也发挥了一定的作用。

在这样的背景下，受到平民主义影响与鼓舞的青年会成员们不再满足于思想上的言论活动，而是自发地开始了由下而上的实践运动。那就是对群马县废娼运动的大力支援。废娼运动最早是由汤浅治郎等县议员提出的。但是在县议会之外，运动的指导与组织，几乎都是由上毛青年联合会完成的。青年联合会不仅在各地召开演讲会与集会，而且在《上毛之青年》杂志上发表言辞激烈的评论，甚至在1890年（明治23年）创办了以《废娼》作为名称的杂志。此时已经离开群马的竹越三叉也为《上毛之青年》寄来了稿件，对他们的活动表示声援。青年联合会的这些言论活动对舆论起到了很大的导向作用。此外，青年联合会进行的署名活动还征集到了很多支持者的签名。他们不仅向县议会，甚至向元老院都提出了建议。最终，在经过轰轰烈烈的运动之后的1893年（明治26年）12月底，命令废娼的县令终于在群马得以正式实施。此后虽然经历了一些波折，但群马县还是成为日本全国第一个废娼县。① 能够取得这一成就，与青年联合会的努力是分不开的。

虽然自1890年（明治23年）的年底起，由于教育敕语发布的影响，以及被卷入错综复杂的政治运动，群马的地方青年运动逐渐走向了衰落，《上毛之青年》也因为经济原因而停刊，但是在青年会存在的期间，青年会的成员们以“新日本之青年”的身份，用自己的实际行动去实践着自身的平民主义理想。他们通过创办杂志交流思想的言论活动，以及由下而上的

① 西田毅、和田守、山田博光、北野昭彦『民友社とその時代 思想・文学・ジャーナリズム集団の軌跡』、ミネルヴァ書房、2003年12月、110—111頁。

参与实践的精神，都是值得加以肯定的。

在考查了大江义塾出身青年的实践与地方青年运动之后，笔者想对平民主义与明治中期青年运动的关系进行概述。在《国民之友》创刊之前的明治 10 年代，日本已经出现了源于自由民权运动的、冠以“青年”之名的结社与杂志。此时的“青年”概念，包含着将来要担任起社会重任的意义。德富苏峰重视青年作用的世代论观点能够一经推出就在广大日本青年中引起强烈的共鸣，实际上是有着广泛的思想基础的。但是，在《国民之友》创刊之前的青年结社，可以说只是一种简单的青年组织。“青年”这一概念也并不具备理论意义。而在《国民之友》创刊，平民主义诞生之后，“青年”的概念首次具有了理论意义与价值。“青年”作为过去与未来二元对立结构的组成对象之一，具有了无限的价值与可能性。相对于即将退出社会的“老人”，以及作为反面例子的“壮士”，平民主义赋予了“青年”这一主体无可比拟的优越性。“青年”不仅拥有灿烂的将来，而且还是未来唯一值得期待的政治主体。这种论点令“青年”概念首次具有了明确的方向性与具体的实践意义。

与此同时，明治 20 年代初期的日本知识青年也十分认同平民主义赋予他们的这种实践意义。他们积极响应平民主义的号召，在各地广泛成立青年结社，并从事发行杂志、积极撰写文章投稿等各种实践活动。内藤湖南、二叶亭四迷、津田左右吉等人都曾在此时加入各地的青年结社，并通过创办杂志或踊跃投稿的方式，实践着自身的理想。而年龄更小一些的吉野作造、河上肇等人，也在家乡的学校里与友人共同创办了手抄传阅的杂志。虽然时间较为短暂，但以《国民之友》为载体的这种平民主义世代论的思想，确实在明治 20 年代的日本社会掀起了一股令广大青年投身其中的社会实践风潮。在平民主义的描述中，“青年”不仅是理想的实践主体，而且在实践的过程中，“青年”还作为一个有机的整体团结了起来。其结果不仅使得明治时期的青年产生了“同辈”意识，而且对日后大正乃至昭和时代的青年运动，都产生了深远的影响。[①]

三　平民主义者与妇女运动

与上述的青年运动相比，平民主义本身与妇女运动之间的关联并不是十分密切。但是由于德富苏峰与竹越三叉等民友社的有力同人都曾对当时的妇女运动表示过支持，而且撰写过与之相关的文章，再加上与他们较为亲近的女眷是当时妇女运动的主要倡导者与参与者，因此本书中仍将对平民主义者与妇女运动之间的关联进行简要的考察。

1886 年（明治 19 年）12 月，德富苏峰的姨母矢岛楫子[②]创办了东京妇人矫风会[③]，并以“去除男尊女卑之风俗及法律，主张一夫一妻制，全面废除娼妓妾室，改变家制交际之作风，革除饮酒吸烟放荡游惰之恶习”[④]作为矫风会的宗旨。1888 年（明治 21 年），由矫风会主办的《东京妇人矫风杂志》开始发行。杂志的第 3 号和第 4 号上连载了德富苏峰在矫风会主

---

① 木村直恵『「青年」の誕生：明治日本における政治的実践の転換』、新曜社、2001 年 2 月、175—183 頁。

② 矢岛楫子：1833（天保 4 年）—1925 年（大正 14 年），明治至大正年间的女性教育家、社会活动家。矢岛楫子出生于肥后藩（现熊本县）的总庄屋之家。她的三姐竹崎顺子是横井小楠弟子竹崎律次郎的夫人，同时也是一名女性教育家，担任过熊本女学校的校长。矢岛楫子的四姐德富久子，是汤浅初子、德富苏峰与德富芦花的母亲。她的五姐横井津世子则是横井小楠的后妻。矢岛四姐妹也有“四贤妇人”的美誉。在与丈夫离婚之后，矢岛楫子投身于教育事业，并且在 1890 年（明治 23 年）成为樱井女学校与新荣女学校合并之后的首任女子学院院长。矢岛楫子一生都致力于妇女矫风事业，她曾在 1906 年（明治 39 年）时，以 74 岁的高龄前往美国参加万国矫风会的第 7 次大会。为了表彰她为妇女事业做出的杰出贡献，1915 年（大正 4 年）被授予勋五等宝冠章（与授予男性的旭日章相对，宝冠章为授予女性的勋章）。

③ 日本历史最久的妇女团体，并持续活动至今。

④ 『日本キリスト教婦人矯風百年史』、51 頁。西田毅、和田守、山田博光、北野昭彦『民友社とその時代 思想・文学・ジャーナリズム集団の軌跡』、ミネルヴァ書房、2003 年 12 月、113 頁による。

办的演讲会上发表的演说内容。其主要内容以《国民之友》创刊不久之后刊登的《日本妇人论》为基础。文中指出，要想提高妇女的地位，就要使她们具备更为广泛的知识和涵养，从而实现渐进的、现实的改良。矫风会还曾在1889年（明治22年）向元老院提出过一夫一妻制的建议书。在国会开设的1890年，矫风会还曾发起过反对禁止女性旁听议政的请愿活动。

在1890年《国民新闻》发行时，竹越三叉正式加入了民友社，成为《国民新闻》、《国民之友》的专职记者。与此同时，他的夫人竹越竹代①也开始使用笔名为《国民新闻》投稿，讨论当时存在的一些与妇女相关的问题。在矫风会发起的反对禁止女性旁听议政的请愿活动中，竹代也参与了署名活动。在此后的1891年，竹越竹代又成为《东京妇人矫风杂志》的编辑，负责稿件的撰写与杂志的编辑工作。② 在竹代看来，当时被指责为妇女道德低下的行为中，有很大一部分是因为男性的过错造成的，妇女在大部分情况下只是这些不当行为的受害者，但是世人却一味指责作为受害者的妇女。竹代对这种不公正的看法提出了强烈的批判。在1891年，矫风会第二次向议会③提出了“一夫一妻制的建议书”，要求修改刑法中关于通奸罪名只处罚女性的条目，以及要求在民法中将一夫一妻制加以制度化。竹越竹代也参与了这次的署名活动，并且在《东京妇人矫风杂志》上发表文章表示，如果不被通过，她们将会一直向议会提出这项议案，直到被通过为止。④ 另一方面，矫风会还通过广泛募集捐款的方式，建立起了帮助失足妇

---

① 竹越竹代：1870（明治3年）—1944年，明治时代的妇女运动家。

② 在《东京妇人矫风杂志》更名为《妇人矫风杂志》之后，竹代继续担任编辑工作，直到1895年（明治28年）竹越三叉离开民友社为止。

③ 即于1890年成立的帝国议会。

④ 关于这项议案，截至1895年，矫风会一共向议会提交过8次。并在1897年首次在众议院进行表决，但以一票之差未能通过。

女的“慈爱馆”[①]。大隈重信[②]与其夫人曾经联名进行过捐款。竹越竹代也在丈夫竹越三叉的帮助下，为慈爱馆捐助过款项，并且亲自参与慈爱馆的管理事业。1892 年（明治 25 年），德富苏峰创办了以改革家庭为目的的《家庭杂志》后，也曾邀请竹越竹代为杂志撰稿。在这期间，年仅二十多岁的竹越竹代还成为矫风会的主要负责人之一。竹越竹代之所以能够积极参与妇女运动，与丈夫竹越三叉的支持是分不开的。竹越三叉曾经多次为《妇人矫风杂志》以及《家庭杂志》提供稿件，并且在慈爱馆的建设过程中同意为其捐款，更在《妇人矫风杂志》由学术杂志改为时事评论杂志《妇人新报》时，为其提供了为数不少的一笔保证金。这些都可以看出，竹越三叉对竹代从事的妇女活动是较为支持的。

德富苏峰本身曾称自己为“天生的女权主义者”，并且对处于被压迫地位的女性表示过深切的同情和理解。在《国民之友》第 3 号至第 5 号上连载的《日本妇人论》中，他称赞日本女性具有“谦逊、柔顺、勤勉、忍耐、熟练、周密”等美德，但是在精神层面却尚未成熟，要想弥补这个缺点，就需要通过宗教、社会、政治等方面的“精神修养”[③]。但是德富苏峰所主张的所谓男女平等，仅限于家庭内部。可以说，他的这种观点仍然带有一种高高在上的、由上而下进行俯视的态度。竹越三叉虽然对于妇女参政一事同样抱有较为消极的看法，但在他看来，在以家族本位向个人本位转变的过程中，女性作为独立的个人，也应当受到同样的尊重。在当时的社会背景下，德富苏峰与竹越三叉这种虽然支持提高女性地位，但对于女性参政仍然有所保留的态度，也是可以理解的。应该说，对妇女运动的支

---

① 慈爱馆以帮助不幸沦入风尘或被家人卖入风月场所的女性为目的。努力帮助她们另寻出路，自力更生。

② 大隈重信：1838（天保 9 年）—1922 年（大正 11 年），日本明治时期的政治家。曾担任第 8 任及第 17 任日本内阁总理大臣。

③ 西田毅、和田守、山田博光、北野昭彦『民友社とその時代 思想・文学・ジャーナリズム集団の軌跡』、ミネルヴァ書房、2003 年 12 月、117 頁。

持，已经体现了他们作为平民主义者在追求两性平等的事业上较为进步的态度。而且在本书第二章第三节中提到的《政治一斑》从书中，池本吉治曾经提出过："只要真正进行普通选举，又有什么理由不许妇人参加?"[①]表达了他明确支持妇女拥有参政权的态度。德富苏峰对此也并没有表示反对。这也说明平民主义者对于提高妇女地位是较为支持的。即使是作为西方发达国家的英国（1918 年）、美国（1920 年）、法国（1944 年）等国，也是到了 20 世纪 20 年代前后甚至更晚，才开始赋予女性选举权。[②] 可以说，尽管此时的平民主义者仍然难以避免地站在男性本位的立场上，从而使这种支持带上了居高临下的意味，但他们能在当时的条件下提出对女性参政的支持，确实具有难能可贵的意义。

第三节 民友社与明治时期的其他思想、言论集团

一 民友社的平民主义与明六社的启蒙思想

关于以平民主义为指导思想的民友社与以传播启蒙思想为己任的明六社，家永三郎曾在《福泽精神的历史发展——福泽与民友社之间的思想关联》一文中指出："从福泽到德富的发展，同时正是日本近代思想从明治十年代的阶段到明治二十年代的发展。"[③] 福泽谕吉的启蒙思想活动为日本拉开了从封建到近代的大幕，向无数的日本人普及了西方的近代精神。可以说，福泽谕吉是日本明治初期的启蒙运动中最具有影响力的思想家之一。

① 池本吉治『政治一斑　第三冊　国会』民友社、1888 年（明治 21 年）、31 頁。

② 英国于 1918 年开始，规定年满 30 周岁的女性拥有选举权。美国从 1920 年开始赋予女性选举权。而直到 1944 年，法国才开始赋予女性选举权。而日本妇女直至第二次世界大战结束后的 1946 年，才第一次真正意义上行使了选举权。

③ 家永三郎『日本近代思想史研究』、東京大学出版会、1980 年 11 月、210 頁。

福泽谕吉还与其他许多著名的启蒙思想家一起，成立了“明六社”这个思想学术团体，并且发行了《明六杂志》这份以传播启蒙思想为目的的杂志。1873 年（明治 6 年），从美国回到日本的森有礼，联合福泽谕吉、加藤弘之、西周、西村茂树、津田真道等人，成立了以启蒙活动为目的的思想团体，由于这一年是明治 6 年，因此将团体的名称定为了明六社。从 1874 年（明治 7 年）春季开始，明六社开始发行《明六杂志》。截至停刊的 1875 年（明治 8 年）11 月为止，《明六杂志》总共发行了 43 期。随着《明六杂志》的停刊，明六社也随之解散。虽然从成立到解散不过短短的两年时间，但是在这期间，《明六杂志》上共发表了百余篇有关政治、经济、外交、法律、社会、宗教、历史、教育、自然科学方面的论文，其平均销量也达到了 3000 余册。可以说，明六社对于明治初期启蒙思想的传播起到了非常重要的作用。家永三郎认为，以《将来之日本》、《新日本之青年》等著作成名，并创办了《国民之友》、《国民新闻》，倡导平民主义、宣传当时最为先进思想的德富苏峰，是明治中期近代化运动中“最为闪耀的先驱者”。虽然在传播近代思想方面，其他还有许多取得较大成就的代表人物，但是从以言论活动作为出发点，并且成为一股极具影响力的思想这方面而言，明治 20 年之前无疑当属福泽谕吉，而明治 20 年之后最为成功的，则非德富苏峰和他的平民主义莫属。虽然德富苏峰在后期成为反动思想家，但在此之前，他所领导的民友社同人所从事的活动，仍然具有非常重要的历史意义。家永三郎还在其他论文中指出，在传播进步思想，促进日本的文明开化方面，《国民之友》与《明六杂志》发挥了类似的作用，因而具有相似的历史意义。①

一般而言，日本近代思想史发展脉络的继承轨迹是，从启蒙思想到自

① 《〈国民之友〉的文化史意义》，西田毅、和田守、山田博光、北野昭彦『民友社とその時代 思想・文学・ジャーナリズム集団の軌跡』、ミネルヴァ書房、2003 年 12 月、325 頁による。

由民权运动，再到平民主义，之后再到早期社会主义思想。这是由于明六社、自由民权以及民友社都在促进日本近代化的过程中起到了传播西方先进思想的作用。但是相较于自由民权运动偏重政治运动的特点，民友社与明六社则都是由接受过西方思想的知识分子构成的思想集团，而且都以发行杂志等言论活动的方式，提倡全方位对日本社会进行改良。因此将这两者的主张加以对比，有助于更加深入地了解民友社平民主义的特征。

（一）平民主义与启蒙思想的相同点

从目的上而言，民友社的平民主义与明六社的启蒙思想，都是希望通过引入西方的先进思想，对日本进行改良，从而使日本实现近代化。虽然德富苏峰本人曾在自传中声称，他“不喜欢福泽之流”，在《国民之友》发表了当时几乎所有进步言论家的作品，甚至包括作为民友社竞争对手的志贺重昂与北村透谷的作品的情况下，却从没有刊登过福泽谕吉的作品，但事实上，德富苏峰还是熟读了福泽谕吉的启蒙思想代表作。这从德富苏峰的弟弟德富芦花的自传小说《富士》中，也可以得到佐证：“对于从十几岁开始就以成为记者作为志向的他（德富苏峰）而言，福泽是他的目标之一。他在同志社求学期间，每逢《劝学篇》新版出版就会买回来，书上被圈画得一片漆黑。他十五六岁时，在买到的福泽的照片背后写着‘你才是我值得敬畏的朋友’。他在家塾的课外读本，就是福泽的文章。”[①] 由此可见，德富苏峰确实受到了福泽谕吉思想的很大影响。[②] 平民主义也从启蒙思想中汲取了一定的养料，从而丰富了自身的思想内涵。

平民主义与启蒙思想的共同点主要包括：

---

① 家永三郎『日本近代思想史研究』、東京大学出版会、1980年11月、208頁による。

② 德富苏峰之所以从不表示对福泽的敬佩，反而采取了一种在言论上较为轻视的态度，很有可能是因为他对福泽存在着很深的竞争意识。

第一，对于封建等级制度以及儒学的批判。福泽谕吉曾经对封建身份等级制度提出过尖锐的批判，倡导人人平等的天赋人权说是他的代表思想之一。福泽谕吉强烈谴责明治初期官吏如同旧时代的士族一般保持特权的“官尊民卑”思想。并提出，尽快打破这种错误的风气是新社会的第一要务。与此相对，平民主义对于贵族主义与士族思想也持有十分强烈的批判态度。认为在明治的新社会中，一定要尽快地去除“士族禀性”。而关于儒学，福泽谕吉认为其是封建制度的思想核心所在，从而对其进行了猛烈的批判。同样，德富苏峰自大江义塾时代起，就曾在《自由、道德及儒教主义》中，对当时日本社会出现的“儒教主义”复兴的趋势提出过反对。在《新日本之青年》中，也对当时教育界出现的儒学“复古主义”倾向进行了批判。可以说，在反对封建等级制度以及反对儒学方面，平民主义与启蒙思想是一脉相承的。

第二，对于家庭改良以及男女平等的提倡。改良家族制度与提高女性的地位，是启蒙思想家们也有所关注的一个问题。福泽谕吉曾经对封建家长制度提出过批判，在他看来，这种制度是专制的象征。他大力提倡男女平等的夫妇同权说，主张将女性从公婆的压迫中解放出来，并且对纳妾的男性提出尖锐的批评。森有礼曾经在《明六杂志》上分五回连载了《妻妾论》一文，他基于西方市民社会的夫妇观，主张一夫一妻、夫妇对等的婚姻观，并对日本旧有的夫妇观进行了批判。森有礼对丈夫不仅可以随意驱使妻子，而且能够公开纳妾的陋习进行了彻底的批判。同时他认为，只有男子能够继承家业也是导致纳妾陋习的原因，因此应当赋予女性财产继承权，使女性也能够继承家业。西周也对男尊女卑的封建观念进行过批判。而民友社则创办了以“改革家庭”为口号的《家庭杂志》。并从个人主义的角度出发，提倡要将旧式的以“家族”为本位的家庭观念，转变为以个人为本位的现代家庭观念。也就是说，女性通过婚姻来到丈夫家，并不是缔结了与这个“家族”的婚姻，而是与丈夫个人的结合。这也与福泽谕吉的观点具有一定的相似性。但是我们也应当认识到，无论是启蒙思想还是平民主义的男女平等论，本质上都并不是真正的男女平等论。他们所主张的男女平等、男女对等，都是基于婚姻中夫妇关系的基础来论述的。这种意义上的平等，可以看作是对于女性地位的尊重，但却并不是法律意义上真正的平等。而在他们的观念中，即使男女平等也并不同于男女平权。进一步而言，即便在民法的层面上承认了女性的继承权，但涉及宪法层面的选举权也好、参政议政的政治权利也好，仍然是一个相当遥远的问题。①

第三，重视商业的思想。启蒙思想家们对轻视商业的封建道德观进行了批判，并且提出了通过商业赚取利润是美德的新道德观。津田真道就曾指出，封建儒学只讲究道德而轻视经济，从而导致国家贫困，百姓不幸。福泽谕吉则把经商贸易提高到国富民强的高度，大力提倡人民通过经营商业赚取利润，从而达到国家富强的目的。在这一点上，平民主义不仅大力倡导发展自由贸易，而且更是将财富作为了“第十九世纪优胜劣败的法则”。提出日本想要成为文明国家，就必须积累大量的财富。除了以上几点主要的相同点外，平民主义与启蒙思想还都受到过社会进化论以及功利主义学说的影响，从而具有某些相同的思想来源。而从活动形式来看，两者都采取了组成思想结社以及通过言论活动发行杂志等具体方式，来传播自身的主张。

（二）平民主义与启蒙思想的不同点及对其的超越

应该说，明治时期的知识分子都在不同程度上接受了西方的近代思想。在思想来源相近的前提下，由此产生类似的想法与主张也是非常正常的现

① 平民主义者池本吉治曾在1888年（明治21年）出版的《政治一斑·第三册·国会》中明确提出过：“只要真正进行普通选举，又有什么理由不许妇人参加?”表达了他对妇女参政的支持态度。由此可见，对比启蒙主义思想，平民主义在对妇女权利的认识方面有所提升。但由于平民主义与启蒙思想所表述的男女平等在本质上都是一种片面的、有着很强局限性的平等，因此本书中将这一点作为二者的共同点加以论述。

象。而民友社与明六社的成立时间毕竟相差了 14 年之久，平民主义的主要倡导者都是在启蒙思想的传播过程中成长起来的。因此他们会受到启蒙思想的影响，从而有着一些与其类似的主张，也是必然的结果。在这期间内，日本社会经过了轰轰烈烈的自由民权运动，而且面临着即将颁布宪法与开设国会的全新政治局面。与此同时，随着日本社会的发展，西方思想的普及范围也变得更为广泛。在这种情况下，比起相同点，平民主义与启蒙思想之间势必存在着更多的不同特点。而且在某些方面，平民主义对启蒙思想也存在着一定的超越。

首先，人员构成与对政府、政权的态度不同。如前所述，明六社中集合了当时日本国内一流的洋学家。这些启蒙思想家们期待着能够通过《明六杂志》达到“以卓识高论启发蒙昧，树立天下模范，扩展有识者之愿望”[①]。虽然他们之间具体的意见各有不同，但是希望通过引入西方文明使日本达到开化的目的是一致的。他们通过在《明六杂志》上发表有关西方文明各方面的论文，希望这些知识与思想能够有助于近代市民社会中人民主体的形成。而且他们认为，推动开化并非只能依靠政府的力量，同时也需要人民的广泛参与。同时，他们在《明六杂志》上进行自由讨论，并期望政府能够实行出版自由。但是在明六社人的眼中，他们自身就是代表着最为先进的“天下模范”，也就是说，他们的行为准则，就是天下都应当加以遵守的规范。因此，当批判政府的自由民权运动开始变得愈发活跃之后，围绕着“民选议院论争”的问题，明六社同人之间的意见就产生了分歧，再加上其他历史与理论原因，明六社最终只能在短短的两年之后就宣布解散。这是因为，明六社的主要成员几乎都是有着官方背景的学者或官员，他们一方面大力宣扬启蒙思想，另一方面，面对启蒙思想带来的民众力量

---

① 《明六杂志》创刊号，西田毅、和田守、山田博光、北野昭彦『民友社とその時代 思想・文学・ジャーナリズム集団の軌跡』、ミネルヴァ書房、2003 年 12 月、327 頁による。

觉醒，却只能保持着与政府同步的态度。启蒙思想家们所倡导的由政府主导的从上而下的启蒙运动，给日本民众带来了“自由、平等”等观念，而这些观念又超出了他们的掌控范围，从而在民众的心中产生了进一步的发酵与升华。明六社同人们依靠政府的开化政策所领导的启蒙运动，在成为自由民权运动思想来源的同时，也在自由民权运动与政府态度发生冲突的过程中，迎来了自身最终的衰落。

与明六社成员都是知名学者，以及具有官方背景的情况相对，通过《将来之日本》等著作一举成品，从而将平民主义带到世人面前的德富苏峰与民友社同人们，几乎都是一群之前默默无闻的地方青年。他们通过努力，依靠自身的力量获得了民众的关注。民友社的成立，也并非像明六社那样，一开始就是在取得参加者同意的前提下组建的。民友社的初期成员，基本上都是大江义塾的出身者。他们从熊本时期开始，就追随着德富苏峰的思想脚步，成为平民主义最早的接受者与支持者。随着民友社与平民主义声誉的不断提高，一些被平民主义所吸引的言论人和知识分子纷纷加入到民友社的社员或社友的队伍中来。虽然德富苏峰是民友社以及平民主义无可争议的领导者和主要倡导者，但无论是民友社，还是平民主义，都绝不仅仅属于德富苏峰一人。实际上，德富苏峰与民友社同人之间的关系，也并不是一种严格的上下级关系，而是更接近前辈与后辈之间互相提携、互相帮助的关系。加入民友社的社员自不必说，他们是对平民主义的思想理念最为支持与赞同的一群人。在社员之外，当时日本社会中还有一些对平民主义持有一定肯定态度的言论人与知识分子，如中江兆民、植木枝盛等人，都是《国民之友》的特别撰稿人，这部分人作为对民友社持友好态度的社友，也与民友社保持着良好的关系。除此之外，民友社在言论选择上采取了一种非常开放的态度，不仅采用意见相同者的稿件，甚至对于持不同意见者的文章，也会予以接纳和刊登。① 这也显示了民友社所具有的相对包容的性格。而关于对政府与政权的态度，比起明六社那种与政府协调一致的步调，民友社的论调虽然也不可避免地带有一定的与政府相妥协的性格（这是由于平民主义毕竟只是一种探讨如何建设新日本的改良思想，这种改良需要在明治政府的框架内进行，而并非要挣脱这个框架本身），但是在面对政府所主导的贵族式的欧化政策时，平民主义依然站在普通民众的一侧，对政府的做法提出了强烈的批判。平民主义的目的，是使得普通民众也能享受到文明开化带来的“文明之恩光”，反对那种仅有少部分人才能接触到的贵族式的、肤浅的西方物质生活。虽然无从得知这种民间的舆论力量是否能对政府的做法施加影响，但这种从普通民众的视角出发，批判政府所采取的政策的态度，确实是一种“平民的急进主义”的做法。

其次，对于受众的态度和受众范围不同。由于明六社的启蒙思想家们都是当时最为一流的学者，而在当时的情况下，熟悉西方文明的只有少量的知识分子。因此在启蒙思想家看来，几乎所有的国民都是亟待从蒙昧中被启发的“愚民”。从当时日本的具体国情出发来看，他们会有这种想法也是难以避免的事情。无论是西周还是福泽谕吉，都认为民众是“愚昧”、“无知”的，因此他们当仁不让地具有“启发愚民”的责任。与明六社的启蒙思想家们以“启发愚民”为己任的做法相比，平民主义则将自己比作“国民之友”，感叹日本人民还未能拥有“自由人民之资格”，而且未能感受到“改革之恩光”。这与启蒙思想家的“愚民论”之间，有着决定性的不同。关于销售情况所反映的受众范围方面，1874 年至 1875 年间，《明六杂志》每期有 3000 余册的销量，这在当时可以说是一个相当惊人的数字。十几年后，随着这期间教育的快速普及、自由民权运动带来的民众学习意识的高涨以及报纸杂志等新闻业的蓬勃发展，当 1887 年（明治 20 年）《国

① 如上文中提到的《日本人》的志贺重昂与《文学界》的北村透谷。

民之友》发行后，销量不久就超过上万册，甚至创下过30000册的销售记录。当然，从启蒙意义上而言，《明六杂志》所带来的影响力是无可比拟的，两者之间的销量也不能够简单地进行比较。但是比起不到两年时间就被迫夭折的《明六杂志》，《国民之友》以平民主义作为指导思想，并对其大力宣传的时间毕竟要长久一些。[①] 同时，《国民之友》也受到了当时知识分子的大力支持。

再次，对于社会主导力量的期待不同。福泽与大部分明六社成员都认为，一国的文明应当由“中产阶级（Middle Class）”来担任。但他们所期待的社会主导力量的主体，无外乎是希望士族有朝一日能够成长为他们理想中的“中产阶级”。与此相对，平民主义则将社会主导力量的希望寄托在了以“田舍绅士”为代表的“中等阶层”身上。从表面上看，这种说法与启蒙思想家们认为应该由“中产阶级”担当起一国文明代表的想法有类似的地方，但是这两者所期待的主体却是完全不同的。启蒙思想家所期待的主体是带有特权思想、实质上仍然自认为高人一等的士族。而平民主义所期望的主体，却是既从事实际生产，又有一定管理能力的乡村“田舍绅士”与城市“工商阶层”的平民的联合。而对于自由民权派，平民主义对他们那种自认为是民众指导者的“仁人志士”的想法及其过分偏重政权的“士族禀性”都提出了批判。平民主义认为，“士族禀性”是带有旧时代封建特征的、应当尽快予以抛弃的一种落后的思想。虽然平民主义有关“中等阶层”的构想只是一种无法实现的空想，但这种期望政治主体扩大，并下降到“平民阶层”身上，而不再由特权阶层或者具有特权意识的阶层来担任的构想，是值得加以肯定的。

此外，比起明六社那种颇有些唯我独尊意味的权威性启蒙，民友社的

---

① 从1894年（明治26年）开始，《国民之友》渐渐放弃了平民主义的主张，并最终以次年的中日甲午战争为契机，转向了鼓吹日本对外膨胀扩张的反动一面。完全背弃了以平等主义、和平主义、自由主义为理念的平民主义。

平民主义，则是在一边批判贵族式的欧化主义，一边与政教社的国粹主义围绕实现日本近代化方式的论争过程中成长起来的。而关于启蒙思想与平民主义之间主要吸收的西方思想理论之间的差别，主要在于启蒙思想为了尽快将日本从封建思想中解放出来，使用了欧洲 18 世纪启蒙思想的理论，即以自然法为基础的天赋人权说。而在日本社会经过了十几年的发展之后，平民主义则更多地使用了社会进化论的思想。

总之，有别于明六社那种占据文明传播的制高点、带着俯视的眼光引领启蒙运动的做法，平民主义将贵族的文明与平民的文明放在相对立的位置上，提倡从普通民众的角度出发，由下而上地建设平民社会即现代市民社会的理念，确实具有更为进步的性格。诚然，我们不能要求启蒙思想家们具有超越其所处具体时代的认识。应该说，随着教育的普及以及西方思想在日本的传播，无论是政治主体还是言论与知识分子的主体都在迅速地向下层扩展。在日本逐渐实现近代化的进程中，不同时期的知识分子所面临的任务与目的也随着时间的推移而不断变化。启蒙思想家们在他们所活跃的时代以启蒙为己任，打开了日本由封建走向近代的大门。在接下来的时代，继续传播西方思想的任务又由出生、成长在新时代的知识分子们承接了过来。从这方面而言，平民主义与启蒙思想之间确实存在着一定的继承与发展的关系。该如何使日本在通往近代化的道路上走得更远，则是平民主义的倡导者们所处时代所面临的新问题。

二　平民主义结社“民友社”与国粹主义结社政教社

在民友社成立并开始发行《国民之友》的 1887 年（明治 20 年），德富苏峰主要的批判对象是被他称之为“贵族的急进主义”的由政府主导的贵族式的欧化主义势力。这股势力以提出“鹿鸣馆外交”的井上馨作为代表人物。在《国民之友》创刊号上的《啊，国民之友诞生了》与第 2 号上的

《外交之忧不在外而在内》这两篇文章里，德富苏峰都对这种“贵族的急进主义”进行了批判。但是在同年9月，随着井上馨辞任外相，希望通过“鹿鸣馆外交”实现修改不平等条约的尝试也宣告失败。由此，德富苏峰对于“贵族的急进主义”的批判，实际上也已基本宣告结束。在井上馨辞任后发行的《国民之友》第10号（1887年10月）和第11号（1887年11月）上，德富苏峰相继撰写了《保守的反动大势》与《新保守党》两篇文章，对由于井上馨修改不平等条约失败导致的保守势力抬头提出了警示。在《保守的反动大势》一文中，德富苏峰指出：“保守的反动岂是偶然？必有原因刺激，才会产生。刺激原因为何？正是贵族急进派之运动使然。其运动不必吾人详述，若是回顾昨天之世界，就能得知其是如何之物。彼等之一队，喜好进步，然其进步，是贵族之进步。……然天下人心，已厌倦假面舞会，厌倦赛马。……但对贵族的急进派厌倦至极的，不只是人民，政府中也有很多人对其厌倦至极。……在贵族的急进派凋零时产生之物为何？则是保守反动的大势。”[①] 从这里可以看出，随着保守势力的抬头，德富苏峰对贵族的急进主义的批判已经有所缓和，反而承认其“喜好进步”的性格，同时开始警惕保守势力。而在《新保守党》中，德富苏峰则提出，随着贵族的急进派的失策，“保守之政论，披上了进步之外衣。……彼之新保守党，无论携何种教典，如何劝化世间，……如何出没变化其议论，……也不外乎是折衷二字”[②]。可以看出，德富苏峰将此时出现的主张“取长补短”的“折中主义”，视为了披着进步外衣的保守政论，并由此将其称为“新保守党”。从这些论述中都能够看出，德富苏峰对于保守势力的重新抬头是何等的反感。德富苏峰在自传中也曾提到：“予当时最为害怕的，与其

---

① 德富猪一郎『国民叢書第1冊 進歩乎退歩乎』、民友社、1891年（明24）、3—6頁。

② 同上书，第18页。

说是欧化主义者，不如说是站在其对立面的反动者。”① 此后，德富苏峰一反过去对井上馨的批判态度，反而撰文称井上馨即使在辞任之后也仍然具有很大的势力，而且还称井上馨“摆脱了贵族主义，接近了平民主义”②。

（一）民友社与政教社的争论焦点

在上述的这种情况下，1888 年（明治 21 年），陆羯南和志贺重昂分别创办了以宣扬国粹主义为目的的《东京电报》③ 和《日本人》杂志。随着《日本人》杂志的发行，政教社也随之成立。此后，政教社的国粹主义迅速成为与民友社的平民主义齐名的明治 20 年代初期的主流言论之一。可以说，民友社与政教社是明治 20 年代前半期占据舆论界最重要地位的两大思想集团。主张国粹保存主义的志贺重昂主张，要用国粹的肠胃对西方的事物加以消化。他虽然承认近代化有必要接受西方化，但这要建立在尽可能保留日本原有事物的基础之上。而在德富苏峰看来，这种主张本身就是取长补短的“折中主义”，因而是新保守主义的一种表现。在《东京电报》和《日本人》创刊之后不久，德富苏峰就在《国民之友》第 20 号上对国粹主义的主张迅速做出回应，他指出，此时不是“爱玩古物”的时候，对于落后于西方的日本而言，要想与西方国家并驾齐驱，就必须要毫不犹豫地学习先进文明。④

此时，平民主义与国粹主义之间争论的焦点，就集中在修改不平等条约上。在井上馨辞任外相之后，大隈重信于 1888 年 2 月就任了外相。德富苏峰对大隈重信的外交手段做出了较高的评价。出于对保守势力的警惕，

---

① 德富蘇峰『人間の記録 22 徳富蘇峰：蘇峰自伝』、日本図書センター、1997 年 6 月、170 頁。

② 米原謙『日本政治思想』、ミネルヴァ書房、2007 年 3 月、99 頁。

③ 《东京电报》在 1889 年（明治 22 年）更名为《日本》报。

④ 米原謙『日本政治思想』、ミネルヴァ書房、2007 年 3 月、102 頁。

德富苏峰认为大限重信进入内阁，能够使进步派在政府内部取得一定的优势。大限重信就任之后，有关修改不平等条约的工作一直都在秘密中进行。但是《日本》报却在1889年5月末，对英国《泰晤士报》上刊登的相关内容进行了报道。虽然此时的修改内容比起井上馨时期已经有了较大的改善，但其中采用外国人作为大法官这种依然有损主权的做法，还是激起了民众的反对。[①] 在德富苏峰看来，这一改正案虽然不能说是尽善尽美，但是比起现行的条约，大限的方案已经有了很大的进步。但是《日本》报却认为，这种做法与井上馨之前的方案相比，只是在对外国让步的程度上有所不同，因此两者之间并没有本质的区别，从而对其提出了强烈的反对。虽然当时反对修正案的呼声此起彼伏，但德富苏峰还是出于害怕保守势力借此机会兴风作浪的原因，对大限重信的条约改正案给予了支持。从结果上来看，由于大限重信遇袭之后辞职，条约修改也被迫停滞。这最终导致了不平等条约修改的时间被大幅延后。

（二）民友社与政教社之间的共性

虽然在基本理念与许多具体主张方面，平民主义与国粹主义看似有些势同水火，但这两者之间却并非完全没有共同点。德富苏峰也曾在自传中提到："（《国民新闻》与《日本》）都是不带什么商业气味的书生流的报纸，读者也都不是什么实业家或者有钱人，而是论客、志士……读者都是些有特色的人，这一点是一致的。虽然社员的外表与作风有所不同，但不管是社内的组织，还是社与社员的关系，都有着一股有志者团体的气氛，这一点也是一致的。"[②] 从这里可以看出，在德富苏峰看来，民友社与政教

---

① 1889年10月，大限重信遭到国家主义组织玄洋社成员来岛恒喜的炸弹袭击，导致右腿截肢，并于此后被迫辞职。来岛恒喜在实施袭击之后自杀。

② 德富蘇峰『人間の記録22　德富蘇峰：蘇峰自伝』、日本図書センター、1997年6月、209頁。

社之间虽然意见不同，但读者的气质和社内的风气却有着相似之处。

在对于社会问题的关注方面，民友社与政教社之间也有过一些共识。例如，创刊不久的《东京电报》曾对1887年发生的要求“言论集会自由、停止修改条约、减轻地租”的三大事件建议运动[①]做出了与平民主义相类似的评价。《东京电报》的社论指出，这种震撼政府的壮士运动，并不一定能够代表平民的利益。壮士应当同农工商人民联合在一起。[②] 这与平民主义提倡不要在建设的时代从事扰乱运动的主张，确实有着一定的相似性。此外，陆羯南与德富苏峰一样，主张在士族议员较多的地区，应当排除贵族主义的专横，发扬平民主义的公平。并且认为这才是文明的趋势。在陆羯南看来，社会主导力量应当从士族转移到平民阶层，认为新的政治力量的核心应当由实业家和地方豪农组成的中产阶级来担任。这与平民主义中主张由田舍绅士主导、联合城市工商阶层的中间阶层论，也几乎是完全一致的。

宫崎湖处子曾以末兼八百吉的笔名，在《日本人》创刊的1888年发行过名为《国民之友与日本人》的小册子。他对这两份杂志的特征做出了如下的论述：“《国民之友》认为，‘对欧美的文明，要不加大意、不带犹豫、不间断地适用于我邦’，就如同政治上的改进党的主义。《日本人》认为，‘要寻求原因结果的原理，然后探究其与国粹和生物进化之大法之间的缘故。……应当从1、2、3、4渐进到5、6、7、8、9、10，这样安全巩固’，

---

① 1886年，第一次伊藤内阁时期，井上馨与外国使节团进行了修改不平等条约的会议，做出了逐渐提高关税与任用外国人作为法官的让步。此举激起了朝野内外的反对。得知此事的民权派一致谴责政府的做法。在东京发生了学生和有志之士（壮士）的抗议活动。民权派提出，之所以会发生此次混乱，是由于有辱国权的欧化政策以及对言论自由的压制造成的。因此提出了：言论集会自由、停止修改条约（要求以平等的身份重新协商修改条约）、减轻地租这三大要求，并向元老院提交了建议书。这次的事件被称为“三大事件建议”，也是自由民权运动中最后的运动之一。

② 米原謙『德富蘇峰：日本ナショナリズムの軌跡』、中央公論新刊社、2003年8月、69頁。

就如同所谓保守党之主义。《国民之友》认为，在将欧美文明输入日本时，我等后进之进化线、因果环，要贴近欧美文明。《日本人》并非一味保存旧物，而是认为我等后进之进化因果，在能够容纳西洋开化之时，才算是迈出了第一步。对于进化、因果，是不能更改的，只能听从其命令。”① 在宫崎湖处子看来，无论是《国民之友》的平民主义，还是《日本人》的国粹主义，都属于主张引入西方文明的主张，但两者之间对于引入西方文明的速度，则有着不同的看法。平民主义认为，应当尽可能积极地吸收西方文明。但是国粹主义则认为，西方与日本有着不同的进化方式，因此要在保持自身主体性的前提下，学习西方文明。如果与国粹主义这种认为应当对西方文明细嚼慢咽加以吸收的、被德富苏峰斥责为“折中主义”的主张相比，提倡尽快全面引入西方文明的平民主义，则确实如同德富苏峰本人的评价，是一种“平民的急进主义”。虽然思想之间存在着巨大的差异，但德富苏峰还是在自传中对陆羯南做出了非常之高的评价，他将陆羯南形容为：“狷介不群、气宇轩昂的东北男儿。”② 在德富苏峰看来，陆羯南思虑周全，绝非他这个“粗枝大叶之人”所能企及的。德富苏峰曾回忆起自己与陆羯南交往期间的一个小插曲：“起草种种文案时，似乎总是予和陆君共同担任委员。曾经有一次，陆君曾将予写下的远东③二字改为东亚，予也没有异议，即刻同意。④ 在文字方面，陆君是非常注意的。”⑤ “远东”与“东

① 末兼八百吉『国民之友及日本人』、集成社、1888年（明治21年）、12—13頁。

② 德富蘇峰『人間の記録22　德富蘇峰：蘇峰自伝』、日本図書センター、1997年6月、207頁。

③ 原文为极东。

④ 但是从民友社为其创办的英文杂志取名为 *The Far East*（《远东》，创刊于1896年）这一点来看，很难说德富苏峰从心底里认同了这一说法。

⑤ 德富蘇峰『人間の記録22　德富蘇峰：蘇峰自伝』、日本図書センター、1997年6月、208頁。原文中并没有明确指出这件事情发生在什么阶段，但根据前文的内容推断，这件事应当是德富苏峰思想转向前后发生的。此时的德富苏峰已经渐渐背离了平民主义。但作为一个表示平民主义（或者称之为出于平民主义的思考惯性）与国粹主义之间区别的例子，笔者还是将其举了出来。

亚”，不过一字之差，却可以看出两者在关于东亚地位认识上的不同之处。前者是站在全面接受西方思想的立场上，从西方的角度对日本所处亚洲的地理位置加以认识。而后者则是从东亚本位的角度出发，客观地对自己所处的位置进行评价。其中的差异，绝不仅仅是“对于文字的注意”所能解释的。总之，在当时的历史社会条件下，日本面临着尽快加速近代化建设的任务。这种建设不仅仅是物质层面的，同时也包括精神方面的思想转型。民友社与政教社作为同是由青年知识分子组成的思想集团，以不同的方式思考着这个问题。虽然他们采取的路线与方法不尽相同，但其出发点和目的都可以归结为同一点，那就是日本该以何种方式，完成自身的“进化”，从而使日本民族的独立性不再受到西方的威胁，甚至更进一步，该如何与西方文明比肩。

本章小结

说起平民主义，在以往的研究中，往往将其与德富苏峰个人的思想画上等号。但事实上却并非如此。德富苏峰固然是平民主义的提出者和最主要的倡导者，但平民主义在发展的过程中，以民友社这个思想、文学、言论集团作为基础，吸收了民友社同人的思想作为养料，从而发展出了更为丰富的理论内涵。虽然这些理论当中难以避免地存在着一些问题，从而造成了平民主义从一开始就带有无法克服的理论缺陷，但其中含有的进步因素，也是显而易见的。

作为一种以改良社会为己任的社会思潮，平民主义通过以青年为代表的主要支持者所从事的运动，被运用到了社会改良的实践中。虽然由于青年们能力有限，这些实践对社会所产生的影响也受到了很大的限制，但这些年轻的平民主义者们还是通过自身的实际行动，去努力实现着他们自身的平民主义理想。这不仅达成了平民主义希望青年们“独立不羁”、“自主自由”的期待，而且在一定程度上，也达到了平民主义希望对社会加以改良的期望。平民主义者对于妇女运动的支持，也体现了其对于普遍平等理念的赞同，以及对于女性的尊重。通过民友社与明六社之间的对比可以看出，民友社的平民主义确实在某些方面接过了明六社所竖起的传播西方先进知识的启蒙思想旗帜，同时，随着时代的发展与社会的进步，平民主义对启蒙思想也有了一定的发展和超越。而平民主义和国粹主义的论争及共性，则反映了明治 20 年代初期的青年知识分子对国家发展之路的思考，那就是，是实现将西方文明引入到日本的、内化的“世界化的日本”，还是实现将日本的文明扩展到世界范围的、外化的“日本的世界化”。

第 四 章

平民主义的衰退

应该说，在某个时代流行的思潮，都属于当时具体的历史环境，有其从诞生、到发展、再到衰落的过程。平民主义作为明治 20 年代上半期在日本社会风靡一时的思潮，也经历了上述的发展历程。在世界主要发达资本主义国家陆续进入垄断资本主义阶段、日本国内近代天皇绝对主义体制逐渐成形的历史与社会背景下，平民主义由于其主要代表人物的思想转向以及其理论中固有的缺陷，不可避免地走向了衰落。平民主义衰落的原因是多方面的，其中既有内在的原因，也有复杂的外部原因。在多种原因的共同作用之下，平民主义最终退出了日本明治中期思想史的舞台。本章将对平民主义衰退的社会历史背景、直接契机、理论缺陷等原因进行分析，从整体上对平民主义的衰落原因加以把握，并对其衰退后的流向进行考察，揭示出平民主义与明治时代的社会主义思潮之间存在的联系。

◇◇第一节　平民主义衰退的原因

一　平民主义衰退的历史及社会原因

从国际方面来看，从 19 世纪 70 年代开始，随着第二次工业革命带来的影响，世界主要资本主义国家开始由自由资本主义向着垄断资本主义，即帝国主义阶段过渡。在19世纪最后的30年里，世界工业产量增加了2.2倍。[①] 随着生产力的极大发展，垄断组织逐渐形成，这推动了主要资本主义国家对于殖民扩张的需求。以英国为例，19世纪后半叶的英国不仅占据了大量的殖民地，而且在世界市场上也占据着垄断地位。到1861年，英国的国民总收入超过了5亿英镑，其中工业部门收入占到了将近一半，相当于农业及商业运输业的总和。当时英国的工业生产已经基本实现了机械化，工业生产量居世界第一位。与此同时，英国还大量出口机器设备，遍布世界的殖民地成为英国工业生产的原材料供应地和产品倾销市场，英国也成为名副其实的“世界工厂”。19世纪70年代时，英国的殖民地总面积已经达到了2250万平方公里，殖民地总人口超过2.5亿人。自鸦片战争以来，英国通过鸦片贸易，从中国攫取了超过1.4亿英镑的利润。同时，英国向印度征收的税款也超过了1亿英镑。当时，英国及其殖民地在世界贸易中所占的比例超过了法、德、美三国之和。[②] 在1890年前后，英国殖民扩张的重心主要在太平洋和非洲。这期间，英国占据了许多太平洋上的岛国和无人岛，用于架设电缆。到1895年之前，英国已经架设了31万公里以上的海底电缆，以及超过122万公里的空中及地面电缆。对于英国这个拥有大量殖民地的殖民帝国而言，架设电缆是维护其统治的重要手段之一。同时，英国还分别从埃及和南非开始，对非洲大陆进行两面夹击。1889年至1896年，英国在非洲先后占领了罗德西亚[③]、乌干达、桑吉巴尔[④]、尼亚萨

---

① 刘国平、范新宇：《国际垄断资本主义时代——世界经济与政治的最新发展》，经济科学出版社2004年版，第5页。

② 参见吴春华主编《西方政治思想史·第四卷·19世纪至二战》，天津人民出版社2005年版，第197页。

③ 津巴布韦共和国的前身。

④ 后与坦噶尼喀一起组成坦桑尼亚联合共和国。

兰[①]、肯尼亚、阿善堤[②]等国。[③] 殖民地已经成为英国的生命线。英国国内的自由党与保守党之间的政策也逐渐接近，都代表着垄断资本的利益，而且都极力推动殖民扩张。1889 年，英国议会还通过了增强海军的法案，规定“英国海军必须超过其他两个最强海军国家的联合舰队”[④]。此时的英国虽然已经逐渐失去了世界工厂的工业垄断地位，但通过强大的海军支持下的不断殖民扩张，英国建立了占据最多殖民地的垄断地位。英国在世界贸易方面仍然占据首位，伦敦也依然是世界经济的中心。因而英国在当时仍是世界上最为强大的资本主义国家。在英国通过殖民扩张维持了世界最强大国家地位的背景下，德富苏峰会继续以英国作为“世界之大势”的蓝本，将英国走上的扩张殖民之路奉为新的经典信条[⑤]，抛弃平民主义而写出《大日本膨胀论》[⑥]，对他个人而言，这些也许都是再自然不过的选择。

而在日本国内方面，随着 1889 年（明治 22 年）《日本帝国宪法》的颁布以及 1890 年（明治 23 年）《教育敕语》的发布，日本在国家体制与意识形态上的天皇绝对主义国家政权得到了全面的强化。建立近代市民社会所需要的“市民（国民）”这一概念，被国家规定的“忠君爱国”的、具有“统一思想”的“臣民”所取代。这使得平民主义通过《国民之友》、《国民新闻》所大力提倡的建立近代“国民”的希望随之破灭。在这种情况下，随着日本社会逐渐向着愈发保守的方向发展，曾经被平民主义寄予厚

① 马拉维共和国的前身。

② 加纳共和国的前身之一。

③ 澤田次郎『德富蘇峰の大日本膨張論とアメリカ—明治 20 年代を中心に—』、同志社アメリカ研究（41）、2005 年 3 月。

④ 潘润涵、林承节：《世界近代史》，北京大学出版社 2000 年版，第 515 页。

⑤ 就如同德富苏峰当年曾经将英国的自由主义贸易政策奉若经典，孜孜以求一样。

⑥ 关于此书，将在本节第二部分加以详述。

望的“新日本之青年”的明治青年，也被卷入了这股保守的潮流之中，从而失去了“改革之健儿”这一代表着进步的身份。发表在《国民之友》第117号（1891年5月）上的《明治青年与保守党》一文中，作者指出“最近三四年之日本，实际上已经被卷入反动革命之颓波乱涛之中”[①]。文中期待着，如果有人能够站出来最先抵抗这场“反动之革命”直到最后一刻的话，那一定是青年。但“现实中之情势，却是此等青年成为了最初之降服者，现今他们或成为反动军之先驱者，或挥舞武器向进步之旗帜发起猛攻”[②]。在当时日趋保守的社会环境中，青年们难以避免地受到了影响。不但没能坚持住进步的立场，反而调转枪头，成为反动势力的急先锋。对于这种趋势，《明治青年与保守党》中虽然提出了尖锐的批判与强烈的谴责，但仍然认为，这一趋势是能够促使青年们成长起来的“猛火之洗礼”。可惜事与愿违，随着保守势力的抬头，这种期待也只能是一种不切实际的幻想。

此外，在平民主义有关政治制度的构想中，有两个重要的组成部分：其一是希望由乡村田舍绅士与城市工商阶层联合组成中间阶层，成为平民社会中的政治主导力量；其二就是希望自由党与改进党能够联合起来，组成能够共同对抗藩阀政府的进步党联合。但是这两方面的期望却都在社会现实面前，成为无法实现的空想。

发表于1888年（明治21年）的《政治上的隐秘变迁》[③]一文曾预测，在四五年之后，由农工商联合形成的中间阶层就会成为日本社会的主导力量。根据众议院议员选举法的规定，直接向国税缴纳15日元以上的人，才能拥有选举权与被选举权。如果按照这一规定，那么拥有选举权与被选举

① 德富猪一郎『国民叢書第3冊 青年と教育』、民友社、1892年（明25）、112頁。

② 同上书，第113页。

③ 在《国民之友》第15号至第19号上进行了连载。

权的人，有超过98%的人都是靠缴纳地租的方式得到参政权，而靠缴纳所得税获得参政权的人，仅有2%左右。[①] 也就是说，能够参与众议院选举的人，几乎全部都是拥有土地的“田舍绅士”。这样的结果完全出乎德富苏峰的预料。德富苏峰以英国作为近代化的理想模式这一点，已经不必赘言。在已经成为近代化工业国家的英国，靠地租取得选举权的人已经是少数，多数具有选举权的人都是城市中的工商阶层。但在日本，由于国情之间的巨大差异，导致这一比例完全无法达到平衡。如果想使国会中的田舍绅士与工商阶层的比例达到平衡，就必须等待工业化的发展，使工商阶层能够成为一个更加具有实力的阶层。但这无疑需要经过漫长的等待过程。而事实上，问题也不仅仅在于此时工商阶层的实力微弱。在日本社会向着近代化、城市化发展的过程中，田舍绅士这一群体的数量也在不断减少。刊登在《国民之友》第172号（1892年11月）上的《中间阶级之堕落》一文中曾指出，田舍绅士已经失去了自身原有的“刚健、勤俭、纯粹、质朴”的美德，而且在十年的时间里，缴纳5日元以上税金，从而拥有府县议会选举资格的人数从180万人减少到了140万人。这是由于城市化导致的田舍绅士的“堕落”。[②] 由此，工商阶层过于弱小和田舍绅士“堕落”的社会背景，使得平民主义的“中间阶层”论遭到了决定性的打击。

而希望自由党与改进党能够联合起来，组成能够共同对抗藩阀政府的进步党联合的期望，也随着自由党与政府的靠近，造成了民党的分裂，从而宣告失败。从1892年（明治25年）年末开始，星亨[③]领导的自由党开始与政府接近。星亨本人与担任第二次伊藤内阁外相的陆奥宗光之间的私交较为密切。这使得自由党有可能会被吸收进入伊藤内阁，从而造成民党的

---

① 米原謙『日本政治思想』、ミネルヴァ書房、2007年3月、108頁。

② 米原謙『徳富蘇峰：日本ナショナリズムの軌跡』、中央公論新刊社、2003年8月、84頁。

③ 星亨：1850（嘉永3年）—1901年（明治34年）。日本政治家，自由党领袖。1892年时，曾在第二次大选中当选众议院议长。1901年遇刺身亡。

分裂。这是一直倡导进步党联合的民友社所不愿看到的。因此，《国民之友》第 188 号（1893 年 4 月）上刊登了名为《民党的同志之争》的文章，对星亨与政府接近的态度进行了攻击。而自由党对这一言论也立刻做出了回应，认为这是对星亨名誉的损害，由此向民友社提出了抗议。围绕这一事件，民友社与自由党之间的关系不断恶化，到 5 月时，自由党的党报《自由》将民友社称为“党敌”，并举行了批判民友社的活动。作为反击，《国民新闻》也持续着对自由党的批判。[①] 由此可见此时两者之间的关系恶化到了何种程度。这也成为自由党与改进党之间走上决裂之路的原因之一。虽然民友社依然坚持民党联合的立场，但在当时，为了对自由党与政府相接近的这一举动加以反击，改进党也开始与持有保守立场的国民协会[②]相靠拢。改进党与国民协会的联手，可以说是站在敌人的敌人就是战友的出发点上，出于相同的反政府立场而联合起来。至此，曾经身为民党的自由党与改进党已经彻底分裂，而且还分别与保守势力联合了起来。在同年 12 月发行的《国民之友》上刊登的《自由党堕落史》一文中，已经将此时的自由党改称为“准吏党”。不久之后，这一称呼又被改为“新吏党”。[③] 由于占据议会三分之一席位的自由党实际上已经成为与政府相一致的“吏党”，由此，民友社希望通过民党联合打破藩阀统治的构想，也已经完全破灭了。

二　平民主义衰退的直接契机

1894 年（清光绪 20 年，明治 27 年），随着朝鲜局势的日趋紧张，中

① 米原謙『徳富蘇峰：日本ナショナリズムの軌跡』、中央公論新刊社、2003 年 8 月、90—91 頁。

② 国民协会：吏党成员的议员组成的国粹主义团体，持有国权主义的观点。

③ 米原謙『徳富蘇峰：日本ナショナリズムの軌跡』、中央公論新刊社、2003 年 8 月、92—93 頁。

日两国在朝鲜问题上的矛盾日益尖锐。在日本对朝鲜觊觎已久的背景下，当年的7月25日，中日甲午战争正式爆发。在当时的日本，言论界几乎一致地将这场侵略战争称为“义战”[①]。就连内村鉴三[②]都在《国民之友》第233号上发表了英文写成的*Justification of the Korean War*（《朝鲜战争的正当性》）一文。在接下来发行的《国民之友》第234号上，刊登了这篇文章的日文译本，其题目被翻译为了《日清战争之义》。[③] 由此可知当时日本社会对于甲午战争所持有的普遍看法。德富苏峰则在自传中表示：“明治二十七、八年（1894、1895年）的战役，不论是对于日本的历史，还是予个人的历史而言，都是一个重大事件。而对于予的一生而言，这也是一大转折点。予之前与藩阀政府对抗到了最后一刻。……但是二十七、八年战役开始之后，予就把藩阀政府、萨长之流全部忘得一干二净，认为当务之急，是以举国之力与清国一战。”[④] 由此可见，当时的德富苏峰在战争这一“大势”面前，早已将此前自己所主张的以和平主义为内容的平民主义抛之脑后。在战争期间，德富苏峰还在《国民之友》与《国民新闻》上发表了多篇鼓吹日本对外扩张膨胀的文章，并在1894年12月时将这些文章集结成册，出版了《大日本膨胀论》一书。在该书中，德富苏峰从日本国民的膨胀性说起，认为“若过去几百年之历史为收缩之历史，那么将来几百年之

---

① 福泽谕吉在此时甚至抛出了所谓“文野之战”的论调。

② 内村鉴三：1861（万延2年）—1930年（昭和5年），明治、大正时期的基督教思想家、教育家。曾前往美国留学。在1890年回国后，任东京第一高级中学校教师。对于将《教育敕语》奉若神明的做法持反对态度。1891年，在该校校长捧读《教育敕语》时，内村鉴三因坚持不肯鞠躬礼拜，而引起了“大不敬事件”。不久之后，内村被解除了教职。

③ 米原謙『日本政治思想』、ミネルヴァ書房、2007年3月、111頁。日清战争：即中日甲午战争。虽然在战争初期，内村鉴三也对这场战争持有肯定的态度，但不久之后，他就感到这场战争并非正义之战，并由此站在了反战的立场上。

④ 德富蘇峰『人間の記録22　德富蘇峰：蘇峰自伝』、日本図書センター、1997年6月、213頁。

历史，就是膨胀之历史”[①]。随后，他又借荷兰、法国、英国的例子，以人口的膨胀需要扩张领土为理由，认为随着日本人口的增加，势必要扩张领土。甲午战争被德富苏峰视为“天赐良机”，认为开战有诸多利益，而不开战，则非但是“害”，而且甚至会带来“祸”。在该书中，德富苏峰认为战争的意义不仅在于胜利，还在于让世界认识到“我国民心中伟大的国民性格”、“开拓万里波涛之雄心壮志”。这意味着“日本国民之解脱、复活”，并且标志着“三百年来收缩之日本，一跃成为膨胀之日本”。[②]“渺茫东僻之岛国，今列位世界强国之一。”[③] 文章最后，德富苏峰写道：“经世之两大动机，在于兵与商。……我邦将来之方针，固不外乎富国强兵。……兵与商，绝不可分立。……吾人深信，作为国家生存之必要，作为维持日本新占领地位之必要，且作为扩张之必要，一定不可禁止军备扩张。但可以商量之事，则是在武备机关扩张之同时，亦可与生产机关的发达并行不悖而已。富国强兵，缺一不可。”[④] 可以看出，在《大日本膨胀论》中，德富苏峰早期所倡导的以自由主义、和平主义为特征的平民主义主张已经消失无踪。德富苏峰此时的论调，已经变为了鼓吹全面加强军备、积极对外扩张，与此同时，还大肆宣扬战争的必要性与意义。在平民主义看来，“富国”与“强兵”之间的矛盾是不可调和的，“强兵”必然会对“富国”产生不利的影响，从而导致人民的利益受到损害。但此时，德富苏峰也抛弃了之前的观点，转而认为“富国强兵”是“缺一不可”的。

促使德富苏峰放弃平民主义，转而鼓吹日本膨胀扩张的原因是复杂多样的。但德富苏峰之所以会写出《大日本膨胀论》，则无疑是受到了此前英

① 植手通有『明治文学全集 34　徳富蘇峰集』、筑摩書房、1984 年 2 月、246 頁。
② 同上书，第 255 页。
③ 同上书，第 267 页。
④ 同上书，第 272 页。

国历史学家约翰·罗伯特·西雷[①]所著的 *The Expansion of England*[②]（《英国的扩张》）一书的影响。在此书中，西雷指出，长期以来的历史已经验证了英格兰所显示出的膨胀（扩张）倾向。并且以此作为线索，对英国 17 世纪以来的历史进行了论述。西雷还指出，大英帝国的发展，并非从一开始就树立了一个宏大的目标，并且逐渐实现了这一目标，而是由一个成功自然地引发了接下来的成功，从而自然地完成了建设的过程。而对于当时其他新兴国家的挑战，西雷则认为，英国应当与所统辖的殖民地（如加拿大、澳大利亚等）之间加强联系，从而保持大英帝国的优势。[③] 西雷还在书中鼓吹殖民扩张的行为，强调殖民地在原料供应与商品市场方面所具有的重要性。[④] 作为一名言论人，审时度势、顺应大势，一直以来都是德富苏峰的特征。如果说当时日本国内主战之意是“国内之大势”，那么，作为当时世界上最为发达国家的英国的趋势，就是“世界之大势”。在德富苏峰看来，自己此前的平民主义主张，显然已经无法适应此时的“大势”。所以他选择了放弃平民主义，转而鼓吹日本的对外扩张。虽然德富苏峰没有像福泽谕吉那般，在此时捐出大量的战争捐款。但在战争期间，国民新闻社却派出了为数众多的战地记者，对战争情况进行了详细的报道。根据德富苏峰在自传中的回忆，国民新闻社前后派出了三十余名记者参与了甲午战争的

---

① 约翰·罗伯特·西雷（John Robert Seeley）：1834—1895 年，英国剑桥大学的历史学家，随笔家。1883 年，《英国的扩张》出版。

② 此书的书名在日本被翻译为『英国膨脹史』，《大日本膨胀论》中“膨胀”的由来，应当就源于此。根据御茶水图书馆所收藏的德富苏峰藏书来看，德富苏峰所有的 *The Expansion of England*（London：Macmillan and Co.，1891）是 1891 年出版的版本。上面记有德富苏峰的笔记。而根据书上 8/93 的字样来看，德富苏峰购得此书的最早时间是 1891 年，至迟也应该从 1893 年 8 月开始阅读此书。澤田次郎『德富蘇峰の大日本膨張論とアメリカ—明治 20 年代を中心に—』、同志社アメリカ研究（41）、2005 年3 月。

③ 澤田次郎『德富蘇峰の大日本膨張論とアメリカ—明治 20 年代を中心に—』、同志社アメリカ研究（41）、2005 年 3 月。

④ 潘润涵、林承节《世界近代史》，北京大学出版社 2000 年版，第 514 页。

报道。[①] 如果说此时的德富苏峰是被卷入了战争狂热的话，那么在此后发生的“三国干涉还辽”事件，则成为他思想上彻底转向的标志。

1895 年 4 月 17 日，清政府与日本明治政府签署了《马关条约》，条约中规定，将辽东半岛割让给日本。几天之后，俄国、德国与法国出于自身利益的考虑，劝说日本放弃辽东半岛，将其返还给中国。关于这次干涉，当时的日本首相伊藤博文[②]建议，召开国际会议商议此事。但外相陆奥宗光[③]则主张，召开国际会议有可能会招致更多的干涉，并希望英国、美国、意大利能劝诫俄、德、法收回劝告。但英美宣布在此事上保持中立。于是在 5 月 5 日，日本只得接受劝告，承诺将辽东半岛返还给清政府。作为代价，日本要求清政府支付 3000 万两的赔偿金。清政府在同意这一条件之后，于当年年底收回了辽东半岛。“三国干涉还辽”这一事件，对日本国内造成了很大的震动，并成为日后日俄战争的重要原因之一。而这一事件对德富苏峰本人造成的影响，更是十分深远。在战争基本结束的 1895 年 4 月，德富苏峰曾前往辽东半岛的旅顺等地。“三国干涉还辽”事件，就发生在德富苏峰留在辽东半岛的时期，这对他造成了极大的刺激。德富苏峰曾在自传中提到：“此次交还辽东，几乎支配了予一生的命运。自从听闻此事，予在精神上与之前几乎判若两人。这毕竟是由于力量不足。（予）开始确信，如果力量不足，无论是怎样的正义公道，也没有半文的道理。”[④] 而在日后出版的《时务一家言》[⑤] 的绪言中，德富苏峰更加具体地描述了他

---

① 在这些战地记者之中，也包括刚刚加入国民新闻社不久，日后成为文学名家的国木田独步。

② 第二次伊藤内阁。

③ 陆奥宗光：1844（天保 15 年）—1897 年（明治 30 年）。幕末时代的武士，明治时代的政治家、外交家。

④ 德富蘇峰『人間の記録 22　徳富蘇峰：蘇峰自伝』、日本図書センター、1997 年 6 月、225 頁。

⑤《时务一家言》：出版于 1913 年（大正 2 年）。

当时的感受："二十七八年之战役，使之前只会从书本中学习的予，初次从事实中学习到了知识。予与实际接触，虽然并非始于此次战役，但此次战役却给了予难以磨灭之深刻痛切之感化。换句话说，此次战役之感化，超越了斯宾塞、科布登、布赖特等人之感化。不是其他，正是因为辽东还付一事。……予认为，学问是用于治国平天下，……同时，被教导说道理才最有力量，道理所向之处，天下无敌。予会受到斯宾塞、曼彻斯特学派之感化，也是因为这个缘故。但却没想到，在眼前就看到了不讲道理打败道理之实物教育。……实物教育之刺激混合发展。……予通过三国干涉，接受了力之福音之洗礼。"① 这些内容清晰地表达了"三国干涉还辽"这一事件对于德富苏峰的精神造成的影响。如果说，此前的他认为"正义"（道理）就是力量的话，那么通过此次事件，在他接受了所谓"力之福音"的洗礼之后，则开始认为，力量才是"正义"。与写作《将来之日本》时意气风发的青少年时期相比，此时的德富苏峰已经是一名三十多岁的成年人。在逐渐褪去了青少年时代理想主义的色彩之后，德富苏峰的想法和观点都变得现实了起来。因此，如果说平民主义中，更多的寄托的是一种理想，是一种"应然"的思想主张。那么此时德富苏峰背弃平民主义，转向支持武力扩张的国权主义与帝国主义，则是一种更加现实的"实然"的观点。可以说，通过甲午战争以及"三国干涉还辽"，使德富苏峰的思想完成了从"应然"到"实然"的转变。但令人遗憾的是，这一转变却使他走上了一条完全错误的道路。

平民主义衰落的直接契机在于甲午战争的影响导致了德富苏峰思想的转向，但事实上，德富苏峰的思想转向并不是在很短的时间内突然完成的。这一转向有着一个逐渐从量变到质变的过程。早在 1890 年（明治 23 年）时，德富苏峰就曾在《国民之友》第 85 号（1890 年 6 月 13 日）上发表过

---

① 植手通有『明治文学全集 34 德富蘇峰集』、筑摩書房、1984 年 2 月、277 頁。

名为《日本人种之新故乡》的文章。在这篇文章中，德富苏峰提出要将日本的过剩人口送往菲律宾群岛、马绍尔群岛①以及澳大利亚等地，并且效仿英国的东印度公司，建立南洋贸易公司。② 这实际上是一种殖民型、人种膨胀型的扩张理论。此时的这种“南进论”，虽然没有露骨地表示出军事侵略的企图，但是已经主张通过殖民与贸易的方式，来达到扩张日本的领土与人种的目的。而在1893年（明治26年）1月时发表在《国民之友》第179号上的《大日本》一文中，作者指出对于日本国民而言，外交问题不仅仅是修改不平等条约的问题，而且还在于要在东方建设起“大日本”。这篇文章中强调了朝鲜问题与贸易殖民问题的重要性。③ 可以看出，此时的贸易和殖民问题，已经不再仅仅是经济上的问题，而是上升到了外交这一重要问题的层面。日后的“大日本膨胀论”，在此时已经初现端倪。

而就在1893年的年初，修改不平等条约的问题再一次作为重要的政治问题浮出了水面。这是由于在1892年（明治25年）11月，发生了日本军舰千岛号与英国船只在濑户内海相撞沉没，致使74名日本船员丧生的“千岛舰事件”。在日本政府与英国的船舶公司的诉讼中，由于领事裁判权④的不公正，使得不平等条约问题再次引发了日本国内的强烈不满。1893年2月，在经过众议院的表决通过之后，条约改正案被上报到第二次伊藤内阁。在内阁会议之后，明治政府决定于当年7月实施承认内地杂居⑤，并且撤销

---

① 马绍尔群岛：现为马绍尔群岛共和国，位于北太平洋的岛国，土地面积为181平方公里。

② 澤田次郎『徳富蘇峰の大日本膨張論とアメリカ—明治20年代を中心に—』、同志社アメリカ研究（41）、2005年3月。

③ 米原謙『徳富蘇峰：日本ナショナリズムの軌跡』、中央公論新刊社、2003年8月、98—99頁。

④ 领事裁判权：一个国家通过驻外领事等，对处于另一国领土内的本国国民根据其本国法律行使司法管辖权的制度。是一种治外法权。

⑤ 内地杂居：也被称为内地开放。指撤销外国人居留地等有关针对外国人居住、旅行、外出等方面的限制。允许其在日本国内自由居住、旅行、经营商业等。

领事裁判权这一条约改正方针。当时，日本社会对这一改正案的看法分为赞成与否定两派。出于对内地杂居的反对，在同年10月，大日本协会成立。大日本协会主张，如果不立即废除与欧美列强之间签订的不平等条约的话，就应当继续按照《安政条约》[①] 的规定，不允许外国人居住在居留地之外。东洋自由党、同盟俱乐部、立宪改进党、国民协会、政务调查会5个党派对大日本协会的主张表示赞同，于是这6个党派的联合体就被称为“对外硬六派”，简称为“硬六派”。德富苏峰起初对于内地杂居并不反对，但随着事态的逐步发展，德富苏峰也渐渐地开始支持对外硬的部分主张。但是他本人不同意将对外政策分为“硬派”或“软派”，于是提出了所谓“自主的外交”这一观点。主张要积极对外，将国民精神发挥至海外。此前，德富苏峰一直站在与藩阀政府对立的立场上，主张要休养民力、紧缩财政。但此时，他的关注点显然已经从国内变为了国外。《国民之友》创刊初期时，那个对当时政府不顾国内只关注国外的外交政策进行强烈批判的、认为本国人民的幸福与利益高于一切的“国民之友”，此时也已经不复存在了。

从提出殖民型、人种膨胀型的扩张理论；到要在东方建设起“大日本”；再到提出对外强硬的“自主的外交”，德富苏峰的思想与主张自由主义、平等主义、和平主义的平民主义渐行渐远。并最终以甲午战争所带来的影响为契机，实现了个人思想的彻底转向。完全背弃了自己曾经大力倡导的平民主义，放弃了昔日的理想，成为此前自己不遗余力加以批判的国权主义与武力主义者。德富苏峰的思想转向成为平民主义衰落的直接契机。与此同时，甲午战争作为日本“国民思想的分水岭”，彻底改变了日本早期国会中民党与藩阀相对立的情况。日本开始举国一致，尽全力对外扩张。如果从更加宏观的角度上来加以考量，德富苏峰个人的思想转向，正是此

① 《安政条约》：1858年（安政5年）时，日本分别与美国、荷兰、俄国、英国、法国签订的不平等条约的总称。又被称为《五国通商条约》。

时日本国家发展道路发生决定性转变的一个极具代表性的例子。令人遗憾的是，这一转变使得日本在近代化的过程中，走上了一条错误的道路。近代以来东亚国家之间的矛盾与纷争、战争与苦难，几乎都源于此。

三　平民主义的理论缺陷

除了上述的历史社会原因与直接契机之外，平民主义自身的理论缺陷也是导致其走向衰落的一个重要原因。平民主义是一股对广大民众造成较大影响的社会思潮，但就其实质而言，应该说这种思潮是一种以言论活动为基础的、以扩大自身言论影响力为目的的社会舆论。这就注定了其在吸引广大民众关注的同时，不大可能具有精深的理论性与严密的逻辑性。这也导致了平民主义的理论自诞生之日起，就具有内在矛盾性和性格双重性。

首先，平民主义对“世界之大势”盲目趋从的时势论发展观，造成了其理想与现实之间的断裂。平民主义之所以会诞生，本身是源于对日本应当如何实现近代化这一“世界之大势”的思考。自由主义的政治经济学说，特别是英国曼彻斯特学派的自由贸易政策，是平民主义重要的理论基础之一。这是由于平民主义将英国式的“自由放任”作为了“世界之大势”加以关注。但是这种观点，不仅忽略了英国是一个实现了近代化的工业强国这一客观国情，也没有将当时的英国已经逐渐进入了垄断资本主义阶段这一具体情况纳入到考虑的范围之内。这就使得以自由主义经济政治学说作为理论基础的平民主义，在实质上已经远远地被“世界之大势”抛在了身后。这种悖论使得平民主义理论的理想与实际的现实之间，从一开始就存在着脱节与断裂，这也注定了平民主义无法走得长远。

其次，平民主义的和平主义特征与民族主义思想征兆之间存在着内在的矛盾性。一方面，平民主义反对武备主义，倡导建立以和平主义为基础的生产国家；另一方面，却又将财富的多寡作为优胜劣败法则，认为想要不被“劣败”，只能通过不断地增加与积累财富，成为先进国家的一员。这其中就潜藏着要使将来的日本成为国富民强的近代国家的民族主义思想征兆。虽然在当时的历史条件下，为了维持民族的独立，国家的发展，这种民族主义的思想征兆可以说依然具有积极的意义，但随着国际与国内局势的变化，日本逐渐摆脱了受制于列强的被动地位时，这种民族主义的思想征兆就改变了自身的属性，从思想的底层浮上表层，使得以和平主义为特征的平民主义走向了衰落。

再次，平民主义的平等主义主张与皇室中心思想之间也有着内在的矛盾性。一方面，平民主义高举平等主义的大旗，对贵族主义与士族禀性进行强烈的批判，否定特权思想，要求将更多的权力分给广大的民众，具有明显的民主性格。另一方面，平民主义却从一开始就具有皇室中心主义的倾向。这就意味着，平民主义中所有关于平等主义的主张、所有对于特权思想的批判以及所有在政治上的民主要求，都建立在日本近代天皇制的基础之上。平民主义既要求平等，又对最大的不平等视而不见；既批判特权思想，又对最大的特权者顶礼膜拜；既提倡民主，又将最不民主的最高代表者作为思想构筑的中心。虽然以明治维新之后建立的近代天皇制为出发点，来规划日本的近代化道路是当时日本社会上的普遍共识，我们也无法要求平民主义能够有超越其时代的认识，但平民主义有关平等主义的主张与皇室中心思想之间的内在矛盾性，依然是显而易见的。

最后，平民主义在批评政府和与政府的妥协性之间，存在着性格的双重性。一方面，《国民之友》创刊之时，是以普通民众的视角出发，对政府主导的贵族式的欧化主义进行批判而赢得了广泛的关注。另一方面，平民主义本身却是一种希望在现有框架之内，寻求对社会进行全面改良的思想。这就使其天然地具有了与政府妥协的软弱一面。虽然其自称站在“茅屋中的人民”的立场，但实质上，平民主义对于政府的批判与妥协之间，是存在着明显的双重性格的。

平民主义衰落的原因是复杂的、多方面的。无论是国际上主要资本主义国家向着垄断资本主义阶段过渡的趋势，以及日本国内日趋保守的环境导致其政治构想的破产也好；还是由于其代表人物德富苏峰的思想在甲午战争的影响下发生转向的直接契机也好；或者是其理论上固有的内在矛盾与性格上的双重性也好，总之，这些原因交织在一起，挤占了平民主义理想继续生存与发展的空间。平民主义是一种以西方思想为养料的、诞生在日本这片土地上的思想。这种思想从诞生之日起，就存在着一些难以避免的问题与缺陷，可以说是一种先天不足的理论。而在后天愈发不利的历史与社会环境中，这种思想就如同一棵在帝国主义风暴袭来的风雨飘摇中摇摆不定的树木。随着其赖以生存的日本国内环境这一土壤根基的松动，平民主义这棵孱弱的树木，最终还是难以逃脱被现实折断的命运。

第二节　平民主义衰退期的民友社及平民主义的流向

一　平民主义衰退期的民友社

随着平民主义的衰退，在民友社有力同人陆续离开，《国民之友》、《家庭杂志》、*The Far East*（《远东》）停刊，被合并进《国民新闻》的背景下，曾经作为平民主义思想言论集团而兴盛一时的民友社，实际上也已经迎来了其不可避免的衰落。

在甲午战争的影响下，德富苏峰背弃了平民主义，转而成为国家主义的追随者。这使得民友社的许多同人感到难以再继续跟随德富苏峰的脚步，而纷纷选择离开了民友社。其中最早离开的就是竹越三叉。竹越三叉曾于1895年（明治28年）的年底，致信德富苏峰称：“小生思考兄长将来之职业生涯，恐难长期相伴。相信在友谊尚存之时离开方为上策。在如今情谊仍在之时，小生先行一步退社。”[①] 之后，竹越三叉离开了工作6年的民友社。在甲午战争期间，竹越三叉虽然也发表了一系列鼓吹战争的言论，但对于1894年11月发生的旅顺大屠杀[②]，竹越三叉却对日本军方的暴行做出了强烈的谴责。当时，由于日本政府进行了严密的言论控制，因此日本国内的新闻机构几乎没有对这次屠杀罪行进行报道。但是之后，英国《泰晤士报》以及美国的《纽约世界报》[③] 等国外媒体的详细报道传入日本国内，一致对日军的野蛮行径进行了谴责。竹越三叉在得知此事之后，曾致信当时第一师团长的指挥官山地元治，信中言辞激烈地指责山地应当负起责任，引咎自杀以谢天下。[④] 竹越三叉之所以会如此之气愤，其主要原因应该是认为屠杀暴行导致了日本在国际上的形象受损，给西方国家留下了日本“野蛮至极”的印象。但另一方面，其中也含有对于日军滥杀无辜平民百姓的谴责。由于竹越三叉的言辞过于激烈，日后山路爱山曾在自己的文章中提到过，当时他曾深为竹越三叉的人身安全感到担忧，并庆幸他能够平安无事。竹越三叉还曾在1894年12月13日的《国民新闻》上发表文章，对屠杀暴行提出了尖锐的批判：“然一旦开战，就发挥出兽类的本性，只以杀人数量的多少论刚勇，以残酷地对待敌人作为美德，不免会有人这么相信、这么说、这么做。但若如此，则简直是文明之耻辱，国民当前之侮辱。”[⑤] 而在三国干涉还辽期间，竹越三叉由于发表与政府不同的意见，还曾使《国民之友》受到过停刊一个月的处分。竹越三叉离开民友社之后，在

① 高坂盛彦『ある明治リベラリストの記録——孤高の戦闘——竹越與三郎伝』、中公新書、2002年8月、100頁。

② 旅顺大屠杀：中日甲午战争期间，日军于1894年11月21日攻陷了旅顺，随后便开始了大规模烧杀抢掠的屠杀行为。死难者被葬于白玉山东麓的“万忠墓”中。

③ 《纽约世界报》：*New York World*，1860—1931年出版于美国纽约的报纸。

④ 高坂盛彦『ある明治リベラリストの記録——孤高の戦闘——竹越與三郎伝』、中公新書、2002年8月、97頁。

⑤ 同上书，第98页。

1897年（明治30年）至1898年（明治31年）期间，山路爱山（于1897年2月）、宫崎湖处子、国木田独步等民友社三分之一的成员都陆续离开了民友社。就连曾经与德富苏峰关系深厚的人见一太郎（于1897年8月），也于此期间离开了民友社。[①]

在德富苏峰转向之后，曾以发行“独立之政论、独立之杂志”[②]作为目标，声称“无论世间如何政党流行，言论世界如何机关报纸横行，又岂会容不下顶天立地独立不羁之杂志”[③]的民友社，此时也已愈发与政权相靠拢，逐渐退化为政府的御用新闻社。而就在同一篇文章里，有关“吾人起初倡导平民主义，至今仍然倡导，今后也将继续倡导”[④]的决心，也在短短数年之后，就被弃之如敝屣，再也难寻其踪。如果将此时《国民新闻》的纲领与当初提倡平民主义时加以对比，则更能看出其中存在的巨大差异。刊登在1896年（明治29年）9月15日《国民新闻》第2000号上的“明确国民新闻之地位”一文，曾规定了此时《国民新闻》的指导思想。其中关于“海陆军”方面，有着如下的内容：“东南洋一定要有保持日本位置责任之足够兵力。特别是海军，无论是南方的台湾菲律宾，还是北方的朝鲜至太平洋、日本海、中国海，都应占据海上权力。”[⑤]从这里可以看出，此时《国民新闻》的主张，已经丝毫看不到当年平民主义的和平主义特征，反而大力鼓吹通过军事扩张的形式，将日本的势力膨胀至亚洲各地。而关于教育方面的主张，也发生了较大的变化：“教育以培养勤勉、正直、善良、刚健之市民为目的，……培养能忍耐患难之风气，保护培育武士的道

---

① 平林一、山田博光『民友社文学の研究』、三一書房、1985年5月、63頁。和田守、有山輝雄『民友社思想文学叢書第1巻　徳富蘇峰・民友社関係資料集』、三一書房、1986年12月、11頁。

② 《国民之友》第41号，1889年（明治22年）2月12日。

③ 和田守、有山輝雄『民友社思想文学叢書第1巻　徳富蘇峰・民友社関係資料集』、三一書房、1986年12月、334頁。

④ 同上书，第333页。

⑤ 同上书，第366页。

德，……作为个人，一定要成为能够代表大日本的人物。”① 曾经对士族禀性大加批判的民友社，此时却将“保护培育武士的道德”作为了教育的目的之一，其中的保守与后退是显而易见的。而所谓“代表大日本的人物”，显然也不再是“独立不羁”、“自主自由”的青年。这种教育的目的在于培养出能够代表国家的人物，换言之，就是要成为与国家的要求相一致的人。这完全失去了平民主义教育论的特色，沦为了与日本此时对外膨胀的国家政策相一致的主张。由上述内容可以看出，曾经作为民友社指导思想的平民主义，此时已经被全面地抛弃了。

在平民主义衰退期间，《国民之友》虽然于 1895 年 10 月开始改为周刊，但从 1897 年 9 月开始，又重新变为了月刊。同时，作为半月刊的《家庭杂志》也于此时重新变回了月刊。而 1896 年（明治 29 年）2 月创刊的《国民之友英文之部》，则于同年 9 月更名为 *The Far East*（《远东》）。② 而在 1897 年 8 月，德富苏峰一反过去的在野立场，投入了藩阀政府的门下，就任由松方正义③担任首相的第二次松方内阁④的内务省参事官。此时，舆论对德富苏峰“变节”的谴责声变得愈发不绝于耳。德富苏峰受到了诸如“投降于藩阀”、“变节汉”、“出卖政治道德”等一系列的指责。⑤ 这直接导致了民友社经营的恶化，《国民之友》与《家庭杂志》重新变为月刊就是在

---

① 和田守、有山輝雄『民友社思想文学叢書第 1 巻　徳富蘇峰・民友社関係資料集』、三一書房、1986 年 12 月、367 頁。

② 同上书，第 24 页。

③ 松方正义：1835（天保 6 年）—1924 年（大正 13 年），日本的武士（萨摩藩士）、政治家。

④ 中日甲午战争后，第二次伊藤内阁由于意见不合而倒台，松方正义继任首相。第二次松方内阁于 1896 年 9 月 18 日成立。

⑤ 应当看到，这一指责多是针对德富苏峰由在野的立场转向投靠藩阀政府的行为。而对于他由平民主义转向帝国主义的做法，由于在当时的日本社会，支持帝国主义的思想逐渐成为主流，因此在这方面，德富苏峰受到的指责并没有他转变在野立场投靠藩阀政府时来得强烈。

这之后的 1897 年 9 月。而在 1898 年，《国民之友》遭到了罢买运动的抵制，在同年 8 月，《国民之友》、《家庭杂志》、*The Far East*（《远东》）都以并入《国民新闻》的名义而停刊。此后，民友社的主要业务集中在了图书出版与《国民新闻》的发行上。德富苏峰自己曾提到："说起作为团体的民友社的时代，以明治二十年到明治三十年作为一期，告一段落较为合适。"[①] 曾经以平民主义作为旗帜的思想、文学、言论集团——民友社，也终于在此时迎来了最后解体的时刻。

二　平民主义的流向

家永三郎曾指出，德富苏峰在进入明治 30 年代之后，彻底背弃了自己在明治 20 年代时的主张。但是，尽管他个人的思想发生了转向，可他所带领的民友社成员们为日本社会留下的精神遗产，却被新的承担者们继承了下来，并且在明治 30 年代得到了新的发展。明治 30 年代幸德秋水[②]、堺利彦[③]、安部矶雄[④]、西川光二郎[⑤]等人所倡导的社会主义思潮，就是起源于明治 20 年代的民友社思想。[⑥] 石川三四郎[⑦]曾在《日本社会主义史》中提出："国民之友实为日本社会主义思想的有力宣传者、播种者。若将今日的

① 『民友社と「国民之友」』『日本文学講座 11 巻　明治文学編』改造社、1934 年。和田守、有山輝雄『民友社思想文学叢書第 1 巻　徳富蘇峰・民友社関係資料集』、三一書房、1986 年 12 月、11 頁による。

② 幸德秋水：1871（明治 4 年）—1911 年（明治 44 年），明治时代的记者、思想家、社会主义者。

③ 堺利彦：1871（明治 4 年）—1933 年，明治大正时代的社会主义者。

④ 安部矶雄：1865（元治 2 年）—1949 年，日本的社会主义者。

⑤ 西川光二郎：1876（明治 9 年）—1940 年，明治时代的社会主义者、社会运动家。

⑥ 家永三郎『日本近代思想史研究』、東京大学出版会、1980 年 11 月、210 頁。

⑦ 石川三四郎：1876（明治 9 年）—1956 年，日本的社会运动家、作家。

德富苏峰与今日的三宅雪岭[1]加以比较，虽其操守品德固然不能对比，然若从社会主义这一方面看来，吾人不得不对德富表示深切感谢。”[2] 由此可见，在明治20年代时，民友社有关社会主义的介绍对日本早期的社会主义者们产生了十分深远的影响。可以说，在平民主义走向衰退之时，其部分精神遗产被日本早期的社会主义者们继承了下来。本节将对民友社对社会主义的介绍情况加以考察，并以此对平民主义的流向进行分析。

民友社对于社会主义的介绍，主要可以分为两个部分。其一是民友社发行的《平民丛书》中对有关社会主义书籍的引进，其中包括《平民丛书》第5卷，出版于1893年（明治26年）的《文明之弊及救治策》，以及同年出版的第6卷《现时之社会主义》。其二则是特别撰稿人酒井雄三郎[3]从巴黎和布鲁塞尔寄来的有关当时欧洲社会主义运动的报道。这些内容都对社会主义知识在日本的传播起到了很大的作用。日后日本明治时代的早期社会主义者，或多或少都曾经受到过民友社发行书籍或杂志的影响。

《现时之社会主义》出版于1893年8月，是作为民友社介绍引进西方最新刊物的《平民丛书》第6卷出版的，其译著者是深井英五。[4] 深井英五日后虽然作为一名经济学家取得了较大的成就，但他在青年时代，却为社会主义思想在日本的传播做出了一定的贡献。1886年（明治19年）时，深井英五进入同志社普通学校，毕业之后，他经同学介绍结识了德富苏峰，并于1893年进入了国民新闻社。由于深井英五具有很高的英语水平，[5] 因

---

① 三宅雪岭：1860（万延元年）—1945年，日本哲学家、评论家。国粹主义的主要倡导者之一。

② 家永三郎『日本近代思想史研究』、東京大学出版会、1980年11月、210頁。

③ 酒井雄三郎：1860（万延元年）—1900年（明治33年），社会评论家。

④ 深井英五：1871（明治4年）—1945年，日本的经济学家、银行家、作家。曾任日本银行第13任总裁。

⑤ 德富苏峰于1896年赴欧洲巡游时，就曾将深井英五作为翻译，共同赴欧。深井英五还是 *The Far East* 的编辑之一。由此可见深井英五的英语水平深得德富苏峰的信任。

此翻译介绍西方最新出版书籍的任务会交给他来完成，也是十分自然的。《现时之社会主义》是在参考了《新旧社会主义》（*Socialism New and Old*）[①] 与《当代的社会主义》（*Contemporary Socialism*）[②] 之后写成的。而出版《现时之社会主义》的原因，是由于深井英五认为，当时在西方国家发生的社会问题早晚也会传入日本，该如何对这些社会问题加以疏导，就成为一个重要的问题点。因此他认为有必要对社会主义的思想加以介绍，使人们对其有一个初步的理解。一方面要避免社会问题的激化带来的社会不稳，另一方面则要对这些问题善加解决，而不要盲目反对社会主义。

就《现时之社会主义》的内容而言，大部分都是对于西欧社会主义历史的介绍。而在"新社会主义的勃兴"这一章中，深井英五对卡尔·马克思和斐迪南·拉萨尔[③]的社会主义理论及运动做了大篇幅的介绍，并将这两人作为了新社会主义的两大代表人物。文中还对马克思的《共产党宣言》、《资本论》等著作进行了介绍，并且对剩余价值理论进行了详细的说明。[④] 文中对《资本论》做出了较高的评价，认为其是"新社会主义的经典"，并且给了"新社会主义以科学的基础"。[⑤] 虽然深井英五对于将公有制作为解决社会问题的对策这一点持有保留态度，但其对马克思的社会主义理论的关注，以及对《共产党宣言》、《资本论》、剩余价值理论的介绍，在日本社会主义传播的历史上，确实起到了先驱者的作用。

---

① 作者为威廉·格雷厄姆·萨姆纳（William Graham Sumner）：1840—1910 年，美国社会学家、经济学家。耶鲁大学教授。

② 作者为约翰·雷（John Rae）：1845—1915 年，苏格兰记者、传记作家。

③ 斐迪南·拉萨尔（德语为 Ferdinand Lassalle）：1825—1864 年，德国的犹太人社会主义政治运动家。于 1863 年 5 月，在萨克森王国莱比锡建立了德国最早的工党——全德意志工人联合会。

④ 不过此书中将"剩余价值"误译为了"剩余价格"。

⑤ 西田毅、和田守、山田博光、北野昭彦『民友社とその時代 思想・文学・ジャーナリズム集団の軌跡』、ミネルヴァ書房、2003 年 12 月、144 頁。

而关于《国民之友》上刊登的有关社会主义的文章，则多是来源于酒井雄三郎的特别来稿。上文中已经提到过，石川三四郎曾在《日本社会主义史》中提到过，《国民之友》对社会主义思想在日本的传播起到了很大的推动作用。不仅如此，《国民之友》还对欧洲社会党的五月一日大会的实况进行了详细报道，并刊登了有关社会党万国大会的通讯。而做出上述报道的人，正是酒井雄三郎。酒井雄三郎早年就曾通过中江兆民的介绍，认识了德富苏峰。并且在《国民之友》创刊之后成为《国民之友》的特别撰稿人。1889 年，酒井雄三郎作为农商务省的事务官，被派往法国巴黎，参加在那里举行的世界博览会。此后，酒井雄三郎在数年的欧洲生活中，对于社会主义的思想与运动有了较为直观的认识。在《国民之友》第 81 号至第 83 号上，酒井发表了名为《社会问题》的巴黎通讯。在这篇文章中酒井指出，由于 19 世纪物质文明的进步，特别是由于机械工业的发达，使得社会内部产生了贫富分化与劳资之间的斗争。如果不能很好地解决这一问题的话，不断发展的社会主义就有可能会彻底颠覆现有的社会秩序。为了解决这一问题，就要规定工人的劳动时间、制定保护工人权益的条例、立法保护妇女及儿童的利益等。为了解决各种社会问题，不能仅仅依靠国家的力量，劳动者也应该通过互助合作的方式，成立工会等组织，维护自身的权益。只有和平地解决了这些社会问题，才能够最为安全地阻止社会主义的传播。[①] 可以看出，酒井雄三郎本人对于社会主义的态度并非支持，反而对于社会主义有可能带来的社会变革感到不安。他对于社会主义的介绍，以及对解决社会问题而提出的对策，都是站在应当如何防止社会主义可能带来的社会变革出发点上。

但与此同时，酒井雄三郎还是对社会主义运动保持着高度的关注。他

① 佐々木敏二『「国民之友」における社会問題論』、キリスト教社会問題研究(18)、1971 年 3 月。

将欧洲 May Day（五月一日）[①] 运动的报道写成了《社会党的运动》、《关于五月一日社会党运动会》两篇通讯，分别刊登在了《国民之友》第88号和第89号上。酒井雄三郎还在1891年（明治24年），参加了在比利时布鲁塞尔召开的第二国际大会，有关这次大会召开的情况，酒井以《列国社会党大会议》为题，在《国民新闻》上进行了长达数月的连载。[②] 此外，酒井雄三郎还对西欧的社会主义史进行了较为系统的介绍。酒井雄三郎于1892年（明治25年）回国，之后与人见一太郎、宫崎湖处子等人共同加入了“社会问题研究会”，该研究会在1898年（明治31年）时改组为了“社会主义研究会”，此时，这个研究会的中心成员已经包括了安部矶雄、片山潜[③]、幸德秋水等人，从而带上了较浓的社会主义色彩。酒井雄三郎没有加入改组之后的“社会主义研究会”，而是在1900年（明治33年）再次远赴巴黎，不久便客死异乡。应该说，酒井雄三郎在对社会主义非常关注的同时，却对其中的理念并不十分赞同，甚至在介绍社会主义的时候始终保持着一种反对与警惕的态度。而山路爱山也对他做出了“虽然总是提到圣西门、傅里叶，而且颇为通晓法国的社会主义”，却又“并非一个纯然的社会主义者”的评价。尽管如此，酒井雄三郎对于社会问题的关注以及对欧洲社会主义运动的第一手报道，还是使社会主义的最新动向在日本国内受到了人们的关注，并且为日本的早期社会主义者们提供了社会主义的思想与理论来源。在客观上对社会主义在日本的早期传播起到了较大的推动作用。

---

① 1889年7月，恩格斯领导的第二国际在巴黎举行代表大会。会议通过决议，规定于1890年5月1日举行国际劳动者游行，并把5月1日定为国际劳动节。

② 西田毅、和田守、山田博光、北野昭彦『民友社とその時代 思想・文学・ジャーナリズム集団の軌跡』、ミネルヴァ書房、2003年12月、149頁。

③ 片山潜：1859（安政6年）—1933年，日本的劳动运动家、社会主义者、思想家。

而民友社与明治社会主义之间的联系，也不仅在于对理论与运动的介绍。事实上，社会主义研究会这一日本早期的社会主义团体，正是由民友社成员参加的社会问题研究会改组而成的。1898 年 10 月，[①] 社会主义研究会在社会问题研究会的基础上成立，并以“考究社会主义的原理是否可以应用于日本”为目的。在 1900 年时，这一团体又发展为社会主义协会。从这里可以看出，曾经的平民主义者不仅为社会主义者们介绍了思想来源，而且还在一定程度上为其建立了部分的团体基础。此外，日后的明治社会主义者们会将自己的社团命名为“平民社”，将自身的刊物命名为《平民新闻》，应该也不仅仅是出于纯粹的偶然。另外，幸德秋水还曾将自己在 1903 年至 1906 年之间发表的文章、社论等集合成册，并将其命名为《平民主义》，这部作品与《二十世纪之怪物帝国主义》、《社会主义神髓》等一同被收录在了《幸德秋水》（中央公论社，1970 年）一书中。幸德秋水会将自己的文集命名为《平民主义》，同样也很难被视为一种单纯的巧合。

1903 年（明治 36 年）11 月，在日俄战争即将爆发之时，此前主张非战论的《万朝报》改变了一直以来的论调，开始转而支持开战论。这使得一直坚持非战论的该报记者幸德秋水与堺利彦感到无法接受，从而退出了《万朝报》报社。幸德秋水与堺利彦为了继续发表非战论的主张，以及宣传、普及社会主义思想，创办了属于自己的新闻社——平民社。平民社虽然形式上是新闻社，但实际上，平民社是一个由社会主义者与社会主义支持者组成的团体。其与社会主义协会同为明治社会主义运动的中心组织。《平民新闻》是平民社发行的周刊杂志，于 1903 年 11 月 15 日发行了第 1 号。截至 1905 年 1 月 29 日，《平民新闻》发行到了第 64 号。在《平民新闻》第 1 号上，刊登了署名为“平民社同人”的“宣言”，以及堺利彦与

---

① 此时恰逢民友社第一期结束之后不久。1898 年 8 月，随着《国民之友》等刊物的停刊，民友社第一期也宣告结束。

幸德秋水联合署名的“发刊序言”。“宣言”中表明，平民社今后将以倡导“平民主义、社会主义、和平主义”为己任。[①] 无论是“宣言”还是“发刊序言”，都继承了幸德秋水于1901年（明治34年）成立后不久就被禁止活动的社会民主党的“社会民主党宣言”的精神，为此后日本的社会主义运动带来了很大的影响。为了纪念《平民新闻》创刊一周年，在1904年（明治37年）11月13日发行的《平民新闻》第53号上，刊登了堺利彦与幸德秋水合作翻译的《共产党宣言》。虽然这个版本以英译本为蓝本，但其作为首次在日本出版的《共产党宣言》，仍然具有不可忽视的价值。[②] 此外，《平民新闻》上还设有英文栏目，其目的是向美国、英国、俄国等国家的社会主义者们传递信息，寻求国际合作。这一做法也取得了一定的成果。例如，在日俄战争期间的1904年8月，第二国际第6次大会在荷兰的阿姆斯特丹召开。在会上，片山潜作为日本代表，与俄国代表格奥尔基·瓦连京诺维奇·普列汉诺夫[③]一同被选为副议长。两人在会场握手一事成为社会主义者跨国合作的典范，不仅日本的《平民新闻》对此事进行了报道，同时，世界各国社会主义阵营的言论机构都对此事进行了报道。[④] 这一点也是社会主义者们对于自身的和平主义理念加以实践的一个例子。

石川三四郎曾在《日本社会主义史》中提到：“民友社不仅在《国民之友》上宣传社会主义。其发行的《文明之弊及救治策》以及《现时之社

---

① 平民主义的一大特征就是倡导和平主义。由此也可以看出，明治的社会主义者们会以“平民主义、社会主义、和平主义”作为口号，应当不是单纯的偶然，很有可能是受到了平民主义的影响。

② 此前在民友社出版的《现时之社会主义》中，虽然对《共产党宣言》进行了介绍，但应该并没有对其进行系统的翻译。

③ 格奥尔基·瓦连京诺维奇·普列汉诺夫（俄语为 Георгий Валентинович Плеханов）：1856—1918年，俄国革命家、马克思主义理论家。

④ 有关平民社与《平民新闻》的内容，参见维基百科的相关词条。

会主义》等书籍，都为社会主义知识在日本的传播起到了很大的作用。”[1]山川均[2]也曾提到过，这两部书籍对他起到了很大的影响。西川光二郎在回答他为什么会成为一个社会主义者这个问题的时候，也称自己是受到了民友社出版的《现时之社会主义》与博文馆发行的《新旧社会主义》的影响，这两本书是他成为社会主义者的最初向导。[3]《日本社会主义史》中还对民友社做出了如下的评价：“诚然、民友社是第二个明六社，是当时日本新思想的源泉，而社会主义的潮流的确是出自这个源泉，因而社会主义才逐渐进入日本人的意识当中。如果认为自由党[4]、东洋社会党[5]的时代是自发运动的时代，那么民友社的时代，可以说是自觉的时代。”[6] 由此可见，民友社所传播的社会主义思想，不仅对日本早期社会主义者们产生了很大的影响，而且也成为明治社会主义的源流之一。在平民主义走向衰退之后，其部分精神遗产[7]被明治时期的社会主义者所继承并加以发展。正如家永三郎所言：“明治三十四年（1901 年）安部（矶雄）执笔的社会民主党宣言，正是将民友社所谓平民主义的理论发挥到了极致。”[8]

---

① 西田毅、和田守、山田博光、北野昭彦『民友社とその時代 思想・文学・ジャーナリズム集団の軌跡』、ミネルヴァ書房、2003 年 12 月、140 頁。

② 山川均：1880（明治 13 年）—1958 年，经济学家、社会主义者、思想家、评论家。

③ 西田毅、和田守、山田博光、北野昭彦『民友社とその時代 思想・文学・ジャーナリズム集団の軌跡』、ミネルヴァ書房、2003 年 12 月、140—141 頁。

④ 自由党：此处的自由党应当是指 1880 年由板垣退助等人组成的日本最初的近代政党。于 1885 年解散。

⑤ 东洋社会党：1882 年由樽井藤吉（1850—1922 年，即嘉永 3 年—大正 11 年，明治大正时期的政治运动家）等人成立的政党，是日本首个以社会党冠名的政党，于 1883 年解散。

⑥ 近代思想史研究会：《近代日本思想史》第二卷，李民、贾纯、华夏、伊文成、孙文康译，商务印书馆 1992 年版，第 17 页。

⑦ 如和平主义的理念等。

⑧ 家永三郎『日本近代思想史研究』、東京大学出版会、1980 年 11 月、210 頁。

◇◇本章小结

随着国际与国内形势的变化，平民主义在中日甲午战争这一日本“国民思想的分水岭”的阻断之下，不可避免地迎来了自身衰退的命运。曾经以平民主义作为指导思想，集合了众多日本各界的进步知识分子，积极引进、传播西方先进知识与理念的思想、文学、言论集团的民友社，也随着有力同人的陆续离去，导致了组织结构的瓦解与分裂，而走向了衰落。此后，作为出版机构的民友社虽然依然存在，但其所具有的意义与功能，却早已不能与当年的民友社同日而语。平民主义的衰退，不仅仅是一种以自由主义学说为基础的思潮的衰退，同时也代表着日本国家在通往近代化的道路上，迈向了一个虽然是当时“大势所趋”，但却并非正确的方向。另一方面，虽然平民主义退出了明治思想史的舞台，但其却为此后的明治社会主义思潮提供了理论的来源，使得明治社会主义思潮在明治 30 年代成为日本社会上另一股代表着进步的思潮。平民主义的部分精神遗产，如和平主义的性格，也被明治社会主义所继承与发扬。虽然前进与发展的环境变得愈发艰难，但进步的精神却并没有因为困难的阻碍而就此中断。正如平民主义由启蒙思想手中接过了继续传播西方先进知识、文化的旗帜那样，平民主义的理念也在下一个时代中，以另一种形式得到了社会主义者们的继承。

终　章

平民主义的本质特征及其意义与影响

一　平民主义的本质特征

在对平民主义从诞生、发展、衰退的全过程，及其理论、实践、流向等内容进行考察之后，我们可以大致对平民主义的本质特征进行如下的总结与概括。

首先，平民主义是一种以西方自由主义学说为理论基础的、对于社会组织形式的理想描述。平民主义是在广泛吸收19世纪西方的自由主义政治、经济学说、社会进化论以及民主思想的基础上，在一定程度上结合了当时日本的实际国情，从而构筑起来的一套有关“将来之日本”所应当具有的形态的理论。无论是其以“世界之大势”的观点出发，认为日本应当顺应大势，成为和平主义的生产国家的主张；还是认为“明治之青年”必将取代“天保之老人”的世代论主张；或者是出于打破藩阀政府统治的目的，而认为自由党与改进党等民党应当联合起来组成进步党，以及平民社会中的主导力量应当是乡村田舍绅士与城市工商阶层联合组成的中间阶层的想法，其中“应然”的理想主义色彩是非常强烈的。虽然在当时的历史条件下，这些对于社会组织形式的理想描述只能是一种无法实现的空想，但平民主义对于武备主义国权论、封建贵族主义与源于士族禀性的特权思想的批判、倡导扩大人民权利、积极宣扬平等主义的主张以及注重人民大众实际生活中的利益与幸福的倾向，都具有十分积极的意义，是值得加以肯定的。

其次，平民主义是以进一步在普通民众的精神层面中扩大西方先进思想的影响力为目的的、以在更广泛的范围内推广西方文明为己任的改良主义思想。平民主义从启蒙思想那里接过了继续传播西方先进知识的任务，并且在启蒙主义的基础上，对这一任务的深度与广度进行了自觉的深化。加藤周一曾经指出："事实上，明治以来日本知识分子的历史，无非是努力推动西洋化和对它的反动彼此交替的历史。——那么目的是将什么西洋化呢？那就是在条件允许的范围内将所有事物西洋化。"① 对于非西方文明的国家而言，应当以怎样的形式来完成自身"目的意识性"的近代化进程，是一个异常复杂却又必须面对的问题。对于明治中期日本社会中的知识分子而言，这个问题更是一个十分棘手却又近在眼前的实际问题。该以怎样的态度去面对强势的西方文明？平民主义以自身的方式对这一问题做出了思考。一般而言，平民主义被定位为与贵族的欧化主义相对的"平民的欧化主义"。但通过细致的研究就会发现，平民主义对于"欧化"的理解，其实并非是如此单一化与平面化的。平民主义的提出者德富苏峰本人也曾提出，他不认为"身体灵魂全都外国化"就能解决问题。他将自身的主张称为"平民的急进主义"。应该说，平民主义所理解的"欧化"，或者称之为"西方化"，其实是与代表"开化"的"先进文明"所等同的。也就是说，在当时的历史背景下，"欧化"与"文明化"基本上具有相同的意义。就比如当时的很多青年知识分子都接受了基督教的思想，但若究其深层原因，却很难判断他们对于基督教的宗教理念究竟认同到了何种程度。也许对于许多人而言，也仅仅是将基督教作为了属于西方文明整体中的一个组成部分，并从这个意义上展开了对其的信仰。尽管认为西方化就等同于开

① 加藤周一：《何谓日本人》，彭曦、邬晓研译，南京大学出版社2008年版，第62页。

化、文明化的想法，无疑带有西方中心论、西方优越论的色彩，但在 19 世纪末，想要找到一条不以西方作为蓝本的近代化道路，可以说是几乎不可能的。即使对于当今世界而言，该如何走出一条有自己特色的近代化之路，也仍然是一个充满了挑战与未知的课题。我们显然无法要求平民主义有着超出其历史时代的看法。另一方面，平民主义虽然倡导在更广泛的范围内传播西方的思想，要求从下而上、由内而外地贯彻文明化的理念，其中不仅包括物质文明，更重要的是包括思想道德在内的精神文明，但是我们仍然很难将其与主张全盘西化的凯末尔主义画上等号。这是由于，按照凯末尔主义的理解，如果想要成功（指实现近代化），那么就必须与西方完全一致，因为西方的方法，不仅是“唯一的方法”，而且“（非西方）社会的宗教价值观、道德设想和社会结构至少同工业主义的价值观和实践相异化，有时甚至还相敌对”。因此如果想要发展经济，就必须“根本地和建设性地重建生活和社会，而且，正如生活在这些文明中的人所理解的那样，常常要求重新解释生存本身的含义”①。可以看出，这是一种如果想要实现近代化，就必须将非西方文明的社会传统全部进行重构的主张。但就平民主义而言，虽然其大力主张全面引进西方的思想与文明，可这是建立在不改变现有的社会基础、仅仅要求在现有社会的框架之内，对社会生活的各个方面加以全面改良的一种改良主义思想。虽然平民主义在表层上要求贯彻西方文明的做法，会被人认为其是一种全面西化的主张，但其一，平民主义并不要求以西方的标准对整个日本社会进行根本上的重构，而仅仅是希望能使更多的日本人民沐浴到“改革与文明”的“恩光”；其二，如果还原当时的历史语境，就会发现平民主义对于“欧化”的理解与当今的看法是有所不同的，平民主义的“欧化”概念，更多的代表着文明化的意义。正是由于对日本早日实现近代化、文明化的极度渴求，才使得平民主义的许

① 塞缪尔·亨廷顿：《文明的冲突与世界秩序的重建》（修订版），周琪、刘绯、张立平、王圆译，新华出版社 2010 年版，第 52 页。

多主张带有了一定的“急进”色彩，这也恰如德富苏峰本人的定义，那就是：“平民的急进主义”。因而，我们不能仅从表面现象出发，将平民主义简单地理解为全盘西化的一种思想。应当看到，其本质上仍然是一种改良主义的思想。然而，精神与文化的移植毕竟无法如同物质生活那般一蹴而就，近代化过程中对于西方化与近代化的处理，始终是一个复杂且深刻的问题。无论是国粹主义的“将日本外化”，还是平民主义的“将世界内化”，应该说都对这一问题进行了自觉与主动的思考。虽然难以评判这两者的做法孰是孰非、孰优孰劣，但在当时而言，青年知识分子能够积极地对国家命运做出思考的态度，是值得加以肯定的。①

再次，平民主义是一种具有一定影响力的言论主张，其通过大众传媒的方式，扩大了自身的影响力。平民主义的诞生与传播，都与当时日本已经初具规模的新闻出版业有着很深的联系。其提出者德富苏峰一直以来的愿望，就是希望能够成为记者，并通过自己的言论活动对社会产生影响。这是平民主义之所以会诞生的重要原因之一。而平民主义的传播之所以会如此迅速，也是由于当时日本出版业的发达。无论是平民主义的代表作《将来之日本》在日本各地的广泛流传，还是《国民之友》遍及日本全国的销售情况，都为平民主义的传播与扩大影响提供了必要的条件，从而使平民主义得以成为明治中期一股极具影响力的思潮。而平民主义以其重视青年人作用的主张，在赢得日本广大青年支持的同时，也对他们产生了深远的影响。在《国民之友》搭建的平台上，明治青年不仅作为一个思想上的概念，而且作为一个实际的群体，开始发挥了自身的作用。明治青年通过自身的实践活动，回应了平民主义希望他们成为“不羁独立”、“自主自由”的“新日本之青年”的期望。同时，平民主义在青年们的实践活动中，也被贯彻到了实际改良社会的运动中。由此，平民主义不再只是停留

---

① 尽管此后国粹主义与政府合流，成为民族主义的理论来源之一。而平民主义则因为不符合“大势”而遭到了背弃。

在思想层面的理论，而是在某种程度上，转化为了指导社会改良的实际力量。

最后，平民主义并非完全是德富苏峰的个人思想，而是其个人思想与民友社同人的集体思想的体现。平民主义早期的理论框架确实是德富苏峰青年时代学习生涯的总结，但当民友社成立之后，民友社同人们出于对平民主义理念的赞同，纷纷加入了民友社这个团体之中。平民主义在发展的过程中，广泛吸纳了民友社同人的思想养料，从而成为民友社集体思想的成果。民友社也以平民主义为指导思想，逐渐成长为一个综合性的思想、言论、文学、出版集团。如果说主导人物德富苏峰的思想是平民主义这棵树木的主干，那么民友社同人的思想就是这棵树木散开的枝叶。他们从不同的方向，对平民主义各方面的主张加以了扩充、发展以及深化。而平民主义诞生、发展、衰退的过程，在一定程度上也反映了日本国家当时的走向。由于平民主义是一种以在现有社会框架内进行改良为目的的思想，因此其在面对政府时，不可避免地具有妥协与不彻底的软弱性格。另外，平民主义从诞生之初就隐含着民族主义的思想征兆，在当时，这种旨在维持民族独立、寻求国家发展的民族主义具有一定的积极意义。平民主义作为探索日本国家近代化发展之路的思想，得到了一定的传播与发展。但此后不久，随着日本在国家体制与意识形态层面上的近代天皇绝对主义国家政权得到了全面的强化，日本也走上了一条对外侵略扩张的道路。在这种背景下，平民主义迎来了自身衰落的命运。这绝不仅仅是由于个人思想的转向造成的，而是由于其自身的理论缺陷和当时深刻且具体的历史社会情境所导致的。

二　平民主义的历史意义及社会影响

平民主义诞生之时，在国际关系方面，日本正处于致力于修改与西方列强签订的不平等条约、努力维持民族独立的历史时期；而在国内方面，虽然明治维新已经过去了20年的时间，但日本社会上不平等的特权思想依然广泛存在。当时的日本所面临的任务是复杂且多样的。为了尽快使国家实现独立与富强，日本必须尽一切努力，将建设近代国家作为首要任务。其中既包括由农业国转型为工业国的物质方面的转变，又包括建设近代市民社会所必需的、人民在精神方面的变革。平民主义的诞生就是顺应了这一潮流，从而对明治中期以后的日本社会产生了一定的影响。

第一，平民主义承接启蒙思想的历史任务，对西方先进知识在日本的引进与传播发挥了较大的作用。一般来讲，一个民族要想在精神观念上得以进步、突破本国本民族所固有的传统思想，就必须要借助外来先进思想的引进与传播。明治初年的启蒙思想家们以启蒙思想为旗帜，为日本揭开了由封建通往近代的大幕。而平民主义则在某些方面继承了启蒙思想的精神，为西方先进知识与思想在日本的传播起到了进一步的推动作用。平民主义也不同于启蒙思想那种具有权威性的、主张由上而下启发“愚民”的做法，而是站在普通民众的立场上，对等地主张一种由下而上贯彻文明的做法。虽然从主观上看，这体现了平民主义的进步性，但如果从客观上加以分析，就会发现这反映了当时日本社会知识分子与言论主体范围的扩大，而且有所下移的客观事实。

第二，平民主义对自身政治制度构想的宣传，使得平等、扩大权力主体等观念更加深入人心。平民主义的政治制度构想，是建立在以平等主义、要求扩大权力主体的基础之上的。平民主义认为政治的目的在于保护人民的利益与幸福。在政治制度上，平民主义反对超然主义与中央集权制度，要求在中央政坛建立起责任内阁制，同时在地方政坛实现地方自治的政治制度。平民主义所期望的政治主体，不再是拥有特权或特权思想的贵族或士族，而是直接从事生产的乡村田舍绅士与城市工商阶层联合形成的“中间阶层”。在平民主义的构想中，这一阶层是新兴的平民社会的建设主力与代表阶层。期望由这一阶层来担任政治主体，无疑体现了平民主义的平等主义原则。虽然这种平等依然是一种有条件的平等，[①] 但这种要求将权力分散到更加广泛的人民大众身上的诉求，仍然对平等思想的传播起到了一定的正面作用。

第三，平民主义有关世代论的主张，对广大明治青年的思想形成起到了一定的影响作用。由于平民主义的倡导们本身就是出身自地方的无名青年，因此他们格外重视青年的作用，并且提出了将建设“新日本”的希望寄托在“新日本之青年”身上的期待。这虽然是一种理想主义的论调，但却对当时日本的青年们产生了很大的影响。青年们在平民主义的号召下，不仅形成了身为“同辈人”的集体意识，而且还身体力行地对平民主义的理念进行了实践。虽然这些实践在不久之后就因为各种原因而被迫停止，但平民主义在他们心中产生的影响却是十分深远的。这种影响力不仅体现在平民主义存续的短暂时间内，而且也在一定程度上，对这些青年之后的人生起到了一定的影响作用。日本著名史学家、思想家丸山真男的父亲丸山干治[②]就曾在自己的文章中表示，他年轻时正是由于阅读了德富苏峰的著作，才决定不再遵循由长子继承家业的旧俗，而离开了家乡来到东京，准备独立地闯荡出一番属于自己的天地。丸山干治还曾在1941年时回忆说：“十五六岁时阅读苏峰《十九世纪日本之青年及其教育》及《将来之日本》时的陶醉，至今难以忘怀。”[③] 而小说家正宗白鸟[④]也曾表示：“苏峰的书读到滚瓜烂熟的程度，即便在农村亦是如此。……民友社的名字，在少年心

① 例如：只有纳税额达到一定程度才能拥有选举权与被选举权。而且这一构想的出发点，也是以近代天皇制作为基础的。

② 丸山干治：1880（明治13年）—1955年，记者、政治评论家。

③ 丸山干治：《苏峰与雪岭》，《日本评论》1941年6月号，转引自邹晓翔《简论德富苏峰的“平民主义”》，《现代日本经济》1991年第5期。

④ 正宗白鸟：1879（明治12年）—1962年，明治至昭和时期的小说家、剧作家、文学评论家。

中唤起一种清新之感，明治初期福泽氏或许有此等魅力，而我们这些在明治20年代度过少年期、具有旺盛读书欲的人，无不为民友社的魅力所吸引。”[①] 由此也可以证明，民友社的平民主义理念确实为当时的明治青年们带来了不小的影响。

可以说，平民主义在其短暂的由诞生、到发展、再到衰落的生涯中，不仅对日本社会产生了一定的影响，而且还留下了一些值得继承与发扬的精神遗产。平民主义在明治思想史中发挥了承上启下的作用。一方面，平民主义继承了明治初期的启蒙思想，并对其进行了一定程度上的发展及超越，对近代先进思想在日本的传播起到了进一步的推动作用，使平等主义等西方政治制度的基本理念变得更为深入人心。明治20年代前半期，平民主义以言论活动的方式传播着自身的理念，当时有许多正处于青少年时期的日本青年，都通过阅读书籍杂志的方式，接触到了平民主义的思想主张。根据一些人事后的回忆，我们可以得知，平民主义确实对他们青年时期的思想形成过程产生了一定的影响。平民主义的世代论主张，促成了“明治的青年”之间“同辈人”意识的觉醒，从而使“青年”作为一股新兴的力量，参与到了当时以及之后的各种社会运动之中。而“世代论”的观点，也由此成为日本社会上延续至今的一种说法。[②] 另一方面，平民主义开启了明治社会主义思潮的源流。民友社出版的《平民丛书》第六卷《现时之社会主义》，曾经使幸德秋水、西川光二郎等人接触到了社会主义思想。《国民之友》以及民友社的其他出版物，也给青年时代的堺利彦等人带来了很大的影响。家永三郎曾在自己的研究中指出：“正如德富超越了福泽走得更远那样，幸德与堺也超越了德富，而更加向前迈进了一步。从福泽（明治10年代的阶段）到民友社（20年代的阶段），再到幸德安

① 《正宗白鸟全集》1965—1968年刊第6卷第149页，转引自邹晓翔《简论德富苏峰的“平民主义”》，《现代日本经济》1991年第5期。

② 此处暂且不对这种论点进行价值上的评判。

部等人（30年代的阶段），这样的继承发展，就是日本近代思想史的正派脉络。”①

三 有关平民主义兴起与衰退的思考

平民主义的兴起，是源于对日本应当如何追赶上“世界之大势”，即近代化脚步的思考。正是基于这个目标，平民主义主张全面引入西方的先进思想，并将其由下而上地贯彻到普通民众的精神层面。但是这其中就隐藏了一个问题，那就是，西方的思想是否一定就代表了先进的思想。在今天看来，这一问题的答案显然是否定的。西方思想中既有值得学习的精华，但同时，也有必须加以摒弃的糟粕。但是在当时的历史背景下，平民主义者们却没能够，或者说是不能够将这两者之间加以区别对待。这也是造成平民主义走向衰落的原因之一。想要实现近代化，是否一定要通过对外膨胀扩张的手段？当时的日本是否存在着和平发展的可能性？如果从平民主义的性格特征出发，这本应是平民主义者们应当加以思考的问题。可惜他们却未能坚持原有的主张，而是或彻底转向帝国主义的国权论，或选择黯然离开民友社，总之，都放弃了曾经为之奔走呼号的平民主义理想。甲午战争之后，日本在一条错误的道路上越走越远，最终深陷泥潭不能自拔。使本国人民和亚洲、世界人民都遭受到了极大的苦难。而反观第二次世界大战之后日本经济的迅速重建与飞速发展，并最终实现近代化的过程，我们可以发现如下的事实，那就是：日本在第二次世界大战之后，通过民主改革成为真正意义上的近代民主国家，并通过“和平宪法”限制军备发展，通过积极发展经济贸易，使日本实现了真正的“富国”，从而使民众生活水平大幅提高，实现了普通人民的“利益与幸福”。即使在今天看来，平民主

① 家永三郎『日本近代思想史研究』、東京大学出版会、1980年11月、210頁。

义中具有的反对军备扩张，提倡和平主义、生产主义、平等主义的性格特征，也仍然具有一定的积极意义。日本在战后实现近代化，并且使国家与人民走上富足之路的图景，与平民主义曾经描绘的平民社会之间，竟然有如此之多的相似之处。这在令人感到惊讶的同时，也不能不引起人们的深思。

平民主义的衰退，在很大程度上是由于垄断资本主义阶段的到来，导致帝国主义成为当时发达资本主义国家的大势所趋这一客观现实造成的。如果站在当时的历史环境中加以考察的话，就德富苏峰个人而言，他会背弃平民主义，转向成为一个帝国主义的支持者，应该说也有着他个人的理由。关于“帝国主义”这个概念，如果用今天的眼光去衡量，其中所具有的意义无疑是消极的。但对于德富苏峰所处的时代，在全世界都在由前近代向近代过渡、帝国主义殖民统治席卷世界的历史背景下，比起殖民地国家中遭受侵略剥削的人民，帝国主义国家的人民生活得更加“幸福”、“富足”也是事实。在非此即彼的选择中，德富苏峰会成为帝国主义的追随者，也就具有了某种必然性。但是他只看到了帝国主义的强盛，却没有考虑到，帝国主义的强大是建立在被殖民国家的痛苦之上的，这种通过侵略掠夺的残酷方式实现的所谓“幸福”、“富足”，都是用其他国家人民的血与泪浇灌而成的。虽然我们不应当用现代的眼光去衡量历史人物与历史事件，但不管以何种角度出发，希望以他国人民的痛苦换来本国人民“幸福”的想法——无论这种想法是出于有心还是无意——都是一种无法令人赞同的、并且应当被摒弃的想法。而近代以来亚洲所经历的惨痛历史事实也证明，日本走上的这条对外扩张的道路，不仅没能使本国人民获得更多的幸福与利益，反而给包括日本人民在内的亚洲各国人民乃至世界人民都带来了十分深重的苦难。我们希望日本能够谨记曾经的错误带来的痛苦与伤害，不再令过去的悲剧重演。同时我们也希望看到一个与邻为善、热爱和平的日本。这不仅有助于地区的和平与稳定，同时也是日本人民、亚洲人民以及世界人民的幸福与利益所在。

19世纪八九十年代，日本的青年知识分子出于对国家应当如何尽快实现近代化这一历史任务的思考，提出了平民主义这一以西方自由主义思想为基础的理论，并以此为基础，广泛开展了言论活动及实践活动。平民主义占据舆论主流的时间虽然短暂，但其上承启蒙思想，下启社会主义的思想源流，在明治思想史上具有承上启下的重要意义。一方面，尽管平民主义在国际与国内局势的变化中逐渐走向衰退，但其具有的提倡平等主义、和平主义的积极性格，不仅在当时，即使在当今世界也仍然具有一定的意义。另一方面，平民主义者们出于对“大势”的趋从而放弃这一理念的教训也告诉我们，所谓“大势”并非一定是正确的。在面对发展道路的选择时，如果不加思考地盲目跟随“大势”，就有可能会造成无法预料的惨痛后果。这其中的经验与教训，也应当引起我们的深思。

附　录

一　平民主义主要代表人物常用笔名

主要根据《民友社思想文学丛书》、《明治文学全集》、《民友社文学研究》等参考文献编写。本书中一般使用最为常见的笔名或本名，但在引用时偶有涉及人物的其他笔名或本名，本表可供参考之用。

人物本名　　常用笔名

德富猪一郎：德富苏峰、苏峰生、大江逸

竹越与三郎：竹越三叉、江海逸人

山路弥吉：山路爱山、山路生、爱山生

宫崎八百吉：宫崎湖处子、末兼八百吉

德富健次郎：德富芦花、芦花生

国木田哲夫：国木田独步、铁斧生

人见一太郎：吞牛、人见生

竹越竹代：竹村女史

山田武太郎：山田美妙

二 平民主义相关大事年表

主要根据《民友社思想文学丛书》、《明治文学全集》、《民友社及其时代》、《日本的政治思想》等参考文献编写。因考虑到平民主义的影响，故而收录部分日本早期社会主义重要事件。

1863年（文久3年）	1月，德富苏峰出生。
1868年（明治元年）	10月，德富芦花出生。
1871年（明治4年）	德富苏峰进入兼坂谆次郎等人开办的私塾学习汉学。
1872年（明治5年）	8月，德富苏峰进入熊本洋学校，后因过于年少而退学。
1875年（明治8年）	9月，德富苏峰再度进入熊本洋学校学习。 11月，新岛襄创立同志社英学校。
1876年（明治9年）	1月，德富苏峰参加花冈山（熊本）盟约。 8月，熊本洋学校关闭，德富苏峰退学后前往东京，进入东京英学校。 10月，德富苏峰进入京都同志社英学校，受教于新岛襄等人。
1877年（明治10年）	2月，西南战争爆发。德富苏峰受战地记者福地樱痴的影响，立志成为新闻记者。
1878年（明治11年）	6月，德富芦花在兄长苏峰带领下，进入同志社英学校。
1880年（明治13年）	4月，同志社英学校内部因班级合并问题产生矛盾，后因新岛襄自责而平息。 5月，德富苏峰从同志社退学后前往东京。

	11 月，德富苏峰返回熊本家中。
1881 年（明治 14 年）	8 月，德富苏峰加入自由党派系相爱社，并担任相爱社机关报纸《东肥新闻》编辑。
1882 年（明治 15 年）	3 月，德富苏峰与父亲德富一敬共同创办大江义塾。
	5 月，《大江义塾杂志》创刊。
	7 月，德富苏峰前往东京，与中江兆民、马场辰猪、福泽谕吉、田口卯吉等人见面。
1883 年（明治 16 年）	10 月至 11 月，德富苏峰在《东京每周新报》上连载发表《官民调和论》。
1884 年（明治 17 年）	1 月，德富苏峰自费出版《论明治二十三年后政治家的资格》。
	5 月，《东京每日新报》转载《论明治二十三年后政治家的资格》。
	8 月，德富苏峰前往东京，期间家人为他与夫人静子订立婚约。
	12 月，德富苏峰自费出版《自由、道德及儒教主义》
1885 年（明治 18 年）	6 月，德富苏峰自费出版《第十九世纪日本之青年及其教育》。后由田口卯吉转载至《东京经济杂志》。
1886 年（明治 19 年）	2 月，德富苏峰完成《明治十八年十二月廿二日内阁变动之过去及其将来》一文。
	10 月，经济杂志社出版德富苏峰平民主义代表作《将来之日本》。
	11 月，大江义塾关闭。

	12月，德富苏峰举家迁往东京。
1887年（明治20年）	2月，《国民之友》创刊，刊登德富苏峰著《啊，国民之友诞生了》，民友社正式成立。
	3月，《国民之友》刊登德富苏峰著《外交之忧不在外而在内》。
	4月，集成社出版德富苏峰平民主义代表作《新日本之青年》（即《第十九世纪日本之青年及其教育》）。
	同月，《国民之友》以《醉人之奇论》为题，刊登了中江兆民著《三醉人经纶问答》的部分内容（5月由集成社出版）。
	6月，民友社青年组织青年协会成立。
	7月，《国民之友》刊登德富苏峰著《评近来流行之政治小说》。
	同月，青年协会杂志《新人民》创刊。
	8月，《新人民》更名为《青年思海》。
	同月，集成社出版竹越三叉平民主义代表作《政海之新潮》。
	同月，《国民之友》刊登竹越三叉著《英雄崇拜之时代已过去》。
	10月，《国民之友》变更为半月刊。
1888年（明治21年）	1月，德富苏峰为《上毛之青年》创刊号撰写祝词。
	2月，国木田独步加入青年协会。
	2月至4月，《国民之友》连载德富苏峰著《政治上的隐秘变迁》。

	4月，志贺重昂、三宅雪岭等人成立政教社，创办杂志《日本人》，倡导国粹保存主义。
	5月至7月，民友社出版《政治一斑》第一卷至第四卷，分别为：桧前保人著《人民》、上野岩太郎著《地方制度》、池本吉治著《国会》、绪方直清著《中央政府》。
	12月，集成社出版宫崎湖处子著《国民之友及日本人》。
1889年（明治22年）	1月，《国民之友》变更为旬刊。
	同月，《国民之友》刊登德富苏峰著《文学者的目的是否在于取悦他人》。
	同月，竹越三叉成为《大阪公论》记者（同年12月退社）。
	2月，民友社出版《政治一斑》第五卷，梶原保人著《议员选举》。
	同月，山路爱山首次前往民友社与德富苏峰会面。
	同月，陆羯南创刊报纸《日本》。
	5月，德富芦花加入民友社。
	11月，民友社出版人见一太郎译《平民政治》上、下。
1890年（明治23年）	1月，竹越三叉加入民友社，担任社论记者。
	同月，《国民之友》刊登森鸥外著《舞姬》。
	同月，新岛襄去世。
	2月，《国民新闻》创刊。
	7月，日本举行第一次大选。

	10月，人见一太郎、宫崎湖处子、国木田独步等人成立青年文学会。
	同月，日本发布《教育敕语》。
	11月，日本召开第一次通常议会。
1891年（明治24年）	1月，深井英五加入民友社国民新闻社。
	7月，民友社出版竹越三叉著《新日本史》上。
	同月，以山路爱山为主笔的《护教》创刊。
	8月，酒井雄三郎参加在布鲁塞尔举行的第二国际大会。并在《国民新闻》上以《列国社会党大会议》为题，进行了长达数月的连载报道。
1892年（明治25年）	8月，民友社出版竹越三叉著《新日本史》中。
	同月，山路爱山加入民友社国民新闻社。
	9月，《家庭杂志》创刊。
	10月，《国民之友》刊登北村透谷著《对他界之观念》，成为日后“人生相涉论争”的起因。
1893年（明治26年）	1月，《国民之友》刊登山路爱山著《论赖襄》，正式引发“人生相涉论争”。
	2月，民友社出版人见一太郎著《第二之维新》。
	3月至6月，《国民新闻》连载山路爱山著《明治文学史》。
	4月，《国民新闻》刊登山路爱山著《关于凡神的唯心的倾向》。
	4月，以东京妇人矫风会为基础，成立了日

	本基督教妇人矫风会，矢岛楫子（德富苏峰姨母）任会长。
	8月，民友社出版《平民丛书6·现时之社会主义》。
	12月，民友社出版德富苏峰著《吉田松阴》。
1894年（明治27年）	5月，北村透谷去世。
	7月，中日甲午战争爆发。
	9月，《国民新闻》在甲午战争期间发行数量由7000份剧增到20000份。
	同月，国木田独步加入国民新闻社，随后成为随军记者。
	12月，民友社出版德富苏峰著《大日本膨胀论》。
1895年（明治28年）	4月，国木田独步成为《国民之友》编辑。
	同月，中日签订《马关条约》，甲午战争结束。德富苏峰在辽东半岛期间发生的三国干涉还辽一事，令其彻底皈依“力之福音”。
	10月，《国民之友》变更为周刊。
	12月，竹越三叉致信德富苏峰，表达离开民友社的意愿。
1896年（明治29年）	1月，《国民新闻》刊登《竹越与三郎退社》一文，竹越三叉正式离开民友社。
	2月，《国民之友英文之部》（*The Far East*）创刊（9月更名为《欧文远东》）。
	4月，桑田熊藏、高野岩三郎等人成立社会政策研究团体（翌年4月，命名为社会政策

	学会）。
	5月至翌年6月，德富苏峰游历欧美。期间由人见一太郎负责民友社的运营。
	7月，竹越三叉创办杂志《世界之日本》。
	10月，山路爱山致信出游中的德富苏峰，表达离开民友社的意愿。
1897年（明治30年）	2月，山路爱山正式离开民友社。
	4月，樽井滕吉、中村太八郎等人成立社会问题研究会。
	7月至8月，民友社内部人员调整，人见一太郎离开民友社。
	8月，德富苏峰任第二次松方内阁内务省参事官，受到各方非难。受此影响，《国民新闻》发行量剧减到5000余份。
	9月，《国民之友》恢复为月刊。
	12月，松方内阁总辞职，德富苏峰辞任参事官。
1898年（明治31年）	1—2月，《国民之友》刊登国木田独步著《现今之武藏野》（即日后的《武藏野》）。
	8月，《国民之友》、《家庭杂志》、《欧文远东》以并入《国民新闻》的名义停刊。
	同月，民友社大幅裁员。宫崎湖处子等多名编辑离开民友社。国木田独步也受此影响离开了民友社。
	10月，安部矶雄、片山潜、幸德秋水等人成立社会主义研究会。

1900年（明治33年）	1月，社会主义协会成立。
	12月，酒井雄三郎去世。
1901年（明治34年）	2月，福泽谕吉去世。
	4月，幸德秋水出版《二十世纪之怪物帝国主义》。
	5月，社会民主党成立（后被禁止）。
	12月，中江兆民去世。
1903年（明治36年）	1月，德富芦花与德富苏峰决裂，成立黑潮社，自费出版《黑潮》第一篇。
	7月，片山潜出版《我的社会主义》。
	11月，幸德秋水、堺利彦等人成立平民社，创办《周刊平民新闻》。

参考文献

一 中文参考文献

（一）中文原著

1. 周家荣：《近代日本文化与思想》，商务印书馆香港分馆 1985 年版。
2. 袁华：《西方社会思想史》，南开大学出版社 1988 年版。
3. 何汝璧、伊承哲：《西方政治思想史》，甘肃人民出版社 1989 年版。
4. 崔世广：《近代启蒙思想与近代化》，北京航空航天大学出版社 1989 年版。
5. 崔新京：《日本明治启蒙思想》，辽宁大学出版社 1995 年版。
6. 潘润涵、林承节：《世界近代史》，北京大学出版社 2000 年版。
7. 林家有：《史学方法论》，中山大学出版社 2002 年版。
8. 刘国平、范新宇：《国际垄断资本主义时代——世界经济与政治的最新发展》，经济科学出版社 2004 年版。
9. 叶渭渠主编：《日本文明》，中国社会科学出版社 2004 年版。
10. 丛日云主编：《西方政治思想史 · 第二卷 · 中世纪》，天津人民出版社 2005 年版。
11. 高建主编：《西方政治思想史 · 第三卷 · 16—18 世纪》，天津人民出版社 2005 年版。

12. 吴春华主编：《西方政治思想史·第四卷·19 世纪至二战》，天津人民出版社 2005 年版。

13. 卞崇道、王青主编：《明治哲学与文化》，中国社会科学出版社 2005 年版。

14. 叶渭渠：《日本文化史》，广西师范大学出版社 2006 年版。

15. 吴廷璆主编：《日本史》，南开大学出版社 2006 年版。

16. 郭连友：《吉田松阴与现代中国》，中国社会科学出版社 2007 年版。

17. 姜芃主编：《西方史学的理论和流派》，中国社会科学出版社 2007 年版。

18. 向卿：《日本近代民族主义》，社会科学文献出版社 2007 年版。

19. 陈秀武：《近代日本国家意识的形成》，商务印书馆 2008 年版。

20. 杨善华、谢立中主编：《西方社会学理论》上卷，北京大学出版社 2008 年版。

21. 冯玮：《日本通史》，上海社会科学院出版社 2009 年版。

22. 叶渭渠：《日本文化通史》，北京大学出版社 2009 年版。

23. 蒋百里、戴季陶：《日本人与日本论》，凤凰出版社 2009 年版。

24. 刘岳兵：《日本近现代思想史》，世界知识出版社 2010 年版。

25. 袁方、王汉生：《社会研究方法教程》，北京大学出版社 2010 年版。

26. 唐永亮：《中江兆民的国际政治思想》，社会科学文献出版社 2010 年版。

27. 杨劲松：《日本文化认同的建构历程：近现代日本人论研究》，中国建筑工业出版社 2011 年版。

28. 王俊英：《日本明治中期的国粹主义思想研究》，中国社会科学出版社 2015 年版。

（二）中文译著

1.［日］丸山真男：《日本政治思想史研究》，徐白、包沧澜译，台湾：商务印书馆 1980 年版。

2. ［日］高桥幸八郎、永原庆二、大石嘉一郎编：《日本近现代史纲要》，谭秉顺译，吉林教育出版社 1988 年版。

3. ［日］石田一良：《日本文化　历史的展开与特征》，许极燉译、孙宗明校注，上海外语教育出版社 1989 年版。

4. ［日］中江兆民：《三醉人经纶问答》，滕颖译，商务印书馆 1990 年版。

5. ［波］耶日·托波尔斯基：《历史学方法论》，张家哲、王寅、尤天然译，尤天然校，华夏出版社 1990 年版。

6. ［日］加藤周一：《日本文化的杂种性》，杨铁婴译，吉林人民出版社 1991 年版。

7. ［日］永田广志：《日本哲学思想史》，陈应年、姜晚成、尚永清等译，商务印书馆 1992 年版。

8. ［日］源了圆：《日本文化与日本人性格的形成》，郭连友、漆红译，北京出版社 1992 年版。

9. ［日］近代思想史研究会：《近代日本思想史》第一卷，马采译，商务印书馆 1992 年版。

10. ［日］近代思想史研究会：《近代日本思想史》第二卷，李民、贾纯、华夏、伊文成、孙文康译，商务印书馆 1992 年版。

11. ［日］福泽谕吉：《文明论概略》，北京编译社译，商务印书馆 1992 年版。

12. ［日］丸山真男：《福泽谕吉与日本近代化》，区建英译，学林出版社 1992 年版。

13. ［美］塞缪尔·亨廷顿等：《现代化：理论与历史经验的再讨论》，桑景明译，上海译文出版社 1993 年版。

14. ［日］安冈昭男：《日本近代史》，林和生、李心译，中国社会科学出版社 1996 年版。

15. [日] 内藤湖南:《日本文化史研究》,储元熹、卞铁坚译,商务印书馆1997 年版。

16. [英] 赫伯特·斯宾塞:《社会学研究》,张宏晖、胡江波译,华夏出版社 2001 年版。

17. [日] 依田憙家:《近代日本的历史问题》,雷慧英等译,卞立强校,上海远东出版社 2004 年版。

18. [英] 安东尼·阿巴拉斯特:《西方自由主义的兴衰》,曹海军等译,吉林人民出版社 2004 年版。

19. [英] 彼得·狄肯斯:《社会达尔文主义——将进化思想和社会理论联系起来》,涂骏译,吉林人民出版社 2005 年版。

20. [日] 加藤周一:《何谓日本人》,彭曦、邬晓研译,南京大学出版社2008 年版。

21. [以色列] S. N. 艾森斯塔特:《日本文明》,王晓山、戴茸译,商务印书馆 2008 年版。

22. [日] 坂本太郎:《日本史》,汪向荣、武寅、韩铁英译,中国社会科学出版社 2008 年版。

23. [英] 赫伯特·斯宾塞:《社会静力学》,张雄武译,商务印书馆 2009年版。

24. [日] 福泽谕吉:《劝学篇》,群力译,东尔校,商务印书馆 2009 年版。

25. [日] 中江兆民:《一年有半、续一年有半》,吴藻溪译,商务印书馆2009 年版。

26. [英] 彼得·伯克:《历史学与社会理论》(第二版),姚朋、周玉鹏、胡秋红、吴修申译,刘北成修订,上海世纪出版集团 2010 年版。

27. [日] 山本七平:《何为日本人》,崔世广、王炜、唐永亮译,国际文化出版公司 2010 年版。

28. [日] 加藤周一:《日本文化中的时间与空间》,彭曦译,南京大学出版社 2010 年版。
29. ［美］塞缪尔·亨廷顿：《文明的冲突与世界秩序的重建》（修订版），周琪、刘绯、张立平、王圆译，新华出版社 2010 年版。
30. ［美］约翰·R. 麦克尼尔、威廉·H. 麦克尼尔：《人类之网》，王晋新、宋保军等译，北京大学出版社 2011 年版。
31. ［日］井上清：《日本历史》，闫伯纬译，陕西人民出版社 2011 年版。
32. ［美］伊恩·莫里斯：《战争》，栾力夫译，中信出版社 2015 年版。
33. ［英］布伦丹·西姆斯：《欧洲》，孟维瞻，中信出版社 2016 年版。

（三）中文期刊、研究集论文①

1. 王家骅：《幕末日本人西洋观的变迁》，《历史研究》1980 年第 6 期。
2. 草汾：《论德富芦花的长篇小说〈黑潮〉》，《西北大学学报》（哲学社会科学版）1983 年第 4 期。
3. 初长洲：《斯宾塞的进化伦理思想述评》，《吉林大学社会科学学报》1986 年第 6 期。
4. 崔世广：《中日两国近代启蒙思想的比较》，《日本问题》1989 年第 2 期。
5. 崔世广：《论日本近代启蒙思想的特点》，《日本研究》1990 年第 1 期。
6. 林永鸿：《穆勒功利主义思想评析》，《四川大学学报》（哲学社会科学版）1990 年第 2 期。
7. 邹晓翔：《简论德富苏峰的“平民主义”》，《现代日本经济》1991 年第 5 期。
8. 陈卫平：《横井小楠思想简论》，《山东社会科学》1993 年第 1 期。
9. 崔世广：《明治维新的思想历程刍论》，《日本学刊》1997 年第 1 期。
10. 张国义：《论鹿鸣馆时代日本国家主义思潮的兴起》，《华东师范大学学

① http：//www. cnki. net/，2013 年 2 月。

报》（哲学社会科学版）1999年第4期。

11. 周颂伦：《明治国家主义析论》，《日本研究》2000年第3期。

12. 陈秀武：《“欧化”与日本明治时代的知识分子》，《东北师大学报》（哲学社会科学版）2001年第2期。

13. 陈秀武：《德富苏峰其人及其“皇室中心主义”》，《日本研究论集》2001年第2期。

14. 陈秀武：《德富苏峰的断裂人格刍议》，《日本学论坛》2002年第2期。

15. 陈秀武：《近代日本知识分子人格刍议》，《东北师大学报》（哲学社会科学版）2002年第3期。

16. 蓝泰凯：《论德富芦花及其社会小说〈黑潮〉》，《贵州社会科学》2004年第6期。

17. 龚春蕾：《论穆勒的幸福观》，《湖州师范学院学报》2005年第5期。

18. 米彦军：《近代日本生产主义和军国主义理念之争》，《生产力研究》2005年第10期。

19. 郝士宏、樊一发：《全球化下近代日本欧化的理论思考》，《雁北师范学院学报》2006年第1期。

20. 米彦军：《论德富苏峰的皇室中心主义思想》，《抗日战争研究》2007年第1期。

21. 陈秀武：《近代日本的“平民主义”思想与儒学——以德富苏峰为中心》，《东北师大学报》（哲学社会科学版）2007年第4期。

22. 周建高：《斯宾塞对近代日本影响管窥》，《日本研究论集》2007年第00期。

23. 崔世广：《日本现代化过程中文化建设的主要力量及其作用机制》，《日本学刊》2008年第6期。

24. 李本松：《斯宾塞的社会有机体思想探解》，《石家庄经济学院学报》2008年第6期。

25. 叶纮麟、石之瑜：《德富苏峰之中国认识》，《社会科学》2009 年第 2 期。
26. 赵德宇：《简论明治时代的日本国粹主义》，《日本研究》2010 年第 1 期。
27. 任丰田：《斯宾塞社会进化论思想述评》，《重庆科技学院学报》（社会科学版）2010 年第 9 期。
28. 李含：《近代日本和平思想的演变轨迹》，《日本学刊》2010 年第 3 期。
29. 郭继兰：《曼彻斯特学派与英国经济自由主义》，《史学月刊》2010 年第 6 期。
30. 李含：《中江兆民的和平思想——以〈三醉人经纶问答〉为中心》，《日本问题研究》2010 年第 24 卷第 3 期。
31. 张小玲：《试论知识分子与民族国家的关系——从明治知识分子对文化身份的探寻谈起》，《上海交通大学学报》（哲学社会科学版）2010 年第 5 期。
32. 宋晓东：《克里米亚战争与 19 世纪英国自由主义的发展》，《史学月刊》2010 年第 10 期。
33. 官文娜：《近代日本社会转型中的社会改造——明治时代的风俗改造、公德建立和公民教育》，《开放时代》2011 年第 8 期。
34. 林怡：《浅析穆勒的功利主义思想及现实意义》，《吉林广播电视大学学报》2011 年第 9 期。
35. 马兴芹：《论德富苏峰以甲午战争为契机的思想转折》，《山东农业工程学院学报》2014 年第 4 期。

（四）中文硕士、博士学位论文

1. 王屏：《近代日本亚细亚主义研究》，博士学位论文，中国社会科学院研究生院，2001 年。

2. 高原：《明治时期德富苏峰的中国观研究》，博士学位论文，中国社会科学院研究生院，2003 年。

3. 邢雪艳：《日本明治时期民权与国权的冲突及其归宿》，博士学位论文，中国社会科学院研究生院，2009 年。

4. 李雪粉：《鹿鸣馆时代的欧化风潮》，硕士学位论文，东北师范大学，2009 年。

5. 李含：《近代日本和平思想的发展轨迹》，博士学位论文，中国社会科学院研究生院，2010 年。

6. 田雪梅：《近代日本国民的铸造：从明治到大正》，博士学位论文，复旦大学，2011 年。

7. 吴辻：《国木田独步文艺研究——有关〈源叔父〉〈河雾〉〈春之鸟〉的悲剧》，硕士学位论文，华中师范大学，2011 年。

8. 何力群：《中江兆民的政治活动与政治思想研究》，博士学位论文，吉林大学，2011 年。

二　外文参考文献

（一）日文史料、工具书

1. 隅谷三喜男『日本の名著 40　徳富蘇峰　山路愛山』、中央公論社、1971 年 8 月。

2. 徳富蘇峰著、神島二郎編集解説『近代日本思想大系 8　徳富蘇峰集』、筑摩書房、1978 年 6 月。

3. 花立三郎、杉井六郎、和田守『同志社大江義塾徳富蘇峰資料集』、三一書房、1978 年 10 月。

4. 竹内理三『日本近現代史小辞典』、角川書店、1978 年 12 月。

5.『明治文化史 11　社会経済』、原書房、1979 年 6 月。

6. 高柳光寿、竹内理三『日本史辞典』、角川書店、1979 年 10 月。
7. 伊藤隆、酒田正敏、坂野潤治他編『近代日本史料選書 7—1　徳富蘇峰関係文書』、山川出版社、1982 年 10 月。
8. 岡利郎『民友社思想文学叢書第 2 巻　山路愛山集 1』、三一書房、1983 年 11 月。
9. 植手通有『明治文学全集 34　徳富蘇峰集』、筑摩書房、1984 年 2 月。
10. 大久保利謙『明治文学全集 35　山路愛山集』、筑摩書房、1984 年 2 月。
11. 柳田泉『明治文学全集 36　民友社文学集』、筑摩書房、1984 年 2 月。
12. 神崎清『明治文学全集 42　徳富蘆花集』、筑摩書房、1984 年 2 月。
13. 山田博光、平林一『民友社思想文学叢書第 5 巻　民友社文学集 1』、三一書房、1984 年 5 月。
14. 山田博光、平林一『民友社思想文学叢書第 6 巻　民友社文学集 2』、三一書房、1984 年 10 月。
15. 岡利郎『民友社思想文学叢書第 3 巻　山路愛山集 2』、三一書房、1985 年 2 月。
16. 徳富蘇峰記念塩崎財団『民友社思想文学叢書別巻　徳富蘇峰記念館所蔵民友社関係資料集』、三一書房、1985 年 5 月。
17. 酒田正敏、坂野潤治他編『近代日本史料選書 7—2　徳富蘇峰関係文書』、山川出版社、1985 年 7 月。
18. 西田毅『民友社思想文学叢書第 4 巻　竹越三叉集』、三一書房、1985 年 7 月。
19.『近代日本総合年表』第二版、岩波書店、1986 年 2 月。
20. 和田守、有山輝雄『民友社思想文学叢書第 1 巻　徳富蘇峰・民友社関係資料集』、三一書房、1986 年 12 月。
21. 酒田正敏、坂野潤治他編『近代日本史料選書 7—3　徳富蘇峰関係文

書』、山川出版社、1987 年 12 月

22. 山口美代子編集『資料　明治啓蒙期の婦人問題論争の周辺』、ドメス出版、1989 年 1 月。
23. 井上光貞『年表日本歴史 6　明治　大正　昭和（1886—1988）』、筑摩書房、1993 年 3 月。
24.『日本歴史大辞典 9　み～わ』、河出書房新社、1993 年 3 月。
25. 佐藤泰正、佐藤勝、佐藤善也解説注釈『日本近代文学大系 9　北村透谷・徳富蘆花集』、角川書店、1996 年 2 月。
26. 徳富蘇峰『人間の記録 22　徳富蘇峰：蘇峰自伝』、日本図書センター、1997 年 6 月。

（二）日本国立国会图书馆电子数据库 PDF 电子文献[①]

1. 徳富猪一郎『将来之日本』、経済雑誌社、1886 年（明 19）。
2. 徳富猪一郎『新日本之青年』集成社、1887 年（明 20）。
3. 人見一太郎編『新日本の青年及び新日本の政治』民友社、1887 年（明 20）。
4. 竹越与三郎『政海之新潮』、岡本英三郎、1887 年（明 20）。
5. 佐倉政蔵（血涙居士）『民間人物論：壮士志士』能勢土岐太郎、1888 年（明 21）。
6. 山本長太郎（清海居士）編『新日本政治社会之言論』、政海書屋、1888 年（明 21）。
7. 末兼八百吉『国民之友及日本人』、集成社、1888 年（明 21）。
8. 檜前保人『政治一斑　第一冊　人民』、民友社、1888 年（明 21）。
9. 上野岩太郎『政治一斑　第二冊　地方制度』、民友社、1888 年（明 21）。

---

① http：//dl. ndl. go. jp/。

10. 池本吉治『政治一斑　第三冊　国会』民友社、1888 年（明 21）。

11. 緒方直清『政治一斑　第四冊　中央政府』民友社、1888 年（明 21）。

12. 梶原保人『政治一斑　第五冊　議員選挙』民友社、1889 年（明 22）。

13.『國民之友第 3 集』、民友社、1889 年（明 22）。

14.『國民之友第 4 集』、民友社、1889 年（明 22）。

15. 片桐正雄（苦楽道人）『処世之方針：学生　青年　壮年　父兄』交益社、1889 年（明 22）。

16. 竹越與三郎『新日本史 上』民友社、1891 年（明 24）。

17. 徳富猪一郎『国民叢書第 1 冊　進歩乎退歩乎』、民友社、1891 年（明 24）。

18. 徳富猪一郎『国民叢書第 2 冊　人物管見』、民友社、1892 年（明 25）。

19. 徳富猪一郎『国民叢書第 3 冊　青年と教育』、民友社、1892 年（明 25）。

20. 徳富猪一郎『国民叢書第 4 冊　静思余録・第 1』、民友社、1893 年（明 26）。

21. 徳富猪一郎『国民叢書第 5 冊　文学断片』、民友社、1894 年（明 27）。

22. 徳富猪一郎『国民叢書第 6 冊　天然と人・第 1』、民友社、1894 年（明 27）。

23. 徳富猪一郎『国民叢書第 7 冊　静思余録・第 2』、民友社、1895 年（明 28）。

24. 北村透谷『透谷全集』、博文館、1902 年（明 35）。

25. 安藤徳器『山陽と蘇峰』、言海書房、1935 年。

26. 徳富猪一郎『卓上小話』、民友社、1931 年。

27. 徳富猪一郎『蘇峰自伝』、中央公論社、1935 年。

28. 川辺真蔵『報道の先駆者羯南と蘇峰』、三省堂、1943 年。

（三）日文书籍

1. 和田守、竹山護夫、栄沢幸二『近代日本の思想（2）徳富蘇峰・大杉栄・尾崎行雄』、有斐閣、1979 年 3 月。
2. 小松茂夫、田中浩編『日本の国家思想　上』、青木書店、1980 年 6 月。
3. 家永三郎『日本近代思想史研究』、東京大学出版会、1980 年 11 月。
4. 花立三郎『大江義塾—— 一民権私塾の教育と思想』、ぺりかん社、1982 年 5 月。
5. 花立三郎『徳富蘇峰と大江義塾』、ぺりかん社、1982 年 10 月。
6. 原朗『近代日本の経済と政治』、山川出版社、1983 年 3 月。
7. 遠山茂樹『日本近代史・1』、岩波書店、1983 年 5 月。
8. 日本政治学会『近代日本の国家像』、岩波書店、1983 年 9 月。
9. 山下重一『スペンサーと日本近代』、御茶の水書房、1983 年 12 月。
10. 平林一、山田博光『民友社文学の研究』、三一書房、1985 年 5 月。
11. 森一貫『近代日本思想史序説——「自然」と「社会」の倫理』、晃洋書房、1986 年 4 月。
12. 富田仁『鹿鳴館：擬西洋化の世界』、白水社、1988 年 7 月。
13. 高野静子『蘇峰とその時代：よせられた書簡から』、中央公論社、1988 年 8 月。
14. 丸山真男『日本の思想』、岩波新書、1989 年 5 月。
15. 丸山真男『日本政治思想史研究』、東京大学出版会、1991 年 1 月。
16. 和田守『近代日本と徳富蘇峰』、御茶の水書房、1990 年 2 月。
17. 後藤靖『近代日本社会と思想』、吉川弘文館、1992 年 11 月。
18. 加藤文三『日本近現代史の発展　上』、新日本出版社、1994 年 9 月。
19. 西田毅『近代日本政治思想史』、ナカニシヤ出版、1998 年 3 月。

20. 大塚健洋編『近代日本政治思想史入門——原典で学ぶ19の思想』、ミネルヴァ書房、1999 年 5 月。
21. 松永昌三『福沢諭吉と中江兆民』、中央公論新社、2001 年 1 月。
22. 木村直恵『「青年」の誕生：明治日本における政治的実践の転換』、新曜社、2001 年 2 月。
23. 米原謙『近代日本のアイデンティティと政治』、ミネルヴァ書房、2002 年 4 月。
24. 佐々木隆『日本の歴史第 21 巻　明治人の力量』、講談社、2002 年 8 月。
25. 高坂盛彦『ある明治リベラリストの記録——孤高の戦闘——竹越與三郎伝』、中公新書、2002 年 8 月。
26. 米原謙『徳富蘇峰：日本ナショナリズムの軌跡』、中央公論新刊社、2003 年 8 月。
27. 西田毅、和田守、山田博光、北野昭彦『民友社とその時代　思想・文学・ジャーナリズム集団の軌跡』、ミネルヴァ書房、2003 年 12 月。
28. 鹿野政直『近代国家と格闘した思想家たち』、岩波ジュニア新書、2006 年 1 月。
29. 鹿野政直『近代国家を構想した思想家たち』、岩波ジュニア新書、2006 年 6 月。
30. 南原一博『近代日本精神史　福沢諭吉から丸山真男まで』、大学教育出版会、2006 年 11 月。
31. 米原謙『日本政治思想』、ミネルヴァ書房、2007 年 3 月。
32. 牧原憲夫『日本の歴史第 13 巻 幕末から明治時代前期 文明国をめざして』、小学館、2008 年 12 月 30 日。
33. 西田毅『概説日本政治思想史』、ミネルヴァ書房、2009 年 1 月。

34. 渡辺浩『日本政治思想史　十七—十九世紀』、東京大学出版会、2010年5月。

（四）日文、英文论文[①]

1. 槙林滉二『北村透谷と徳富蘇峰』、国文学攷（39）、1966年3月。
2. 今中寛司『山路愛山の思想とキリスト教——「日本思想史上におけるキリスト教の位置」』、キリスト教社会問題研究（11）、1967年3月。
3. 坂本武人『民友社と家庭雑誌』、キリスト教社会問題研究（11）1967年3月。
4. 木村時夫『山路愛山の国家社会主義（一）』、早稲田人文自然科学研究（1）、1967年3月。
5. 中晧『「国民之友」の和歌論』、キリスト教社会問題研究（12）、1968年3月。
6. 辻橋三郎『国木田独歩と民友社——政治の問題』、キリスト教社会問題研究（12）、1968年3月。
7. 今中寛司『山路愛山の国家社会主義史観』、キリスト教社会問題研究（12）、1968年3月。
8. 田畑忍『徳富蘇峰の生涯と政治思想』、キリスト教社会問題研究（12）、1968年3月。
9. 森章博『明治20年代における徳富蘇峰の教育観』、キリスト教社会問題研究（12）、1968年3月。
10. 木村時夫『山路愛山の国家社会主義（二）』、早稲田人文自然科学研究（2・3）、1968年3月。
11. 野村喬『民友社と不知庵：内田魯庵伝ノート（三）』青山学院女子

① http：//jairo. nii. ac. jp/，2013年2月或http：//ci. nii. ac. jp/ja，2013年2月（特殊注明除外）。

短期大学紀要（22）、1968 年。

12. 杉井六郎『徳富蘇峰の吉田松陰論：民友社の明治維新観について』、キリスト教社会問題研究（14—15）、1969 年 3 月。
13. 田畑忍『徳富蘇峰初期の政治思想——明治 20 年前後の論著、とくに『将来之日本』に見られる其の平民主義　平和主義について』、キリスト教社会問題研究（14—15）、1969 年 3 月。
14. 杉井六郎『徳富蘇峰におけるキリスト』、キリスト教社会問題研究（18）、1971 年 3 月。
15. 佐々木敏二『「国民之友」における社会問題論』、キリスト教社会問題研究（18）、1971 年 3 月。
16. 山口功二『自助論とメディア自立——山路愛山をめぐって——』、評論・社会科学（5）、1972 年。
17. 野村喬『民友社との別れ：内田魯庵伝ノート（八）』、青山学院女子短期大学紀要（32）、1978 年。
18. 今西一『平民主義の在村的潮流——飯室岸蔵と川上青年研智会』、歴史評論、1983 年 10 月。
19. 槙林滉二『徳富蘇峰初期と漢学：発想の一基底について』、近代文学試論（21）、1983 年 12 月。
20. 有山輝雄『言論の商業化：明治 20 年代「国民之友」』、コミュニケーション紀要（4）、1986 年 7 月。
21. 小宮彰『明治期文明論の時間意識：徳富蘇峰「将来之日本」における明治日本の現在』、東京女子大学附属比較文化研究所紀要（48）、1987 年。
22. 森章博『徳富蘇峰の教育理念——「国民の友」の教育論を中心に』、キリスト教社会問題研究（37）、1989 年 3 月。
23. 梅津順一『文明化と日本：福沢諭吉と徳富蘇峰』、青山学院女子短期大学紀要（44）、1990年11月。

24. 本多浩『青年思海』、徳島大学国語国文学3巻、1990年。

25. 有山輝雄『民友社ジャーナリズムと地方青年』、コミュニケーション紀要（10）、1995年8月。

26. 梅津順一『徳富蘇峰とキリスト教：「自己審査」を通した試論』、青山学院女子短期大学紀要（49）、1995年12月。

27. 北田耕也『徳富蘇峰と堺利彦——家庭・婦人論の輪郭——「家庭雑誌」の所論を中心に』、明治大学社会教育主事課程年報（6）、1997年3月。

28. 西谷敬『日本の近代化のエートスの限界：啓蒙主義の挫折』①、人間形成と文化：奈良女子大学文学部教育文化情報学講座年報2、1997年。

29. 米原謙『初期蘇峰と「平民主義」の挫折』②、立命館法学2000年6号、2000年。

30. 平石典子『明治の「煩悶青年」たち』、文芸言語研究・文芸篇（41）、2002年3月。

31. 澤田次郎『少年期の徳富蘇峰とアメリカ——1863年~1880年』、同志社アメリカ研究（39）、2003年3月。

32. 澤田次郎『徳富蘇峰の大日本膨張論とアメリカ——明治20年代を中心に』、同志社アメリカ研究（41）、2005年3月。

33. 齋藤洋子『徳富蘇峰の“The Far East”について』、社学研論集（5）、2005年3月。

34. 中島礼子『国木田独歩における民友社的なるものをめぐって——〈家庭〉〈夫婦〉の視座から』、国士館大学文学部人文学会紀要第38

---

① http：//ci. nii. ac. jp/naid/110000034171。

② http：//www. ritsumei. ac. jp/acd/cg/law/lex/00-6/00-6idx. htm。

号、2005 年 12 月。

35. 梅津順一『徳富蘇峰と「力の福音」:「将来之日本」から「時務一家言」へ』、聖学院大学論叢第 19 巻（第 1 号）、2006 年 11 月。

36. CARMONA・Daniel・William『徳富蘇峰の歴史確認：ペリーの黒船異変の解釈をめぐって』、日本語・日本文化（33）、2007 年 5 月。

37. 木村洋『民友社史論と国木田独歩——「経世家風の尺度」との葛藤』、日本文学、2008 年 2 月。

38. 大島明秀『明治二十年代における「鎖国論」の多様性：徳富蘇峰「明治年間の鎖国論」を中心に』、日本文芸研究 59（3—4）、2008 年 3 月。

39. 王薏婷『初期徳富蘇峰の「自由」論——「自由、道徳、及儒教主義」における』、大学院教育改革支援プログラム『日本文化研究の国際的情報伝達スキルの育成』活動報告書　平成 20 年度　海外教育派遣事業編、2009 年 3 月。

40. 堀和孝『福沢諭吉と竹越与三郎の比較思想史的研究：明治維新論を中心に』、近代日本研究（26）、2009 年。

41. 豊川慎『徳富蘇峰と平民主義（共同研究報告：グローバリゼーション研究）』、聖学院大学総合研究所 Newsletter Vol. 20－1、2010 年 6 月。

42. 和田守『徳富蘇峰と平民主義』、聖学院大学総合研究所紀要 No. 49、2011 年 1 月。

后　记

本书是在我的博士论文基础上增加了一些章节，并对章节略作调整之后完成的。相较博士论文而言，本书中增加了一些新的史料及相关分析，但总体上保留了博士论文的整体框架结构与论述方式。

时光飞逝，如白驹过隙。犹记三年之前，也是这样一个乍暖还寒的春日，我的博士论文在经过无数个不眠之夜的反复推敲与奋笔疾书之后，终于得以“呱呱坠地”。日语中有一个成语，叫作“石上三年”。从离开研院来到河大，转眼间又是将近三年过去了。虽然囿于学识所限，这部书稿中难以避免地有着这样或那样的缺点与不足，但掩卷回首扪心自问之际，面对这部凝结了自己三年又三年心血的书稿，我毕竟能够欣然且坦然地道一句：问心无愧。

在这篇书稿终于完稿之际，我首先想要感谢的就是父母双亲，你们无私的爱给予了我无尽的支持与鼓励。其次，我要感谢读博期间亲爱的室友王青同学。当年撰写论文那段令人难忘的日子里，彼此背后传来的键盘声，记录着我们彼时的勤奋，也成为我们不懈努力的动力。我还要感谢挚友赵柔柔同学，十几年来，我们虽然分隔两处，但却在同一时间线上求学、工作，分享彼此的苦与乐，这不能不说是一种难得的幸运。此外，虽然难得相见，但在海之彼方努力着的身影，已经成为我生活中不可分割的一部分。希望下次相见之时，能够真诚地对你们道一声：谢谢。

如果说亲情与友情是支持我前行的力量，那么学业的进步，就是我孜孜以求的目标。我在学业上所取得的任何进步，都离不开各位敬爱的老师们的授业与解惑。借此，我想对日本研究所的李薇所长、高洪教授，以及在论文开题或答辩时曾给以指导和提出宝贵意见的孙承教授、邵建国教授、吕耀东教授、杨伯江教授、郭连友教授等各位老师表达诚挚的谢意。

自进入河大工作以来，外国语学院的各位师长、同事都对我关怀备至。借此机会，我也想向你们表达衷心的感谢。

最后，我想对自己尊敬的导师——崔世广教授致以最为深切的谢意。能够师从如此一位学识渊博、治学严谨的恩师，实乃笔者之幸。读博的三年期间，导师的指导不仅令我在学术上获益匪浅，更令我进一步懂得了身为学人的为学、为人之道。这部书稿从选题、开题到撰写的各个阶段，都得到了导师的悉心指导。导师对文章的结构、研究方法与理论等都提出了极具启示性与建设性的指导意见。正是在导师的耐心指导之下，这部书稿才得以成形。而毕业之后，也正是在导师的关心与帮助之下，这部书稿才最终得以问世。说来惭愧，对于付出良多的恩师，如今的笔者却实在无以为报。只能在今后的人生之路上，铭记导师的教诲，成为一名对社会有所贡献之人，方能将导师的期待回报于万一。

如今，我也成为一名教师。我愿以各位师长为楷模，努力做一名有益于学生的普通教师。在求学、治学、教学之路上走得更远。唯愿以本书作为求学之集大成，治学、教学之新起点。未来虽不敢言苦作舟，但至少也要以勤为径。谨以此句自勉之、并与友共勉之。

作　者

于河大静迷陋室

2016 年 3 月 27 日